JN071503

中国の
経済改革と
発展の展望

蔡　昉 著
Cai Fang

西川博史 訳
Nishikawa Hiroshi

現代史料出版

著者まえがき

　中国が「改革開放」を実行して40余年が経過した。このなかで得られた経済
と社会の発展、技術革新及び民生の改善における成果、またその成果によって
実現された世界経済における中国の地位は、世界から注目されているが、こう
した中国の経済発展は、他の新興経済国及び発展途上国と一緒になって、世界
経済の枠組みをも改変しているのである。

　以下の際立つ特徴から、中国の発展とその経験の世界に対する意義は、きわ
めて重要であるといえる。

　第1に、世界で最大規模の人口を有し、人類の約5分の1（2018年の数値では
世界総人口の約18.3%）を占める中国人が創造した成果の世界に対する意義は顕
著であり、その普遍的意義は、比類なきものであり、決して無視できないとい
うことである。

　第2に、中国及び外国の各学術分野の研究者は誰でも、国家の隆盛と衰退の
謎を探求する学問的責任と好奇心を有しているが、中国の場合、この「奇跡」
の創造は時間的に高度に濃縮されており、多くの先進国の歴史過程に比べて極
めて短期間で完成された。一研究者としていえば、中国の科学技術と経済発展
は何ゆえに隆盛から衰退に転換したかという「ニーダムの謎」（Needham's
Grand Question）を解明できれば、産業革命以降、何ゆえに世界経済は「大分
岐」を引き起こしたかの謎も説明できるかもしれない。つまり中国の発展の経
験は人類の発展法則に対して普遍的意義を示しているということである。

　第3に、中国は今日に至るまで経済発展における隆盛—衰退—隆盛を経験し
た唯一の国であり、経済発展のほぼ全ての段階を経験した。つまり低所得・中
所得低位・中所得高位の段階を経て、いまや高所得国家の列に踏み入る大国で
あるということである。

　中国及び外国の学者は、異なる視点から、中国の「改革開放」における発展

の経験を論述し、それぞれ解釈を試みているが、諸説入り乱れ、一致した見解はいまだ得られていない。中国がすでに獲得した「奇跡」ともいえる成果に対しては、多くの学者は肯定的に評価しているといえるが、以下の点については意見が分かれている。1つは、研究者たちは、それぞれが異なる理論的立場から、中国の成果の取得原因について、全く異なる解釈を行っているということである。中国の成功は「ワシントンコンセンサス」に従った結果であるとする研究者もいるが、より多くの研究者は中国が自らの国情に即して特色のある発展の道を歩んできたからであると指摘している。もう1つは、中国の発展の持続可能性について、悲観的に中国の経済は衰退するという人々もいるが、より多くの人は楽観的に中国の経済発展は持続可能であるとしている。

筆者は、鄧小平による大学入試の回復政策の恩恵を受け、1978年に中国人民大学に入学し、農業経済学を勉強した。それ以降、私は「改革開放」を直に観察する体験者の一人となり、同時に経済学では経済理論と政策研究の分野を勉強した。私は、各段階における改革開放の発展過程の現象に対して深く掘り下げた観察と理論的考察を行っただけではなく、シンクタンクの学者として、さまざまなルートから国家の政策決定にも参加した。他方、私は学術シンポジウムや研究発表会に参加し、あるいは学術論文や著書の出版を通して、広範囲に国際経済学界の多岐にわたる交流と議論を重ねてきた。

ここにおいて、「改革開放不惑の年（40年）」に当たり、その道程をふり返りつつ、理論的思考を重ね、中国の「改革開放」と経済発展に関する著書を執筆することは、私の大義からして負うべき責任であり、また、こうした著書は、できる限り多くの読者と共に享受すべきものでもあった。この度、中国問題に精通する西川博史教授に拙著を翻訳していただき、また出版社を紹介していただいたことにより、本書が日本で出版できることになり、日本の読者に届けられるようになったことを喜んでおります。この場を借りて、心から西川教授に感謝の意を表させていただきます。

また、本書の出版に当たり、多くの支援をくださった同僚や友人たち、とりわけ中国社会科学院世界経済政治研究所の凌星光教授、王徳迅教授、楊林教授、

社会科学文献出版社の謝壽光社長、梁力匀編集者、及びその他の関係者に対し、心から感謝いたします。また、本書が日本の読者に何か与えるものがあるとすれば、それは諸先生方々のご厚意と努力によるものであると思っております。

　　2019年10月13日　北京にて

蔡　　昉

目　次

序　論

　世界銀行は、東アジア地域を世界で最も活力に富んだ地域と判断し、4年ごとに東アジア経済を主題とする研究を行い、東アジア地域の特徴ある発展の経験と教訓を概括し、その時期の問題と挑戦を明らかにしている。このシリーズ研究の最初の報告書は1993年の『東アジアの奇跡─経済成長と政府の役割』である。この報告書において、初めて東アジアにおいて著しい経済発展を遂げた8つの国・地域が明らかにされた。それは中国香港、インドネシア、日本、韓国、マレーシア、シンガポール、台湾及びタイであった。

　世界銀行の報告書が「奇跡」としているのは、明らかにこれらの国及び地域の経済成長を大いに賞賛しているからである。しかし、この報告書の発表は、大論争を引き起こすことになった。数人の経済学者による厳粛な経験研究を根拠として、有名な経済学者及びコラムニストのポール・クルーグマン（Paul Krugman）がアメリカの『フォーリン・アフェアーズ』誌に「アジアの神話」の一文を掲載し、東アジアの奇跡の存在及び東アジア経済成長の持続可能性に対して疑問を呈した。

　クルーグマンの批判の検証ででもあるかのように、1997年に発生したアジア金融危機は、多くの「東アジアの奇跡」の当事国に深刻な打撃を与え、これによっていくつかの国及び地域に存在した体制的脆弱性が明るみに出た。最も打撃を受けたのはインドネシア、韓国、マレーシア、タイであった。しかし、最終的には、時間の経過とともに、世界銀行の判断は正しかったことが証明された。1998年以降、多くの東アジアの国及び地域は再び強靭な経済成長の勢いを取り戻し、2007年には東アジアは全体として深刻な金融危機から回復し、いっそう活気ある発展の勢いを呈した。この年、世界銀行は再びこの国及び地域に関して『東アジアの復興（ルネッサンス）：経済成長の理念』と題する報告書を

発表した。

　ここで注目すべきことは、世界銀行は、たんに東アジア経済が危機を乗り越えて回復（recovery）したことを謳歌しただけではなく、より広い意味を持つ、より里程標的意味を持つ言葉、つまり復興（renaissance）を用いて、これを表現したことであった。この言葉は、世界史の分野では「文芸復興」と翻訳され、「再生」と「復活」の意味を有し、もともとはヨーロッパが野蛮時代から各分野で均しく大きな超越を実現した時代へ進化したことを指すものであった。「ルネッサンス」という言葉が使われたことから、世界銀行が東アジアに対して楽観的期待を持っていたことはまちがいない。経済史学者アンガス・マディソン（Angus Maddison）の推計によれば、1820年前後、東アジアと太平洋地域のGDPは世界の約40％を占めていた。世界銀行の報告書の基調は、東アジアがその歴史上の地位を「復興」させたことを指摘したことであることはいうまでもない。

　さらに注意すべきことは、故意か偶然か、『東アジアの奇跡』は中国経済の成長ストーリーを見落としたので、『東アジアの復興（ルネッサンス）』における東アジア地域に対する期待は、ほぼ完全に世界経済の発展における中国の独特な行動に基づくものになってしまったということである。この報告書によって、初めて「中所得の罠」の警告が提示され、これ以降、多くの研究は、経済の成長率という観点から、この課題に対して継続的に理論的・経験的研究を行い、とりわけ高度成長の後に国・地域はなぜ中所得水準において経済成長が減速ないし停滞に陥るのかといった問題の解明に取り組むようになった。これに類似した命題研究は、中国の動向に応用されただけではなく、中国そのものがこの研究の対象にさえされた。

　アジアの国家及び地域の間には大きな経済発展の格差があり、時間的な継起性において、それぞれ独自の経済成長のストーリーを有し、相互に参考にすべき機会を提供している。「東アジアの奇跡」の重要な構成部分である中国の経験と教訓は、東アジアの経験と教訓の一部分であり、東アジアの他の諸国の経験と教訓も、同様に中国にとって吸収すべき貴重な経験・教訓でもあった。こ

うしたことから、成長理論で取り上げられる東アジア経済をめぐる学術的な論
争、また中国の30余年に及ぶ成長のストーリーは、一枚のコインの表と裏とい
う関係にあり、相互に証明し合う必要があり、相互に参考にし合う必要もあっ
た。

　1980年代以来の中国の経済成長は、典型的な「二重経済」の発展の特徴を示
していた。例えば、労働力移動を阻害する制度的障害は除去され、農村労働力
の非農業とりわけ都市及び沿海地域への移動が促進され、労働集約型産業の比
較優位が形成され、中国製品は対外開放を通して国際競争力を取得していった。
改革・開放、発展の全期間、こうした労働力移動が生み出す資源再配置効果を
通して、中国経済は40年にも達する高度成長を実現し、「東アジアの奇跡」の
続編としての「中国の奇跡」を実現した。

　アメリカの経済学者サマーズ（Lawrence Henry Summers）は、300年後の人類
が今日の歴史を描くとすれば、その最も主要な事件は確実に中国の高度な経済
成長ということになるであろうと述べ、この中国の経済成長は、人間の生命周
期の内で生活水準を100倍以上に向上させたが、これは人類の歴史上初めての
ことであり、世界の他の人々にも、グローバル経済にも重要な影響を与えるこ
とになろうと指摘している[1]。しかし、彼のこのエキサイティングなストー
リーは、1人当たり GDP の年平均成長率が7％を超え、かつ70数年（現在の
中国人の平均寿命）も途絶えることなく成長するということを前提にしたもので
ある。「百里を行く者は九十を半ばとす」とされるのであるから、中国の高度
経済成長はすでに40年も持続してきたが、中国が高所得国家への転換を完成す
るにはまだまだ道は遠いといわなければならず、その責任も重い。

　労働力の無限供給を特徴とする二重経済の発展過程は、多くの人々から「天
地の大義（不変的な真理）」だと思われていた。しかし、ウォッチャーのうち数
少ない者ではあったが、次のようなことを懸念していた。つまり、低賃金製品
の輸出は、輸入国家だけがうまみを独占してしまい、多くの一般労働者及び低

1）薩默斯《日本失落的十年値得中国反思》,《21世紀経済報道》2007年1月23日。

所得家庭はこのような成長モデルから利益を得ることはないという懸念であった。とはいえ、こうしたウォッチャーでさえ、2004年に突然現れた労働力不足の前触れとなる「民工荒（農村から都会への出稼ぎ労働者の不足現象）」現象を予想することはできなかった。これ以降、一般労働者の賃金は持続的かつ急速に上昇した。二重経済理論の創立者ルイスの論理からすれば、この時の経済成長はもはや不変的な生存賃金で労働力を雇用できなくなる、つまり労働力はもはや無限に供給されないということを意味するのである。こうして余剰労働力は徐々に消失して、中国経済は「ルイスの転換点」を迎えたのである。

　多くの研究者は一貫して中国経済に「ルイスの転換点」が到来したことを認めようとはしなかった。最初に「ルイスの転換点」が到来したことを予測した筆者自身、長い間、具体的に何年がその「転換点」であるか指摘することを躊躇していた。しかし、2004年には、一連の転換の兆しが確かに現れていた。この年から、農民工を代表とする一般労働者の不足が目立ちはじめ、数十年間変化のなかった非熟練労働者の賃金が逐年上昇し、農業への労働力投入が顕著に減少し、機械が労働力を代替する現象が現れ、都市と農村の所得格差の拡大傾向が逆転しはじめ、労働集約的産業が中・西部地域ないし隣国へ移転するといった一連の変化が、いよいよ新たな発展段階の到来を証明した。

　二重経済の発展の背景には、人口転換（高出生率・高死亡率の段階から低出生率・低死亡率への段階への移行）の特定段階が位置していたことから、農業には限界労働生産力のきわめて低い過剰労働力が形成されていた。「ルイスの転換点」の到来も人口転換の新たな段階と関係していた。こうしたことから、「ルイスの転換点」の到来とともに、二重経済の発展期の最も顕著な人口構造の特徴、つまり増加し続ける労働年齢人口と縮小し続ける人口扶養比率は、もはや存在しなくなった。急速な経済社会発展と計画出産政策によって、中国は他の国よりも短期間のうちに人口転換を完成したが、1人当たり所得水準が比較的低い状態のままで、高齢化と人口ボーナスの消失を迎えたため、「未富先老（豊かになる前に高齢化する）」という発展の特徴が賦与された。

　実際、15歳〜59歳の人口を労働人口とみなすと、2010年にその増加がすでに

ピーク値に達し、それ以降絶対的減少を始めた。これに相応して、この年齢層の人口を分母とする人口扶養比率も最低値に達し、その後上昇しはじめた。人口ボーナスが消失し、経済の潜在成長率もそれに対応して当然低下するといった状況が生じた。こうした状況に直面して、中国政府が人為的にこれまでの経済成長率を維持しようと企図すれば、それは潜在成長率を超えた実際成長率を追求することを意味し、往々にして一連の政策を歪曲させてしまう。その結果、経済成長の「不均衡・不調和・非持続可能性」がさらに深刻化し、経済発展方式の転換が阻害され、最終的には、長期的な経済成長は損なわれ、「功を急げば目的は達成できない」という結果に終わってしまう。

　「未富先老」という特徴は「中所得の罠」とも密接な関連性を有している。それは、「未富先老」という特徴は将来の経済成長に影響を及ぼすかどうかという問題であると言い換えてもよい。これまで30数年の中国経済の高度成長の源泉をなしてきた人口ボーナスが失われ、また新たな成長の源泉をみつけることもできず、さらに潜在成長率を突破するために打ち出した政策がミスを犯すことにでもなれば、中国経済は中所得段階を長期的に徘徊[2]し、さらには「中所得の罠」に陥ってしまうということを意味するのである。

　中国はこれまで人口ボーナスの恩恵によって経済成長を加速してきた。だが、「ルイスの転換点」の到来は、中国経済における二重経済の発展が終焉に向かっていることを意味した。これは東アジア諸国の経験と類似している。人口ボーナスの消失によって、経済成長が突然減速、ある場合には停滞に陥ることは、日本の経験によって検証できる。アジアとラテンアメリカの一部の諸国、例えばフィリピン、マレーシア、インドネシア、ブラジル、アルゼンチン、チリなどの国家は、かつてあるいは現在においても、「中所得の罠」に陥ってい

2）原書では「徘徊」という表現が用いられ、事態がある一定の範囲内をうろうろしている状態を意味する。こうした表現が本書では多用されているが、日本語の「徘徊」のイメージも、中国語のイメージと近いので、訳出にあたってはそのまま「徘徊」としたが、以後逐次指摘はしないが、「停滞」あるいは「迷走」と訳出した箇所もある（訳者）。

る。こうした状況に対して、中国の運命はどうなのであろうか。人口ボーナスを乗り越え、経済成長の勢いを継続させ、予定どおりに高所得国の行列に並ぶのか、それとも停滞したまま長期的に中所得段階を徘徊するのか。

2017年、現行為替レートで計算すると、中国の1人当たり所得（GNI）は8690ドルに達している。世界銀行が2018年に公表した区分によれば、中国は中の上所得国（3896～12055ドル）に位置し、高所得国の段階に入るにはあと一歩のところにいる。例えば、もし中国経済が1978～2012年の平均成長率（8.7％）で推移するとすれば、中国は2021年に高所得国の行列に並ぶことになる。しかしながら、次の2つの理由から、「中所得の罠」という命題は依然として意義を有している。第1は、2012年以来、すでに中国の経済成長率は逐年低下しており、この減速がいっそう早まるのではないかと懸念されていることである。第2は、経済史が明らかにしているように、ある所得水準を超えたからといって、その国は「一度苦労したから後には楽が来る」とばかりに高所得段階に進んでいくとは限らないということである。長期的に入り口で徘徊するのも停滞の表れなのである。

「中所得の罠」の問題に対する回答は、宿命的なものとして片づけるべきではない。経済理論、国際経験及び中国の実態の分析によって与えられるべきである。さらに重要なことは、政策の選択が正確かどうかによって、中国の将来の経済発展の道と方向が決定されるということである。改革を主要手段として生産要素の供給と生産性向上の潜在力を掘り起こすことができれば、中国経済は比較的高度な成長率を維持することができ、高所得国家への転換を完成できるのである。

中国は「ルイスの転換点」を迎えたのか、さらに一歩踏み込んで、ルイスの二重経済の理論は中国に適用できるのか。また中国の人口ボーナスはいつまで持続するのか、「未富先老」は中国の持続可能な成長にとって何を意味するのか。さらに「中所得の罠」は中国の将来の経済成長とどう関係するのか、人口ボーナスが消失した後にさらなる改革によっていかに制度ボーナスを得るのか、等々、「仁者見仁、智者見智（人によって問題の観方はいろいろ異なる）」であり、

議論は尽きない。筆者としては、単純に人口学の角度から、また開発経済学の視点から、あるいは新古典派成長理論の仮説からみて、上述の多くの論争において、共通認識を得ることはなかった。

　そのことから、本書では、中国経済の発展の現実と論理を基点にして、さまざまな理論と学派を融合して理論的に統一した分析枠組みを形成し、一貫性のある結論を導き出した。また本書は、経済学文献を渉猟し、多くの現実的な国際経験と教訓を検討し、よく耳にするが統一的な理解には至らない流行の概念を根本から精査し、こうして議論を深め、共通認識を得ることに努めた。とはいえ、筆者は、本書の多くの観点が学術界及び政策研究界で普遍的に認められることを期待していない。ここで理解してほしいことは、中国は確かに厳しい挑戦に直面しているが、いかに政策を選択して将来の成長の持続可能性を決定的なものとするか、最終的には、中国の経済成長の源泉を探究しつつ、人口ボーナスから改革のボーナスへの転換を実現して中所得段階を乗り越えるかを十分に意義あるものにすることについて、共通認識を得ることなのである。これこそが本書の目的である。

　経済発展段階の新たな変化、及び将来の経済成長が直面する挑戦を論証することが本書の唯一の意図ではない。20世紀後半の時代、ルイスの二重経済の理論を含む開発経済学は、勃興から衰退へと転じる過程を経てきた。経済学の主流が西洋諸国にあるとすれば、西洋の経済学の主流的仮説は新古典派であるともいえる。だが、中国の経済発展が独特な道を歩んだことから、中国経済の現実と新古典派経済学の理論的予見との間には多くの相違がみられた。このため、中国の経験を真摯に総括することは、現実的な政策的意義があるというだけではなく、開発経済学の復興に寄与することにもなる。本書の中国問題に対する分析は、新古典理論の盲目的な応用ではないし、伝統的開発経済学の単純なる回顧でもない。中国の特色ある理論体系の構築を試みることにあるのである。

　中国は2010年に日本に取って代わって世界第2の経済大国となった。現在、世界第1の工業国、世界第1の貿易国、また世界第1の外貨保有国であり、グローバル経済において重要な役割を果たしている。政治家の間、及びマスコミ

界では、なぜ世界経済において国家の地位の消長と交替が起きるのか、新興経済国に対して、どうして伝統的な経済大国は懸念と不安を抱き、貿易摩擦をエスカレートさせることになるのか、ということが常に議論される。こうしたことから、中国の改革開放による経済発展とそれを共に享受し合う過程、及びその論理、さらに今後の方向性を明らかにし、この過程がこれまでいかなる一般発展法則を根拠としてきたか、またどんな独自性を有するのかを指摘する。それは明らかに中国経済のこれからの発展傾向に対するさらに多くの共通認識の形成、そして疑問や誤解の解消に役立つ。

　筆者は、本書の各章節において、より総合的な経済発展の分析という枠組において、中国の経済発展の経験に対し理論的な解答を与えた。これを踏まえて、可能な限り全方位にわたって各種の理論と経験的証拠を提供し、さらに「ルイスの転換点」の到来を実証し、人口ボーナスの消失に対する判断を強化して、中国の人口と経済発展の関係における「未富先老」の特徴、及びその特徴と「中所得の罠」に困窮する可能性との経験的な関連性について論じた。さらに、筆者は、「学問は応用の目的を達成する」の原則に基づき、本書の立脚点をできる限り政策の応用に役立つことに置き、「ポストルイスの転換点」時代、つまりもはや人口ボーナスが伝統的意義を失った条件下で、いかに改革のボーナスを利用して、持続可能な経済成長と社会発展を実現するかについて、各方面における政策を提案している。

第1章　中国経済の長期的発展の分岐路

"明者因时而变，知者随事而制"（【汉代】桓宽《盐铁论》）
「明者は時に応じて変わる、知者は事に従って制す」（【漢代】桓寛《塩鉄論》）

　経済学者及び経済学以外の分野の研究者、また厳密には研究者とはいえない
チャイナウォッチャーたちは、長年にわたり中国経済について多種多様な予測
と判断を行ってきた。こうした予測や判断は、科学的学問研究か否かにかかわ
らず、ほぼ例外なく中国の言論界や世論に激しい議論を巻き起こし、往々にし
て中国政府もこれに反応してきた。もしこの種の多くの予測が科学的な根拠を
欠いた「予言」の類いにすぎないとしたら、こうしたすべての予測は、たんに
「中国経済を叩き潰す」ためのもの、あるいは「中国経済の褒め殺し」の類と
みなしうるものであり、理性的思考を欠いた論理でしかなく、中国経済が直面
する課題や試練及びその解決法を認識することにまったく役に立たないといえ
る。

　本章で考察する中国経済の予測に関する研究は、厳密な本格的な研究、少な
くとも方法論上意義のある研究に限っている。したがって、十分な論拠を提示
せず、議論の土台を欠いた観点、あるいは明らかに先入観に基づいた観点、わ
ざと貶めようとする思惑のある観点からの研究は無視した。本章での考察の目
的は、中国経済の成長に対する各種の予測や評価に答えることではない。ここ
で目指すものは、経済成長の減速を導いた潜在的な原因を探しあて、できるだ
けよい結果を得るよう試みることにある。

1.1 中国経済の予測

2010年に中国のGDPが日本を超えて後、引き続く次の問題は、中国はいつアメリカを超えて世界一の経済大国になるかであった。予想どおり、中国がさらにアメリカに追いつき追い越すという一連の予測が行われた。最も注目を集めたのは国際通貨基金（IMF）の予測であった[1]。購買力平価（PPP）に基づく中国のGDPは2011年の11兆3000億ドルから、2016年には19兆ドルに増加し、世界全体のGDPの18％を占めるとされた。この期間、アメリカの経済規模は15兆2000億ドルから18兆8000億ドルとなり、世界経済全体に占める比率は17.7％に低下すると予測された。多くの国際機関や投資銀行も似たような予測を行っており、こうした楽観的な予測は枚挙にいとまがない。GDPの将来推計には、為替レートを用いたものと購買力平価を用いたものがあり、これによって中国のGDPがアメリカを追い抜く時期に違いが出ただけである[2]。

こうした予測は過去の実態に基づいた将来予測であった。1990年の中国のGDPは世界第10位であった。1995年にカナダ、スペイン、ブラジルを抜いて第7位となった。2000年にはイタリアを抜いて第6位となった。その後、21世紀の最初の10年間に、中国は、フランス、イギリス、およびドイツを抜いた。2010年には、とうとう日本を抜いて、世界第2の経済大国となり、アメリカに次ぐだけとなった。

とはいえ、中国は世界で最も人口の多い国であり、世界の人口のほぼ5分の1を占めるため、1人当たりGDPは依然として低い。それ故、世界第1位といっても、こうした条件付きの世界第1位であり、それほど得意になるようなことではない。しかし、一部の経済学者は、中国の1人当たりGDPの将来予

1）国際通貨基金（IMF）ホームページ；http://www.imf.org/external/data.htm 参照。

2）世界銀行が2011年に発表した「国際比較の報告」では、購買力平価に基づくと、中国のGDPは2014年にアメリカを超えて世界一となると予測した（Cris Giles, China to Overtakes VS as Top Economic Power this Year, *Financial Times*, USA, Wednesday April 30, 2014を参照）。

測についてかなり楽観的である。例えば、ノーベル経済学賞のフォーゲル（Robert William Fogel）は、購買力平価で推計した中国の GDP は、2040年に123兆7000億ドルに達し、世界経済の40％を占めると推計した。中国の人口を14億6000万人と仮定すると、1 人当たり GDP は 8 万5000ドルとなり、全世界平均の2.4倍、アメリカの 1 人当たり GDP の80％に達することになる[3]。国連の予測では、中国の人口は2035年に14億4000万人に達した後、減少に転じ、2040年には14億3000万人となる。この人口予測に基づくならば、2040年の中国の 1 人当たり GDP はアメリカの水準に近づいている。

　中国経済の将来に関するこれらの楽観的な予測は、中国が過去30余年間に達成した経済成長の成果からすると、とくに驚くべきものではない。後述するように、17世紀以降、西洋世界の発展は加速し、中国の経済成長はいよいよ遅れていった。1700年から1820年まで、中国の GDP の平均成長率は0.85％にすぎず、1 人当たり GDP は増加しなかった。新中国が成立するまで、中国は、尽きることのない内憂外患を経験し、経済は停滞し、国民生活は悲惨な状態に陥っていた。1820年から1952年までの中国の GDP 成長率は平均0.22％、1 人当たり GDP 成長率は平均マイナス0.08％であった。同時期のヨーロッパでは、GDP 成長率は平均1.71％、1 人当たり GDP 成長率は平均1.03％であった。

　改革開放前の中国の経済成長は、一連の政治運動と重大な政策上の誤りの結果、平均 6 ％の成長率を実現したものの、市場メカニズムを排除し、高貯蓄率を維持し、産業構造はバランスを欠くものであったため、国民の生活水準の改善は遅々として進まなかった。先進国や新興工業国に追いつくことができなかっただけではなく、逆に距離は開いてしまった。1978年の時点でも、農村にはなお 2 億5000万人の衣食にさえ困窮する貧困人口がいた。

　1970年代末に改革開放の歩みが開始され、中国経済はようやく未曽有の活力を示し、中華民族は偉大なる復興を始めた。この間、中国は多くの巨大な制度

3) Robert W. Fogel, Capitalism and Democracy in 2040: Forecasts and Speculations, *NBER Working Paper*, No.13184,2007.

12

上の変遷をなしとげた。例えば、人民公社の「大釜の飯（食い逸れのない親方五星紅旗）」体制は「農家請負制」へと変革された。単一の公有制経済は多様な所有制経済が共存する経済体制へと転換した。計画経済は市場による資源配分を主とするシステムに改革された。閉鎖型経済から世界貿易機関（WTO）に加盟し、世界経済のグローバル化における重要なプレイヤーかつ受益者になるという転換を遂げた、等々である。

　中国は、こうした改革開放の過程において、有効なミクロレベルでのインセンティブシステム・現代的企業制度・財政金融システム、さらに社会保障体系をゼロから作り上げた。これらすべては、最終的には、総合的な国力と国民の生活水準の向上として現れた。1978年から2012年まで、中国経済は毎年9.8％の成長率を維持してきた。GDP総量のみならず、１人当たりGDPも向上するといった奇跡を実現した。同じような発展段階にある国々の１人当たりGDPが２倍になるのに要した時間を比べてみると、中国の達成した奇跡がよく分かる。イギリスは1780年から1838年まで58年を要した。アメリカは1839年から1886年まで48年、日本は1885年から1919年まで35年、韓国は1966年から1977年

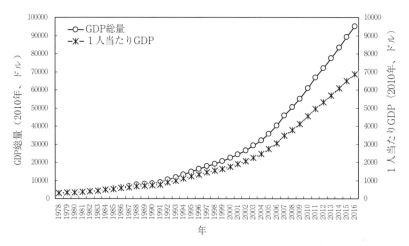

図1-1　改革開放後の中国の経済成長
資料：World Development Indicators（国家統計局のホームページより）

まで12年を費やした。これに対して中国は、改革開放期の1978年から1987年ま
でのわずか10年でこれを実現した。その後、1987年から1995年までの9年間に
それを2倍に、1995年から2004年の10年間にさらに2倍とした。そして2004年
から2011年までのわずか8年間にさらにまた2倍とした。こうした成長率の伸
びからすれば、2020年にはさらにそれが倍増すると予測される。図1-1は、
世界銀行の数値によって、改革開放期のGDPと1人当たりGDPの成長率を
示したものである。

　早くも1994年、林毅夫・蔡昉・李周共著『中国の奇跡　発展戦略と経済改
革』は、当時の中国・日本・アメリカの経済成長の速さをもとに、この3ヵ国
が1980年代のGDP成長率を今後も維持した場合、中国の経済規模は2035年頃
に日本とアメリカを追い越して世界第1位になると予測し、これを当時の購買
力平価を用いて推計するならば、中国経済は2015年頃には日本とアメリカを追
い抜くだろうと予測した[4]。

　当時ですら、中国経済についてのこうした楽観的な予測は皆無ではなかった。
著名な経済学者で世界銀行元副総裁のローレンス・サマーズ（Lawrence H.
Summers）は、中国の経済規模は2015年頃にアメリカのそれを超えると予測し
た。その後、オーストラリアの外務貿易省の著名な経済史学者アンガス・マ
ディソン（Angus Maddison）、さらに世界銀行も似たような予測を提示した。い
まや中国経済の実際の成長の驚くべき速さは過去の大胆な予測すら凌駕し、楽
観的な予測が国際機関と経済学者の共通認識となりつつある。さらに、中国が
こうした予測研究の方向と時間どおりに世界最大の経済国になるかどうかは、
通常の経済規模の順位の意義だけに止まらない。人類の歴史において、最終的
に、中国が繁栄から衰退に転じ、その衰退から再び繁栄に転じる奇跡を達成で
きるかどうかということに関わっている。

---

4 ）林毅夫，蔡昉，李周《中国的奇迹：发展战略与经济改革》，上海三联书店，上海人
　　民出版社，1994，第9-10页。

1．2　大分岐から大統合への道

　世界経済史学の最近の発展によって、しだいに次のような共通認識が形成されていった。すなわち、現在の世界経済の情勢からいって、先に挙げた『東アジアの奇跡』で指摘されたように、世界銀行が最も期待を寄せる「東アジア」地域は、すでに実現している世界平均をはるかに超える経済成長率水準からして、2025年には世界の総 GDP の40％を占めるまでになるだろう（これを称して「東アジアの任務」としている）という共通認識である。このように、東アジアは世界に再びその輝かしい成果—1820年にはこの地域は世界経済の40％を占めていた—を示すことになるが、この地域における中国経済の総規模と増加量の貢献度を考慮すれば、この「東アジアの期待」はまさに中国への「期待」そのものであるともいえる。だが、科学技術と経済によって成し遂げられる1人当たり GDP の絶対的に優位な地位は、従来からそうであったというわけではない。

　当初、人々はいわゆる「ジョセフ・ニーダムの難問」について広範な議論を展開してきた。中国の科学技術は、前近代社会において、他の文明をはるかに上回っていたが、どうして近代社会ではそうならずにいるのかということに答えようとした。関連研究によれば、18世紀に西洋で工業革命が始まる前の1000余年間、中国は一貫して世界で科学技術の最も先進的な国家、経済の最も発展した国家であった[5]。例えば、9世紀から13世紀まで、中国の農業生産力は世界最高水準にあった。漢代から14世紀まで、中国の工業はいずれも高い水準にあった。都市化水準は、工・農業の生産性の結果であるのみならず、商業の発展をも代表するものであった。経済史研究家の研究によれば、宋代中期、中国の都市化率はヨーロッパのそれをはるかに上回っており、こうしたことに対応して、市場の発展に関連する経済制度もまたかなり高度に発展していたとされる。しかし、14世紀以降、中国の経済発展と科学技術の進歩はしだいに西洋国

5）林毅夫《李约瑟之谜、伟伯疑问和中国的奇迹：自宋以来的长期经济发展》,（《林毅夫自选集》, 山西经济出版集团, 山西经济出版社, 2010, 第163-195页）。

家から置いてきぼりにされていった。

　ポメランツ（Kenneth L. Pomeranz）等に代表される「カルフォルニア学派」の歴史学によれば[6]、1500年頃の世界において、財富は東方に集中していたが、この「東方」という概念の中心に中国が位置していた。しかし、その後、ヨーロッパが興隆しはじめ、18世紀末には、東方と西洋の「大分岐」が生じた。ほぼこれと時を同じくして、中国と西洋との間に、経済・科学技術、及び生活水準において大きな格差が現れ、中国はますます貧しく弱い国家へと陥ってしまった。

　中華人民共和国成立前の内憂外患が経済発展を阻害しただけではない。共和国成立後の政治運動及び経済体制上の弊害も、中華民族の復興を挫折せしめ、中国は欧米先進諸国よりはるかに遅れてしまった。それだけではなく、アジアの隣国、さらには自国の香港やマカオ、台湾の発展と比べても大きな格差が顕著になっていた。例えば、ある研究によれば、「大躍進」と「文化大革命」だけによってもたらされた損失は、1993年の労働者 1 人当たり産出量の63％の減少に当たるという[7]。

　こうした失敗は、ノーベル経済学賞のマイケル・スペンス（Andrew Michael Spence）がいうところの1950年以降の世界経済の「大収斂」（統合）の潮流に中国を乗せることはなかった[8]。中国は経済発展の貴重な30年を失ってしまった。しかし、改革開放以来の中国の高度経済成長はついに数百年来の経済の「大分

---

6) 彭慕兰《大分流：欧洲、中国及現代世界経済的発展》，江苏人民出版社，2003；杰克・戈德斯通《为什么是欧洲？　世界史视角下的西方崛起（1500—1850）》，浙江大学出版社，2010年（Kenneth Pomeranz, The Great Divergence: China, Europe, and the Making of the Modern World Economy, Princeton: University Press 2000）。

7) Y. Kwan and G. Chow, Estimating Economic Effects of Political Movements in China, *Journal of Comparative Economics*, Vol.23, 1996, pp.192-208.

8) 迈克尔・斯宾塞《下一次大趋同：多速世界经济增长的未来》，机械工业出版社，2011年（Michael Spence, *THE NEXT CONVERGENCE: The Future of Economic Growth in a Multispeed World*, 2011）．

岐」を逆転させ「大収斂」へと向かわせ、中国は中華民族復興の偉大な道を歩みはじめた。世界第2位の経済ということに象徴されるように、中国は世界が注目する経済社会の発展を実現した。

これまでに経済学者及び経済史学者から普遍的に認められ、数多く引用されてきた長期的な国別の歴史的数値、とりわけ著名な経済史学者アンガス・マディソンが系統的に整理し公開した、現代統計体系における国内総生産（GDP）及び1人当たりGDPに関する数値を以て、中国経済の発展の紆余曲折の推移をみれば、上述した討論のなかで言及されたことがよく示されている（図1-2参照）。

図1-2にみるように、世界経済の地位についていえば、2000年までの期間、中国の一人当たりGDPの最高は1500年であり、世界平均を6％上回っていた。中国のGDPの最高は1820年であり、世界の総GDPの3分の1を占めた。同時に、この図1-2から、長期間にわたって、中国経済の世界経済における比

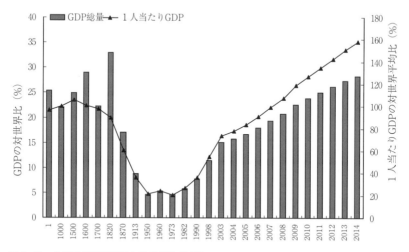

図1-2　中国の世界経済における地位の変化

資料：2003年の数値は、 Angus Maddison, *Contours of the World Economy, 1-2030 AD, Essays in Macro-Economic History*, Oxford University Press, p. 379, table A. 4 ; p. 382, table A. 7 ; 2004年以降の数値は、世界銀行のデータバンク（http://data.worldbank.org/）に収録された数値に基づいた推計値である。

重が再度逆 U 字型の変化を示していないこと、むしろ19世紀後半から21世紀前半の趨勢をみれば、N 字型の変化を示していることをみてとれる。このことは、19世紀以降の衰落が20世紀80年代から再び壮大な復興に転換していることを示唆している。

　新古典派経済成長理論の重要な論理的出発点は資本収益の逓減にあった。つまり、資本投入量が増大すればするほど、収益率は逓減するというものであった。このことから、比較的低い発展水準から出発する国家は、比較的高い出発点にいる国家に比べて、高い成長率を実現することができ、この成長率の格差は長期間維持され、一定の経済発展水準に収斂する。こうした理論的予測が示唆することは、比較的発展水準の低い国家は先進国に追いつき追い越す機会を有しているということである。

　しかし、大量観察と研究の結果、こういった収斂説は、発展途上国と先進国の経済成長の現実にあっていないことが分かった。実際は、長期間で少数の国家や地域が先進国に追いつき追い越した以外、全体としては先進国の成長は発展途上国の成長を上回っていた。この2つのグループの国家間に、収斂という事態が発生するどころか、むしろ格差は拡大しているのである[9]。伝統的な新古典派理論のこうした経験上における失敗は、理論上の欠陥からくるものであった。つまり、経済成長の源泉である技術進歩を外部要因とみなしたことがモデルそのものの解釈を成り立たなくさせたのである。このため、1960年代以後、経済成長理論は停滞し、経済学者たちは、次の2つの面からこの伝統理論の欠陥を是正しようとした。1つは、理論上、技術進歩という要因を内生化しようとする動きを始めたことであり、もう1つは、継続的に経験上のデータを収集し、収斂仮説を検証しようとしたことであった。

　1980年代中期以降、経済成長理論は、再度、盛んな時期を迎えた。ポール・

9）21世紀に入ると、多くの新興経済国の成長はこうした状態とは異なる様相を示している。しかし、こうした収斂傾向が今後とも継続されていくかどうかは、その後の観察を待たなければならない。本書では、中国を事例として取り上げているのであって、こうした収斂傾向が生じた原因やそれが継続される条件を検討している。

ローマー（Paul M. Romer）、ロバート・ルーカス（Robert Lucas）に代表される新成長理論は、人的資本の形成と累積の特徴及びその成長過程における役割の研究、さらに技術拡散過程の研究を通して、経済成長の源泉を内生化することに成功した。それ故、この新成長理論は内生化成長論と称され、人的資本が収益逓増の特徴を有すること、技術革新とその拡散という独占をもたらす可能性と必要性の要因をモデルのうちに内生化することで、新古典派の完全競争という仮説を乗り越えた。

　他方、一部の学者は、経験上から伝統的な収斂仮説を検証した際、いわゆる「クラブ収斂」現象をみいだした。例えば、OECD とか、アメリカの各州とか、日本の各県とか、同質性を持つ国家及び地域間では、確かに収斂化の傾向が認められるが、異質的な国家や地域間ではむしろ格差が拡大しているという事実である。こうした伝統的な新古典派成長理論の収斂仮説と一部合致し、一部は食い違うという経験上の結果は、新古典派成長理論の支持者らに、ロバート・ソロー（Robert Merton Solow）等の理論のうちから部分的収斂という新概念を発掘させることになった。

　実際には、新古典派成長理論は早くから収斂化には条件があることを提起していた。例えば、人口増加率とか貯蓄傾向の差異とか、国家ごとに異なる条件であった。ただ、こうした条件が不変であるということを前提として、成長率の比較的低い地点から経済成長が開始されれば、きわめて高い成長率が実現され、収斂傾向を示すということを指摘しただけであった。新古典派理論と経験は一致するという伝統を重視するロバート・バロー（Robert J. Barro）とサラーイーマーティン（Sala-i-Martin）は、たえず経済成長モデルに各種の解釈可能な変数を投入することを試み、収斂仮説の条件を検証しようとした[10]。

　最も成功した理論的枠組みは、新しい内生化成長理論と旧来の新古典派成長理論を結合させたものであった。この新成長理論は、トップの地位にいる国家はどうして持続的成長を維持できたのか、そこでは収益逓減の現象は現れない

---

10) R. Barro and Sala-i-Martin, *Economic Growth*, McGraw-Hill, Inc., New York, 1995.

のかということをよりよく解釈し、次のことに直接回答した。すなわち、どう
やって、いつ、遅れた国家は先進国に追いつき追い越せるのかという問題であ
る。経験上から、収斂仮説の条件を検証するなかで、経済成長に関連する諸要
因をみいだした。それは、貯蓄及び投資水準・インフラ条件・体制の要因・政
府の経済への干渉程度・人的資本と人口負担、等々の要因であった。

　こうした検証作業についていえば、中国は、この40年間で、先進国との発展
水準や生活の質における格差を顕著に縮小した。このことは、改革開放によっ
て経済発展を促す方向を堅持しさえすれば、相対的に遅れている国家であって
も完全に先進国に追いつき追い越すことができるということを証明している。
このことから、これまでの中国の改革・開放、発展の成功経験を総括すること
が収斂仮説に対する検証でもあり、成長理論学者の200万回の回帰分析よりも、
はるかに説得的であることはいうまでもない[11]。

1.3　経済成長はいつ、どうして減速するのか

　人心を奮い立たせるようなこれまでの予測やそれから生じるさらなる期待に
依存しても、中国経済の未来は保証されない。1960年代後半から世界第2位の
経済大国の座を守り続けていた日本は、国際的な評価も高く、期待を寄せられ
ていた。しかし、1990年代初めから、日本経済は「失われた10年」、「失われた
20年」に相次いで陥り、ついには世界第2位の経済大国の座も失った。中国が
日本と異なるのは、2010年に中国が日本を追い抜いて世界第2位となった際も、
中国の1人当たり GDP はわずか4382ドルで、世界銀行の定義でいう中所得国
の上層にやっと到達したばかりであった。中国経済が日本のように「失われた
10年」、あるいはさらに長期の停滞に遭遇すれば、所得水準上位国のなかで徘
徊している日本とは異なり、中国は「中所得の罠」に囚われた典型的な例にな

---

11) スペイン生まれのアメリカの経済学者サラ－イ－マーティンは、「私はきっかり200
　万回の回帰分析を成し遂げた」という形容を用いて、経済成長の同一化仮説を探究
　した学術上の努力を表現している（Xavier Sala-i-Martin, I Just Ran Tow Million
　Regressions, *American Economic Review*, Vol. 87(2), pp.178-183, May, 1997）を参照。

るだろう。

　中国経済の成果を賛辞する声のなかで、中国の経済減速を予測して、高成長
の経済は、いつ、いかなる条件の下で、どのような形で減速するかについての
一連の比較研究が出はじめた。投資銀行モルガン・スタンレーのエコノミスト
の研究によると、世界経済史を見渡すと、歴史法則という「万有引力」の作用
によって、高度経済成長を経験した国は、その後に成長は減速するが、この減
速への転換点は購買力平価による1人当たりGDPが7000ドルに達したときで
あるという[12]。彼らの研究は、経済史学者マディソンの研究に基づいて、過去
100年間に40ヵ国が1人当たりGDP 7000ドルに達したが、そのうち31ヵ国が
その後平均2.8ポイントの経済減速に見舞われたことを明らかにした。中国は
2008年に「魔の7000ドル」に達した。日本は1960年代末、韓国は1980年代末で
あった。日韓ともに、この転換点を過ぎた後、経済成長率の伸びが鈍化した。

　中国の潜在成長率に影響を与える要素にいくつかの変化が生じはじめている。
例えば、労働力の供給増加が鈍化し、貯蓄率と資本形成が低下し、全要素生産
性の改善空間が縮減しはじめたことである。このため、先のモルガン・スタン
レーの研究チームは、中国経済の成功は過去の「アジアの経済奇跡」の一部で
あるとはいえ、現在の経済発展段階からみて、中国の経済成長の減速は避けら
れないとした。しかし、この研究は、中国経済はそれほど悲観的ではなく、中
国には大きな可能性とチャンスがあると結論づけた。例えば、労働集約型産業
は東部沿海地域から中・西部地域に移転しており、中国経済は、日本や韓国ほ
ど急激にではなく、比較的長い時間をかけてゆっくりと減速するとした。同時
に、この過渡期において、産業構造は各地域において再編され、経済成長の引
き上げに必要な主要要素の構成等における調整が加速され、中国は新たな経済
成長の源泉をみいだす十分な時間的余裕を得ているとした。

12）王庆，章俊，　Emest Ho《2020年前的中国经济：增长减速不是会否发生，而是如何
　　发生》,《摩根士丹利・中国经济》,摩根士丹利研究部（亚洲／太平洋），2009年9
　　月20日。

　他方、アイケングリーン（Barry J. Eichengreen）らはデータ分析をさらに深め
た研究を行った[13]。この研究が回答した問題は、高度経済成長はいつ減速し、
どれほど1人当たり所得水準を低下させるか、及び中国にとってのその意義で
あった。この研究によれば、2005年の購買力平価に基づいて、1人当たり
GDPが17000ドルに達したとき、多くの場合、高度経済成長は目にみえて減速
するという。彼らがサンプルとした国々では、GDP成長率は年平均6.8%から
3.3%に下降した。彼らの推計によれば、中国が年平均9%のGDP成長率を維
持すると、2015年には17000ドルの水準に達するとされる。彼らは、さらに中
国の経済成長に潜む問題点や持続可能な成長を妨げる要素を挙げて、中国は、
その後、70%の確率で経済減速の法則に従うだろうと警告した。しかし、長期
にわたり、年平均9〜10%のGDP成長率を維持してきた国にとって、ある程
度の経済減速はそれほど心配すべきことではない。実際、中国の「第12次5ヵ
年計画」は2011年から2015年までの経済成長率を7%に定めた。国家の財力が
十分にあり、失業問題も緩和している新状況においては、この成長率7%はむ
しろ持続可能な成長速度であった。
　高齢化も経済成長を減速させる要因とみなされている。高齢化は、労働年齢
人口の増加率が鈍化すること、ないしはその総数の絶対的減少、つまり労働年
齢人口の総人口に占める比率が上昇することなく、一方的に下降していくこと
を意味する。これに相応して、経済成長は労働力の十分な供給や高貯蓄率を表
現する人口ボーナスの支えを失いはじめる。1990年、日本の高齢化率、すなわ
ち総人口に占める65歳以上人口の比率は11.9%に達した。その後まもなく、扶
養人口比率すなわち労働年齢人口に扶養を依存する人口の比率は急速に上昇し
た。こうした人口構造の変化と同時に、日本の経済成長にも劇的な転換が生じ、
日本経済は減速期から停滞期に入っていった（図1-3参照）。

13）Barry Eichengreen, Donghyun Park, and Kwanho Shin, When Fast Growing Economics Slow Down: International Evidence and Implications for China, *NBER Working Paper*, No. 16919, 2011.

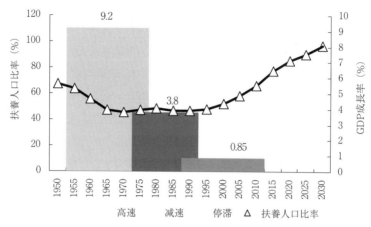

図1-3　日本の人口ボーナスの消失と成長の減速
資料：人口の数値は国連の数値。GDP 成長率は世界銀行及び Takeo Hoshi and Anil
Kashyap, Why Did Japan Stop Growing? report prepared for the National Institute for
Research Advancement（NIRA）. http://www.nira.or.jp/pdf/1002english_report.pdf, 2011
より採録。

　2010年の中国の１人当たり GDP は4382ドルであった。前述の２つの研究に
おける経済減速の基準点（7000ドルと17000ドル）が購買力平価に換算したもの
であったので、これに換算していえば、約8700ドルである。このほか、2010年
の中国の65歳以上の総人口に占める比率は8.9％であり、この数値は日本が経
済の減速期に入った1990年の高齢化水準に近い。2011〜2015年の「第12次５ヵ
年計画期」と重なる期間に、中国は、日本と同じように、扶養人口比率の急速
な高まりを経験することになろう。

　経済史が示す経験は、結局のところ確率の問題であり、将来予測も現実的で
はない。前述の中国の経済成長に対する予測も、中国が必然的に最も悲観的な
状況になると断言するものでもないし、また、楽観的な状況が存在するからと
いって安心できるということも意味しない。実際、「平均」という外衣をま
とった国際的な経験は、往々にして多くの特殊な状況と要素を覆い隠してしま
う。例えば、モルガン・スタンレーのエコノミストの研究が指摘するように、
中国の現在の発展段階とこれから直面する運命は、40年前の日本ときわめて似

ている。実際、上述した人口構造の変化の段階からみると、現在の中国は20年
前の日本と類似しており、その後の日本経済の経験は中国にとってもっと参考
になる。日本は経済成長の減速が始まると止まることなく、現在に至るまで経
済は停滞した状態にある。図1-3に示したように、日本は1955〜1975年に年
平均9.2%の経済成長を実現したが、1975〜1990年には3.8%に減速し、その後、
常に減速を続け、経済成長は停滞するに至った。1990〜2010年の成長率はわず
か0.85%にすぎなかった。実際、中国の経済の成長率も、2010年以後の人口
ボーナスの急速な消失とともに、顕著に速度を落とした。10.4%の成長率をみ
せていたものが2017年には6.9%に落ちた。これこそ、まさに経済発展段階の
転換と人口構造の転換からくる必然の結果であった。

　しかしながら、不測の事態に備え、最悪の結果を避けるには、歴史に教訓を
学びつつ、不正常な経済減速をどのように避けるか、あるいは経済減速から経
済の停滞に陥らないようにするにはどうすべきかを探るべきである。再度、日
本を例にすると、経済成長の速度が以前より遅くなったかどうかではなく、避
けがたい経済減速のあと、欧米各国のような成長速度を日本が実現できないの
はなぜなのかの理由を探るべきである。これに関して、先に引いたアイケング
リーンらの研究は重要な参考になる。それは全要素生産性の効率停滞が経済減
速の原因の85%を説明できることを提示しているからである。

1.4　結び

　国際的な経験が示すように、ここで述べる必然的な経済成長の減速段階を分
水嶺とすると、国家の前途には以下の3つの運命が待ち構えている。第1の運
命は、ヨーロッパ及び北アメリカの将来像である。つまり新興国ほど急速な経
済成長はしないが、技術革新の最先端にあって継続的に経済成長を実現し、高
い成長の質を有する将来である。インシアード（INSEAD, European Institute of
Business Administration）及びその協力者たちは、安定した政治経済環境・優れ
た教育システム・研究開発投資・効率的なインフラ・市場の内需状態、及び以
上の優位を技術革新に転化する能力などに基づいて、世界142ヵ国・地域を対

24

象に「2013年グローバルイノベーション指数」のランキングを発表した。トップ10は、シンガポールと香港を除き、すべてヨーロッパ諸国とアメリカだけであった[14]。

　中国についていえば、もし経済発展モデルを投資依存型から生産性向上を原動力とするモデルに転換したならば、たとえ経済成長が減速したとしても、成長の質的向上と持続可能性の向上を実現させることができる。同時に、所得再分配状況の改善・基本的公共サービスの均等化・社会調和の達成等々にもっと配慮するならば、ゆとりある社会（小康社会）を全面的に建設する目標も、中国現代化の壮大な構想も、予定したスケジュールどおりに完全に達成できる。

　第2の運命は、日本の在り様である。日本は、1990年以降、高所得水準のまま経済成長が停滞した。1人当たり所得水準は依然高いが、世界経済における地位は低下する一方であり、革新能力と1人当たり所得水準はいまや一致していない。例えば、前述の「2013年グローバルイノベーション指数」でいうと、日本の順位は22位であり、アジアにおいてさえ、香港やシンガポールに遠く及ばない。このことは、後発国でも、後発の優位を生かしながら、つまり技術移転と模倣を通して、経済では先進国に追いつき追い越す速度を速めることはできるが、結局のところ、経済成長の長期的な持続可能性は、その国の総合的な革新能力によって決定されるということを意味している。

　日本とは異なり、中国は中所得の上の段階に入ったばかりであり、革新能力は急速に向上しているとはいえ、全体的な技術水準・革新能力・人的資源の蓄積等において、先進国との距離は依然として大きい。先進国の列に加わるには、中国はまだ長い道のりを歩まなければならない。こうした経済発展段階では、経済が一度停滞状況に陥れば、せいぜい中所得の日本の段階に留まらざるをえないであろう。

　第3の運命は、ラテンアメリカと一部のアジア諸国に代表されるものである。

14) Cornell University, INSEAS, and WIPO, *The Global Innovation Index 2013 : The Local Dynamics of Innovation*, Geneva, Ithaca, and Fontainebleau, 2013.

こうした国々は、比較的早くに中所得国となったが、高所得国の列に連なることはできず、経済成長は鈍化または停滞している。国民に分配する「パイ」を持続的に大きくできない状況の下で、経済成長を享受する効果は日増しに弱まっている。優れた有効な制度が欠如しているため、政治経済学の論理に従い、金持ちはより大きな発言力を持って「パイ」の大きな取り分を得ている。金持ちに所得と資産が集中する「マタイ効果（Matthew effect）」により、格差は拡大を続けている。政治家は、よい動機からであれ、選挙対策の必要からであれ、所得の改善を約束するが、経済成長が停滞しているため実現は難しく、このため政治はポピュリズムという苦境に陥っている。貧富の格差による対立から社会は混乱し、政治は不安定となり、国家は「中所得の罠（Middle Income Trap）」のなかで立ち往生している。

　経済成長がおのずから所得分配状況の改善につながるわけではないことは、経済学者の共通認識である。しかし、所得分配状況の改善は、つまるところ経済成長を前提とする。ラテンアメリカや先進国の経験から、経済成長と1人当たり所得の全体的な向上が格差の縮小に役立つことは証明済みである。例えば、21世紀初頭の10年間にブラジルなど一部のラテンアメリカ諸国の経済は好調で、これに相応して「ジニ係数」は目に見えて下がっていった。他方、アメリカは1970年代以降、経済成長に有利な「手の届くところにある果実」を採り尽くしたため、経済成長は以前に比べてはっきりと減速した。所得格差は拡大し、ほかの先進国と比べて、アメリカの「ジニ係数」は大きい。

　これまでのところ、中国経済は全体として「成長享受型」であったといえる。所得格差の拡大が不満を招いてはいるが、「パイ」は絶えず大きくなっているため、その格差はいまのところ許容されている。中国の都市住民の平均可処分所得と1人当たり日常生活消費についていえば、所得の多い層と少ない層との間において、所得格差は明らかに拡大しているが、いずれの所得水準の層においても、所得と消費の水準は多少なりとも上昇している。しかし、この状況は「パイ」の拡大が止まれば変化する。経済成長の減速によって、分配できる増加分が少なくなれば、強者の取り分はより拡大する。そうなれば、低所得者層

の不満が強烈に表出し、ラテンアメリカのような苦境に陥ることは避けられない。

　実際、中国政府はすでに低めの経済成長率目標を設定することにより、経済発展モデルの転換を加速する準備を整えている。「改革開放」以来、とくに近年のいくつかの「5ヵ年計画」では、指令的指標であれ、提案型指標または予測的指標であれ、いつも実際に必要とされる経済成長率よりも低めに設定された。しかし、毎回の「5ヵ年計画」の実行結果をみると、実際の経済成長率は計画目標を早期に達成した。これでは、「5ヵ年計画」の指標はどんどん現実から乖離していくことになる。

　1990年代末のアジア金融危機や2008～2009年のリーマン・ショックによる世界的な金融危機など、経済が衝撃を受けるたびに、中央政府は8％の経済成長率を確保するよう求めた。多くの人々からすれば、「8％の確保」は永久不変の最低基準の要求であり、8％以上の経済成長率が確保されなければ、十分な財政収入を確保できず、最低限度の雇用を満足させられないと考えられた。甚だしき場合には、こうした政府のGDP至上主義を単純に批判するだけでは、高い経済成長率を追い求める衝動を抑えることはできないとされた。なぜなら、中央政府にせよ、地方政府にせよ、十分な政府の資金力こそが、社会と経済の発展の調和を促進する必要条件であると考えていたからである。したがって、経済成長率を制限する手法だけでは、政府の経済成長率の偏重志向や高成長を追求する行動を変えることは決してできない。

　「第12次5ヵ年計画」以後、経済発展モデルの転換を速めることが計画の主軸に置かれた。すなわち、経済成長の原動力を要素投入から生産性向上に転換し、経済成長の牽引力を輸出・投資主導型から内需主導型に転換し、経済成長を主導する産業を第二次産業から第三次産業に転換することであった。「中国共産党第19回全国代表大会」は、再度、経済成長のハイスピードの発展からハイクオリティの向上を目指した発展に転換することを要求した。もしこうした転換が実現されるならば、あるいはこの調整方向への実質的な進展が実現されるならば、政府財力の充実した状態及び就業圧力の減少した状態の下では、相

対的にいくぶん低い成長率は、かえって経済の発展段階の要求と持続可能な発展を維持する要求に合致することになるのである。

　この他にも、以後の章において明らかにするように、中国経済の発展段階が新たな特徴を示しはじめるにつれて、これまでのやり方が特定の高い成長率を制約条件として維持しようとしても、すでにその条件は徐々に緩められているので、適度な比較的低い成長率を実行することが可能であろうし、またそうすることが必要なのである。

　もう1つは、本書の主題は「中所得の罠」を回避すること、つまり合理的な範囲を超える経済成長の減速ないし停滞をいかに回避するかを討論することにある。その意義は、就業と人民の生活水準の向上に応えることができない、かつ全面的な「小康社会」の形成を実現させなくする、経済成長の早すぎる激しすぎる減速を阻止しようとすることにある。以下の章において、質的向上を目指した経済成長がもたらす低成長と「中所得の罠」に陥らせる経済の減速をそれぞれ区分して論じ、持続可能な経済成長の源泉を探り当てようと考えている。

第2章　二重経済の発展

"父母在，不遠遊，遊必有方"（【战国】《论语·里仁》）

「父母在せば、遠くに遊ばず、遊ぶに必ず方あるべし」（【戦国】『論語·里仁』）

　中国経済の成長が直面する減速の潜在的リスクは、中国経済の発展段階の変化そのものに関係している。この経済発展段階がどこまで進展しているかを判断する前に、まずは1980年代以後の中国経済の発展の特徴を指摘しておこう。経済学の主流派は、経済成長を一元的・均質的な過程と把握しているが、このことは、早期に工業化を実現した国家及び今日もなお発展している国家からすれば、当然のことであるかもしれない。しかし、他の多くの発展途上国からすれば、そのことによって逆に自らの特徴を明確に把握することが困難になり、そのために真の発展のボトルネックをみつけ出すことができなくなってしまっている。ルイスの二重経済理論が広まり、また中国を含む発展途上国の経済がよく考察されるようになって、後発国家の経済発展過程に対する認識が大いに深められることになった。

　しかしながら、ルイス理論は、これまで数十年間、明らかに冷遇され、無視されてきた。ある場合には、主流経済学者が新古典派の経済成長の時期と前古典のマルサスの時期とを統一的な枠組みの中に収めようと試みた際[1]、あろうことか、意識的か無意識的か分からぬが、この両時期における最も特徴的な二重経済の発展段階を無視したのである。しかし、ルイス理論は、中国のこれま

---

1) Hansen and Prescott, Malthus to Solow, *American Economic Review*, 92: 2002, pp. 1205-17.

での30数年の経済成長の分析を深めるのに役立っただけではなく、二重経済の発展に関連する特有な現象、例えば、余剰労働力・労働力流動・都市の二元的労働力市場といったことを認識するのに役立ち、中国の経済発展の重要な段階的変化、つまり「ルイスの転換点」を正確に判断し、概括することに役立ったのである。

　本章では、二重経済理論の分析枠組みを用いて、中国経済の改革開放期の経済成長の特徴と主要な現象を簡単に指摘する。こうしたなかで、中国経済の経験は、明確にルイスモデルの事理を説き、それを豊富化するということ、さらにマルサスモデルとソローモデルとの間の理論的橋梁を作り出すのに役立つということを知ることになろう。

2.1　ルイスモデルの応用

　アーサー・ルイス（William Arthur Lewis）は、1954年に発表した著名な論文「労働力の無制限の供給と経済発展」において、経済学の主流地位を占める新古典派理論の発展途上国の経済発展の分析に対する適用性に初めて疑義を提出した。彼が新古典派理論を標準とすることを放棄、つまり新古典派経済学における労働力は無限に供給されないという仮説を放棄し、古典派理論の枠組みで発展途上国を分析するとした際、発展途上国の経済は、2つの部門、すなわち「伝統的経済部門」と「近代的経済部門」に区分できるとした。

　実際にルイスが用いた区分は、「生計維持部門（主に伝統的農業を指す）」と「資本主義部門（主に近代的工業を指す）」であった。しかし、彼はまた、前者は農業経済に限るだけではなく、他の所得を分かち合うという特徴を持つ伝統的部門も含まれているとした。他方、後者の核心は、経済制度それ自体にではなく、賃金の決定が労働の限界生産力に依拠しているということにあった。この他、クズネッツ（Simon Smith Kuznets）もまた、「農業経済」と「近代経済成長」という区分を用いている。本書では、多くの場合、文脈の前後関係から異なる概念でこの2部門を表現したが、それは、できるだけ読者の習慣に符合させ、可能な限り概念の統一を図り、この区分に一般的な意義を持たせようとしたか

らである。

　二重経済理論の仮設では、伝統的経済部門における資本と自然資源について、人口が多く、労働力の供給は無限としている。この部門においては、労働の限界生産力はきわめて低いと言い換えてもよい。この部門が存在することで、近代的経済部門はその成長と拡大の過程において、一定の賃金水準で無制限に必要とする労働力の供給を受けることができる。それ故、このような成長モデルにあっては、経済成長を制約する唯一の要因は資本の蓄積である。ルイスとロストウ（Walt Whitman Rostow）の指摘するところによれば、経済発展の核心は、近代的経済部門においていかに持続的に特定水準の貯蓄率ないし投資率を実現するかということにある[2]。

　多くの発展途上国の経済発展は、長期間のうちに、二重経済の局面を呈した。1つは、生計維持の賃金を以て労働力を不断に提供する伝統的経済部門であり、もう1つは、蓄積率に制約される不断に拡張する近代的経済部門である。近代的経済部門の発展が伝統的経済部門の余剰労働力を吸収し尽してはじめて、二重経済の成長は、徐々に均衡的な近代的経済成長に一体化していく。このため、余剰労働力の完全に吸収された時点が二重経済の発展過程における重要な転換点であり、経済成長自体がこの転換点到来の根本的原因である。

　しかし、「ルイスの転換点」を説明する前に、さらなる分類を行う必要がある。開発経済学の理論では、二重経済の発展過程を3つの関連段階に区分して考察している。

　第1段階は、労働力が無限に供給される典型的な二重経済の発展段階である。この段階では、農業における大量な余剰労働力の労働の限界生産力がゼロであるため、近代的部門の賃金は基本的に増加しない。図2-1において、横軸は農業労働力、縦軸は農業総生産高を表し、ORPTは農業総生産曲線、その凸起型の形状は、農業労働力過剰によってもたらされる労働の限界生産量の逓減傾

2）罗斯托《经济增长的阶段—非共产党宣言》，郭熙保，王松茂译，中国社会科学出版社，2001年，第8页。

向を表している。ルイスの仮説によれば、すべての労働者が農業に従事する、あるいは極限で労働力が移動しはじめる LL_1 の労働力配置においては、労働の限界生産量はすべてゼロであり、労働者の賃金は限界労働生産力によって決定されず、彼らは、1人当たり生産量すなわち OQ/OL（平均生産量）を受け取る。

　二重経済の発展は、労働力が農業から非農業へ移動する過程である。労働力の移動が L_1、すなわち「ルイスの転換点」（図 2-1 の P 点）に到達するまで、非農業部門へ移動する労働者は引き続き平均生産量を受け取る。労働の限界生産量がゼロであるので、労働力移動の機会コストもゼロであり、農業労働力の減少による農業産出量の減少は引き起こされず、非農業部門の賃金水準にも実質的な上昇は生じない。

　第 2 段階は、「ルイスの転換点」に到達した後の段階である。この時、労働力需要の増加率が労働力の供給増加率を超え、近代的部門の労働者の賃金は上昇しはじめるが、農業労働者の賃金はいまだ労働の限界生産力によって決定されず、農業と近代的部門との労働の限界生産力には依然として格差が存在する。

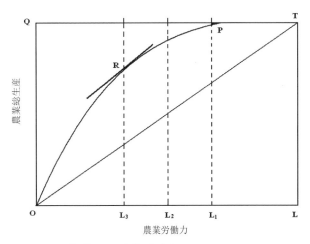

図 2-1　二重経済の発展段階と転換点

資料：Gustav Rain and John C. H. Fei, A Theory of Economic Development（The American Economic Review, Vol. 51, No. 4, 1961, pp. 533–565）より作成。

図2-1における労働力の移動がL_1の配置状況に到達した後、労働力が継続的に移動するにつれて、農業における労働の限界生産量は正数となり、定義によって、P点は経済発展の「ルイスの転換点」（第1の転換点）とみなすことができる。この転換点に到達した後、非農業部門の実質賃金の上昇が始まる。農業労働力の移動がL_3に到達するまで、農業労働の限界生産量は平均生産量より小さい。すなわち、R点の右側のRPT曲線における任意の点の接線の傾きは、どれもOTの傾きより小さく、農業労働力は継続的に就業不足状態にあり、その移動の要求は依然として存在する。

第3段階は、第1の「ルイスの転換点」に到達した後の段階、すなわち、農業部門と近代的経済部門の賃金がいずれもすでに労働の限界生産力によって決定され、2つの部門の労働の限界生産力が等しくなった段階である。この段階の到来は、二重経済の特徴が消失し、経済が一つの均質的な全体となったことを意味する。農業労働力がL_3の点にまで移動した時、Rが表示する農業労働の限界生産量は平均生産量と等しくなる。つまり、R点の傾きはOTの傾きと等しくなり、農業部門と非農業部門の賃金が同様な労働の限界生産力によって決定され、経済発展は「商業化点」あるいは第2の「ルイスの転換点」に到達したことになる。

ルイス本人がこのような段階区分を認めている。例えば、ルイスは、以降の文章のなかで、明確に2回の転換点の特徴と性質を定義づけている[3]。叙述を簡便にするため、またルイス本人の本意及び「ラニス＝フェイモデル」の定義と一致させるため、ここでは、第1の転換点を「ルイスの転換点」、第2の転換点を「商業化点」と称する。

興味深いことは、ルイス本人は研究の重点を第1段階の論述に置き、同時に第1の転換点には関心がないと自ら述べていることである。ルイスからすれば、ひとたび、二重経済構造が存在しなくなったら、経済発展は新古典派のそれになり、自然に主流の経済理論で分析できると考えられたのである。また同時に、

3）阿瑟・刘易斯《二元经济论》，北京经济学院出版社，1989年，第112页。

彼自身は、第 2 の転換点に関心があるとしていても、転換の分析を以降の研究者に任せてしまっている。このことは、多くの研究者に、中国に「ルイスの転換点」が到来したかどうかの当面の論争を中国経済の二重構造の特徴が消失したかどうかと同一視させ、その結果、分析者たちのうちに各様各説を生み出し、討論効果を不毛にさせてしまった原因でもあった。

　実際、重要なことは、「ルイスの転換点」をいかに定義するかにあるのではない。どの転換点に関心を置くべきかにあるのでもない。重要なことは、第 1 の転換点、すなわち「ルイスの転換点」の到来が一連の顕著な変化を意味するかどうか、その背後に多くの政策的含意があるかどうかである。その答えが肯定的であれば、この概念を用いて、その到来の有無とその意義を論証することは、理論的価値と実践的意義を持っているといえるのである。

　長期間、中国経済では、農業に大量の余剰労働力が存在し、都市と農村の労働力市場が制度的に分断された状態にあり、このため、農村から都市へ移動する労働力の賃金水準は長期的に停滞するなどの特徴が生じていた。こうしたことからして、中国の経済発展は、ルイスがいう二重経済の成長類型として定義するのに、非常に適している。

　しかし、典型的なルイスモデルと比べてみると、中国の二重経済の成長はもう 1 つ顕著な特徴を持っていた。それは、改革開放まで、二重経済の発展は同時に計画経済による成長であったこと、また、改革開放期には、二重経済の発展は経済体制の転換に随伴したものであったということである。計画経済期には、農業には大量な余剰労働力が存在したものの、「統一買付・統一販売」、人民公社、及び戸籍政策等が実施され、それらが都市と農村の間及び工業と農業の間での労働力の流動を阻止していた。こうしたミクロレベルでのインセンティブメカニズムの深刻な欠陥と非効率な資源配置という計画経済の下でも、中国経済は一定の成長率を実現した。しかし、生産性は向上せず、全要素生産性の経済成長に対する寄与率はマイナスになることさえあった。

　1980 年代以降、経済改革と対外開放が中国の高度経済成長を推し進めていった。これと同時に、中国の経済成長も二重経済の発展の特徴を持ちはじめ、30

数年の成長を経て、重要な転換点を迎えた。本章では、中国における二重経済の発展のいくつかの重要な特徴を分析し、同時に、経験上から、「ルイスの転換点」の到来の一連の特徴的変化を叙述し、これらの変化の政策的含意を明らかにする。

2.2　農業における余剰労働力

ルイスが構築した二重経済の発展モデルは、長期間、主流の地位を占めてきた新古典派経済学から批判と軽視を受けてきた[4]。そのうちの1つの重要な批判は、ルイスが、都市と農村の労働市場に関して、この2部門間における巨大な賃金格差は解消できないと認識したこと、また、農業には大量の余剰労働力が持続的に存在するという仮説は根拠がないということであった。しかし、中国を例にして、特有な制度の実施と結びつけて農業における労働力の余剰現象を理解すれば、新しい認識が生まれるかもしれない。この点に関して、興味深いエピソードがある。

1995年、私は、カリフォルニア大学デービス分校のコリン・カーター（Colin Carter）教授と南京農業大学の鐘甫寧教授と一緒にある課題を完成させた。この課題に対して、委託側の「1990インスティチュート」が招聘した数人の権威ある評価委員による評価がなされた。そのうちの一人の評価委員はシカゴ大学の著名な経済学者D・ゲイル・ジョンソン（D. Gale Johnson）教授であった。ジョンソン教授は、我々の課題における農村の余剰労働力に関する議論と実際の推計を厳しく批判し、この余剰労働力という概念はまちがいであり、もっといえば根本的に存在しないものであると指摘した。

こうしたジョンソン教授の指摘はなにも不思議なことではなかった。教授は、シカゴ学派の重要人物の一人であり、アメリカ経済学会の会長を務めたこともあり、新古典派経済学の不動の擁護者であり、また、セオドア・シュルツ

---

4) Gustav, Arthur Lewis. Contribution to Development Thinking and Policy, *Yale University Economic Growth Center Discussion Paper*, No. 891, August 2004.

（Theodore W. Schultz）の教え子であり、生涯の信奉者でもあった。シュルツとルイスとの農業の労働限界生産力はゼロかあるいは非常に低いということに関する論争は、開発経済学では周知の論争である。こうしたことから、ジョンソン教授が労働力市場は賃金格差を解消できないという議論に同意できなかったのは当然であった。いうまでもなく、我々は書面回答において理論的にこれに論駁した。最終的には、この課題の成果は評価委員会の承認を得て、英文と中文でそれぞれ出版された[5]。

　しかし、中国では、1950年代に経済体制を選択する際、どうして戸籍制度が導入され、この制度に基づきいかなる一連の制度が実施されたか、この制度は計画経済期ないし改革期にいかに都市と農村の労働市場及び都市内部における正規と非正規の労働市場を分断したか、等々について理解されれば、ルイスの仮説が納得的なものであり、余剰労働力の存在を疑わなかったにちがいない。

　中国では、改革期全体を通して、その経済発展は二重経済の構造的特徴を徐々に弱めていく過程にあり、労働力の無限な供給という特徴は徐々に消滅し、「ルイスの転換点」に到来して、経済発展は新しい段階に入った。このため、新古典派経済学の仮説から、経済発展は均質的で一元的なものとされたが、中国の特殊な制度がもたらす現象に対して、十分な理解を示そうとしないならば、中国の「ルイスモデル」よりももっと典型的な二重経済についての解釈や理解も、不十分なものに終ってしまうであろう。

　ジョンソン教授は、定年後、中国の経済改革と発展、とりわけ中国の「三農（農民・農業・農村）」問題に関心を抱き、ジョンソン教授の教え子で、中国の著名な経済学者林毅夫教授の援助を受けながら、多くの時間を費やし中国で調査と研究を行い、多くの中国の「三農」問題に関する論文を発表した。この論文集は、林毅夫教授ともう一人の教え子の趙耀輝教授の編訳によって出版された。興味深いことは、彼の文章のうちに次のようなことをみいだしたことである。

5）Colin Carter, Zhong Funing, and Cai Fang, *China's Ongoing Reform of Agriculture*, San Francisco: 1990 Institute, 1996.

すなわち、中国農村の現実に深入りするうち、彼自身これまでの研究で否認していた状況をもはや否定できなくなったのであるが、それは、どれも農村の余剰労働力と密接に関連するものであった。例えば、ある文章のなかで、彼は、新古典派の伝統に反して、「中国には大量の農業労働力が存在し、彼らの生産性は都市部の労働力の生産性よりずっと低い」[6]と指摘したのである。

　ルイスがいう農業における労働の限界生産力がゼロかマイナスということの具体的表現は、農業には余剰労働力あるいは就業不足の現象が生じているということである。ほぼすべての二重経済構造の特徴を有する国家及び地域では、農村における労働力の大量な余剰が基本的な経済の特徴である。長期来、中国経済の重要な国情の特徴とされるのも、農村における余剰労働力の膨大な量とその高比率である。中国の多くの「三農」問題、及び都市と農村との関係に関連する事実も、農業のなかに大量に存在する余剰労働力という特徴に関連して生じたものである。

　人民公社体制（生産隊・生産大隊・人民公社の三級所有制）下における農業の集団労働の特徴は、「大呼隆（掛け声は勇ましいが、効果はあがらない）」、「大釜の飯（食い逃れのない親方五星紅旗）」というものであった。すなわち、ある労働力の労働点数を標準として固定し、生産隊は記録された労働出勤日数によってそれぞれの労働力の1年の分配（食糧と現金）を決定した。1人の労働力がより多くの努力を費やして得られた成果は、生産隊全員で分け合ったが、サボることによる損失も全員で分担した。このため、「出工不出力（働きに出るが全力で仕事しない）」という人民公社固有の弊害が生じ、農業の生産効率の低下をもたらした。それ故、農業により多くの生産要素を投入したとしても、農業の労働生産性は長期にわたって向上せず、農村改革が実施されるまで、この農業における余剰労働力は隠されたままであった。

6）D. 盖尔・约翰逊《中国能否通过在农村创造非农工作职位来转移大部分农业劳动力》，载 D. 盖尔・约翰逊《经济发展中的农业，农村，农民问题》，商务印书馆，2004年，第65页。該書は、林毅夫と趙耀輝教授が翻訳出版したものである。

　1980年代初期、広範に実行された農村の「農家請負制」は、元の生産隊が集団で統一的に経営していた土地を人口と労働力に応じて農家に分け与えた。農家は、農業税と売渡任務及び集団の内部留保分の引き渡しを完成すれば、余剰の農産物を取得することができた。つまり、自己労働の投入と努力によって余剰分に対する取立権を持つことができたということである。このような経営方式は、法律上、土地の集団所有制の性格を改変するものではなかったが、労働に対するインセンティブは大いに促進され、生産量は一気に大幅に増加した。林毅夫の研究によれば、1978〜1984年の農業生産高のうち、およそ46.9％がこうした改革の全国的展開によるものであったとされる[7]。ひとたび、労働者の努力が倍になれば、農業に占有される労働時間は大幅に減少し、労働力の余剰現象がはっきりと現れた。

　1980年代中期、農村における経済改革のインセンティブ効果が現れ、そこから余剰労働力が放出されたとき、圧倒的多数の学者と政策制定者は、農村には30〜40％の余剰労働力、絶対数として１〜1.5億人の余剰があると信じていた[8]。1990年代になって、学者たちの試算が明らかにしたのは、郷鎮企業の発展が一定量の余剰労働力を吸収した状況下にあっても、農村における余剰労働力の絶対数は依然としてさらに増加していたことであった。例えば、先のコリン・カーターらの推計によれば、当時の農村における余剰労働力の総量は1.72億人であり、余剰の割合は31.5％であった[9]。21世紀に入っても、依然として農村における余剰労働力の絶対数とその割合は高く推計された。例えば、ある学者の推計によれば、2000年の農村における余剰労働力の割合は46.6％にまで達す

---

7) J. Y. Lin, Rural Reforms and Agricultural Growth in China, American Economic Review, 82, 1 : 34–51, 1992.

8) J. R. Taylor, Rural Employment Trends and the Legacy of Surplus Labor, 1978—1989, in Kueh, Y. Y. and R. F. Ash (eds.), *Economic Trends in Chinese Agriculture: The Impact of Post –Mao Reforms*, New York: Oxford University Press, 1993.

9) Colin Carter, Zhong Funing, and Cai Fang, China's Ongoing Reform of Agriculture, San Francisco: 1990 Institute, 1996.

るとされ、絶対数は1.7億人を超えるとされた[10]。興味深くかつ難解なことは、全世界が注目した「民工潮」（農村から都市に出稼ぎに出る農民工が盛況を呈すること）が、意外にも、農村における余剰労働力を増加させ、減少させなかったことであった。

2.3　余剰労働力の計測

　農業における余剰労働力の状況、具体的には労働力の余剰量と余剰割合をいかに試算するかに関しては、経済学者らにおいて意見が一致していない。試算方法に関する論争を避け、少なくとも研究結果を時間的に比較可能なものにするため、ここでは、前述のコリン・カーターと類似する統計方法を用いた。こうすれば、何年かの大規模な労働移動を経ても、同様な基準方法で比較でき、農村における余剰労働力の状況がどうであるかを明らかにできる[11]。具体的にいえば、以下のいくつかについて、農村における労働力の余剰状況を試算したということである。

　第1は、農村にはどれほどの労働力総量（規模）が存在するかである。政府統計によれば、2005年の農村の就業者は4.84億人である。この統計は、労働力の家庭居住地を規準にしたもので、実際にどこでどのような産業に就業しているかを問わず、農業・郷鎮企業・非農業経営への就業者、及び工・経・商に従事する出稼ぎ労働力は、すべてこの数字に含められている。一般的にいえば、農村の人々は、名義上、請負の土地を持つので、国際労働機関（ILO）の定義からすれば、農村では失業率ゼロということになる。それ故、農村の就業者は、農村の労働力、さらにいえば農村の経済活動人口とみなすことができる。

　第2は、農村労働力の非農業への移動規模である。当時、郷鎮企業・農村私

10）劉建進《中国農村就業基本状況》，載蔡昉主編《2002年：中国人口与労働問題報告—城郷就業問題与対策》，社会科学文献出版社，2002年。

11）推計過程の詳細については次の論文を参照されたい。蔡昉、王美艶《農村労動力剰余及其相関事実的重新考察——一个反设事实法的応用》，《中国農村経済》2007年第10期。

営企業・個人企業への就業と出稼ぎはかなりの程度重複しているので、正確な数字を入手できないため、以下の2つの規準に基づいて、農村における非農業の就業総人口を推計した。1つは、労働部の説明によるもので、当時、農村における労働力のうち2億人が現地あるいは外部で就業したとされる。もう1つは、国務院発展研究センターの説明によるもので、農村労働力の48％、約2.3億人が外部に移動したとされる。

第3は、現在の農業の労働生産性水準で、農業ではどれほどの労働力が必要であるかである。農業では、栽培業と牧畜業が労働力を使用する主要部門であり、他は農業における余剰労働力あるいは限界労働力を利用する部門であると仮定する。この栽培業と牧畜業の2部門の労働力コスト資料に基づき、現在の労働生産性水準において農業はどれほどの労働力が必要であるかを推計する。

『中国農村経済統計年鑑（2006)』のデータによれば、2005年の栽培業と牧畜業の全必要労働量は570億労働日である。表2−1に示したように、年間必要労働力量をそれぞれについて算出すると、1労働力が年間250労働日の場合（表2−1の状況3)、農業労働力の必要量は2.28億人、1労働力が年間300労働日の場合（表2−1の状況2)、農業労働力の必要量は1.90億人、1労働力が年間320労働日の場合（表の状況1)、農業労働力の必要量は1.78億人である。

現在の農村労働力の全必要労働力が4.85億人とすると、状況3の場合、労働力移動が比較的大きく、農村全労働力の48％を占め、総量は2.3億人である。これから農業労働力（2.3億人）を差し引くと、余剰状態となる農村労働力はわ

表2−1 農村労働力配置のいくつかの状況

	移動労働力		農業労働力		余剰労働力	
	万人	％	万人	％	万人	％
状況1	20000	41.2	17802	36.7	10698	22.1
状況2	23232	47.9	18989	39.2	6279	12.9
状況3	23232	47.9	22787	47.0	2481	5.1

資料：蔡昉，王美艶《农村劳动力剩余及其相关事实的重新考察——一个反设事实法的应用》,《中国农村经济》2007年第10期.

ずか2481万人（表2−1の状況３）である。農業労働力の利用には季節的な不均衡現象が存在するが、この状況は農業労働の季節的な特徴に合致しており、労働力は限界余剰労働時間を利用して林業等に労働を提供する余地を残している。

　同様に、同一の移動労働力があり、農業が必要とする農業労働力1.9億人を差し引くと、余剰状態の農村労働力は6279万人（表2−1の状況２）である。この状況は、農業労働力の利用が相対的に適合的な状態にあり、推計された余剰労働力は比較的控えめな仮説である。表2−1の状況１の場合は、労働力移動が最小規模の２億人であり、かつ農業の需要労働力が1.8億人である。余剰状態の農村労働力は1.07億人、その割合は22％である。この状況では、農業労働力の利用度は「どう見積もっても満杯」の状態である。以上の３つの状況は、農村労働力配置の可能な状況をカバーしている。

　著者は余剰労働力の計測にとりわけ熱心な支持者ではないが、ほぼ同じような方法で、異なる時期の労働力の余剰状況を推計してみると、労働力の大規模な農村から都市への移動によって労働力余剰の程度は軽減するという結論が得られた。この推計結果は、少なくとも、二重経済の発展の新段階、すなわち「ルイスの転換点」の到来に有意な経験的支持を提供するといえよう。

　多くの中国経済に関心を寄せる人々に対して、いったいどれぐらいの余剰労働力の存在が困惑の原因になるかを統計データで示してみる。農業労働力の使用データに関しては、正規の統計制度は、急速に変化する農業生産の現実を反映させることができないので、学者らは最新の状況についてなかなか把握できず、そのため、数量経済学の分析の基礎データは確実で信頼のおけるものになっていない。ある学者が指摘したように、中国の改革は速すぎ、統計改革がついていけない状態にある。例えば、政府統計によれば、2009年の農業労働力は2.97億人で、全国の労働力に占める割合は38.1％にも達する。統計の取り方によって、「農業センサス」における農業への就業数はさらに高い値を示している。各種の統計データを総合してみると、依然として大量な余剰労働力が移動可能であり、このデータによって計量経済学的分析を行うと、農業労働の限界生産力はなおきわめて低いという結論が得られる。そのため、農業における

余剰労働力の数は過大評価され、「ルイスの転換点」の到来という結論が否定されてしまう[12]。このような過大評価は、伝統的統計方式が労働力の実際の就農時間を適切に区分できていないことによるものであった。就農時間をより正確に区分できれば、より説得力のある結論が得られたにちがいない。

　ある農村住民調査資料に基づく研究がこれを補完している[13]。この研究は、これまで年度で区分されてきた労働力就業の制限を乗り越え、さまざまな経済活動における農村労働力の労働投入を人数及び月ごとに区分して、就農労働力合計が1.92億人であるという結果を得た。この研究によれば、政府統計では農業労働力の合計が1億人以上も過大評価されており、その過大評価割合は54.5％に達する。この改めて推計された就農人数に基づくと、中国の都市及び農村の就業総人数は7.9億人である。農業労働力の全体に占める割合は38.1％ではなく、24.7％である。これと表2−1の状況1はかなり近似的であり、中国の農村の余剰労働力は無尽蔵であり、いくらでも使えるというものではないことを意味している。

　筆者は同僚とともにこの研究を行い、他の方法を用いて、農業労働力の実際の数量及び全国の労働力に占める比率を試算してみた。総体的にいえば、現在の実際の農業労働力の比率は、政府が示す公的な数値よりも10ポイントほど低いものと考えている。そうであるとすれば、2016年の政府統計の数値が示すように、農業労働力の比率が1978年の70.5％から27.7％に低下したということは、実際の農業に従事する労働力は全労働力の17〜18％程度であるということになる[14]。

---

12) Ryoshi Minami and Xinxin ma, The Turning Point of Chinese Economy: Compared with Japanese Experience, Asian Economics, Vol. 50, No. 12, 2009, pp. 2−20.

13) 都阳，王美艳《中国的就业总量与就业结构：重新估计与讨论》，载蔡昉主编《中国人口与劳动问题报告 No.12—"十二五"时期挑战：人口、就业和收入分配》，社会科学文献出版社，2011年。

2.4　労働力の流動

　深刻な労働力余剰から余剰程度の軽減への変化は、労働力が労働生産性の低い農業から非農業へ、就業不足にある農村から都市へ移動した結果である。多くのウオッチャーたちは、「農家請負制」の労働インセンティブ効果の改善を高く評価したが、生産効率を上昇させた後、この制度は農家労働力の再配置に対してさらにより重要な効果を発揮した。それは、積極性の発揮、及び農家に対する労働時間・労働方式・労働内容を自主的に決定する自主権の付与を通して、労働力を解放したことである。こうしたことから、この改革は労働力流動の出発点、起点と考えることができる。

　農業労働の生産性が向上するにつれて、栽培業であろうと、また農林漁業を含む広義の農業であろうと、労働力を受け入れる規模には所詮限界があった。しかし、1980年代初期、政府は労働力が農村地域を離れることを奨励しなかった。当時、農業労働力移動の必然性と農村の小型工業の発展潜在力を看取した政府が労働移動に対して採った方策は、「土地から離れても農村からは離れない」ということであった。つまり、農民が農業生産から移動して地元の郷鎮企業に就業することを奨励したのである。「農家請負制」が全国で普遍的に実行されるようになった後、人民公社体制は廃止され、元の公社は郷（鎮）に改められて一級政府になり、元の生産大隊は村に改められて農民の一級自治組織になった。また、もともと数少ない人民公社の社隊企業は郷鎮企業に改称されたが、これは、通常、郷村集団所有制企業という。中国政府において高い地位にある社会学者・費孝通教授は、このような郷鎮企業に吸収される余剰労働力の「土地から離れても農村からは離れない」方策を理論的に中国の特色ある経済発展の道として概括した[15]。

14）こうした推計方法及びこれに関連する討論について、蔡昉《労动力市场发育与就业扩大》，载蔡昉等著《中国经济改革与发展（1978—2018）》，社会科学文献出版社，2018年，第134-153页，を参照。

　1978年、当時、社隊企業に就業していた労働者は2827万人であり、1985年には一気に増加して6979万人になった。鄧小平は、1987年、郷鎮企業という新しく現れた勢力を高く賞賛し、「私には予想さえできなかったことである」と指摘した。しかし、1985年、全農村では3.7億人が就業していたが、郷鎮企業へ移動したのはそのわずか18.8％であって、依然として３億人の労働者が農業に従事していた。この余剰労働力が就業という出路を求めた。政府は「土地から離れても農村からは離れない」という政策を拡大し、農民が地方小都市へ移動することを奨励した。費孝通教授もこの政策に理論的根拠を提示し、これを「小さい都市の大きな問題」と指摘した。当時、地方小都市は比較的大きな発展を遂げていたが、この規模の都市では、結局のところ、就業機会を欠いていたため、億単位の農業余剰労働力の移動の目的地にはなれなかった。また、郷鎮企業が迅速な発展を遂げたのは、都市改革とりわけ国有企業改革がいまだ広範に始動する状況になっていなかったので、人々の所得水準が向上した後の消費財に対する切迫する需要を賄ったからであり、消費品市場と生産手段市場では「双軌制」（計画経済と市場経済の併用）が実施されていたからであった。

　しかし、1980年代半ば以降、都市改革がさらに進展するにつれて、郷鎮企業はより激しい競争とより多くの制約に遭遇することになり、その発展も徘徊状態の段階に入っていった。そのため、農民は地域を跨いで流動しはじめ、大中小の各種規模の都市へ移動し、非農業への就業を求めていった。各種の制度的障害を除去することが、労働力が地域を跨いで流動する要であった。80年代以降、政府は徐々に農村の労働力の流動に対する政策的制限を解除していった。例えば、農村の労働力の現地での移動ルートがしだいに狭隘になるにつれて、政府は、1983年、農民が農産品の長距離輸送販売と直接販売を行うことを認可した。これによって、初めて農民の他地域における経営に合法性が与えられた。1984年、さらに労働力流動に対する制限が緩和され、ある場合には、近隣の小

15）宋林飞《中国经济发展模式的理论探讨：费孝通的一项重要学术贡献》，《江海学刊》2006年第1期。

都市に出稼ぎ就業することを奨励した。1988年になって、中央政府は先例を設け、「糧票（食糧配給切符）」制度がなお取り消されていない状況において、農民に食糧持参で都市に入り、就業し商売することを許可した。

　1990年代に中国の社会主義市場経済体制の改革モデルが確立した。この時期の労働力市場の成長の重要な特徴の1つは、沿海地域では労働集約型製造業を主とする外向型の経済発展が実現され、多様な所有制の実施が都市経済の発展を推進し、農村労働力に対する巨大な需要増加が生まれ、それによって、農村から都市、中・西部地域から東部地域への労働力流動が大規模に展開され、いわゆる「民工潮」が形成されたことであった。こうした労働力市場の拡大及び一体化の趨勢に合わせて、労働力移動を阻止する一連の制度に対する改革・調整が行われた。例えば、1950年代中期に導入された食糧等に対する定量販売制度が90年代初期に全面的に廃止され、人口移動に対する重要な制度的障害が除去された。

　労働力市場の成長のもう1つの特徴は、90年代中期以降、都市就業政策と企業労働制度の改革が開始され、かつての「大釜の飯」方式が徐々に打破されたことであった。1997年の東南アジア金融危機とマクロ経済の不景気がもたらした大規模なリストラの後、政府は積極的な就業政策を実施し、いっそう市場メカニズムを利用して就業問題を解決するようになった。都市では、初歩的な社会保障体系が構築され、就業情勢の好転とともに、農村労働力の移動環境が改

---

16) Fang Cai, The Formation and Evolution of China's Migrant Labor Policy, in Xiaobo Zhang, Shenggen Fan, and Arjian de Haan (eds), Narratives of Chinese Economic Reforms: How Dose China Cross the River? New Jersey: World Scientific Publishing Co. Pte. Ltd., 2010, pp. 71-90, を参照。

17) Kenneth Roberts, Rachel Connelly, Zhenming Xie, Zhenzhen Zheng, Patterns of Temporary Labor Migration of Rural Women from Anhui and Sichuan, *The China Journal*, No. 52, 2004, pp. 49-70.

18) 国家統計局住戸調査办公室：《2011年农民工监测报告》. http://finance.people.com. cn/GB/17766442.html.

善され、都市と農村の労働力市場の一体化が進展していった。

　農村からの労働力移動の数量に関しては、長い間、一致した公式データがなく、学者らはしばしば局部的な調査を通して推計を試みた。ある文献は、2000年以前の郷鎮を超える労働力移動の量的変化を考察した[16]。中国政府のシンクタンクの一つ国務院発展研究センターの推計によれば、1983年にはわずか200万人にすぎなかった農村からの労働力移動は、1989年には3000万人にまで増加した。農業部の推計によれば、1993年にはそれがすでに6200万人に上り、2000年には7550万人に達した。2000年以降は、国家統計局による逐年の調査数値があり、系統的に農民工人数の逐年の増加趨勢を観察できる（表2-2参照）。2002年以降、故郷を離れて6ヵ月を超える農村労働力は、1億人を超えるまでになり、その後も、この人数は年を追うごとに増加し、2017年には1.72億人にも達した。

表2-2　農民工の人数とその増加率

年次	農民工の人数（万人）	増加率（%）	年次	農民工の人数（万人）	増加率（%）
2000	7849	—	2009	14533	3.3
2001	8399	7.0	2010	15335	5.3
2002	10470	24.7	2011	15863	3.7
2003	11390	8.8	2012	16336	3.0
2004	11823	3.8	2013	16610	1.7
2005	12578	6.4	2014	16821	1.3
2006	13212	5.0	2015	16884	0.4
2007	13697	3.7	2016	16934	0.3
2008	14041	2.5	2017	17185	1.5

資料：国家統計局《中国統計年鑑》（各年）、《中国農村住戸調査年鑑》（各年）、《農民工監測調査報告》（各年）より推計。

---

16) Fang Cai, The Formation and Evolution of China's Migrant Labor Policy, in Xiaobo Zhang, Shenggen Fan, and Arjian de Haan (eds), Narratives of Chinese Economic Reforms: How Dose China Cross the River? New Jersey: World Scientific Publishing Co. Pte. Ltd., 2010, pp. 71-90, を参照。

46

2.5 結び

　1980年代からの改革開放の期間、中国は、高度経済成長という奇跡を創出すると同時に、労働力の農村から都市への大規模な移動が生じ、これが世間の注目を浴び、平和時における人類史上の最大規模の人口移動と称された[17]。とりわけ2000年代の最初の10年間に中国が世界貿易機構（WTO）に加入してから、中国は、自らの豊富な労働力資源を利用して、世界経済における製造業生産及び輸出の大国としての地位をすぐさま獲得した。労働力移動の規模・範囲・速さ等の面では、さらに長足の進展をみた。

　労働年齢人口の増加が終結の段階に近づき、その増加率が逓減してきた状況下においては、労働力の部門や地域への移動は、いうまでもなく、農業における余剰労働力のはっきりとした減少を意味する。現在もなお、労働力移動についての制度的障害や労働者の教育水準及び年齢構造における構造的不整合等が存在しているなかで、「民工荒」（農村から都市への出稼ぎ労働者の不足現象）あるいはさらに広義な意味での労働力不足現象が出現しているということは、やはり二重経済の発展過程における一般的法則に符合しているのである。換言すれば、中国の経済発展はすでに重要な転換点に到達しているということである。ルイスがいう二重経済の発展の転換点であるから、これを「ルイスの転換点」と称することができる。

　この「ルイスの転換点」に関する論議については、以後の章において詳しく検討する。ここでは、本章を締めくくるにあたって、労働力流動の新しい特徴に着眼して、この転換点がどのような挑戦をもたらしているかをみておこう。長年来の各種の調査から判断されることは、農村から都市への労働力の移動がいくぶん長期的になり、それにともなって新しい傾向が生じているということ

---

17) Kenneth Roberts, Rachel Connelly, Zhenming Xie, Zhenzhen Zheng, Patterns of Temporary Labor Migration of Rural Women from Anhui and Sichuan, *The China Journal*, No. 52, 2004, pp. 49-70.

である。

　第 1 は、農民工の総数は長期的に安定的に増大してきたが、近年、その増加率が明らかに低下しているということである。例えば、6 ヶ月以上故郷を離れる農民工は、2002～2006年、年平均6.0％の増加をみせていたが、2006～2011年には、年平均は3.7％の増加に留まり、2011～2017年の増加率はわずか1.3％にすぎなかった。これには、次の 2 つの要因がそれぞれ作用していた。1 つは、労働年齢人口の増加率が緩慢になり、さらにはゼロにまでなったことであり、これが農民工の増大に抑制的に作用した。労働年齢人口が2010年に増加しなくなったことが農民工の増加を明らかに減少させることになったのである。もう 1 つは、労働力流動の政策環境が改善され、それが農民工を増大させ、労働力供給の制度的潜在力を掘り起こすために、労働力流動に関連する政策改革が要求され、それが労働力の需給関係の変化を促すことになったのである。

　第 2 に、農民工の平均的な中学の教育レベルは普通熟練程度の職業に適合的であったが、それが産業構造の高度化にともなう人的資本への要求とますます乖離していくことになったことである。2011年の調査によれば[18]、農民工のうち、中学の教育レベルにある者は全体の61.1％を占めるだけで、かつ74％の農民工は非農業の職業技能訓練を受けていなかった。総勢2.53億人の農民工のうち、1.59億人が故郷の郷鎮（地元）を離れて就業しており、9415万人が自らの郷鎮で非農業部門に従事していた。前者の平均教育水準は後者を明らかに上回っている。この他、地元を離れて就業している農民工は、地元に留まって就業する者よりも若い世代であり、その年齢差は平均して12歳であった。

　第 3 は、農民工の圧倒的部分が戸籍上都市戸籍を持たないまま都市住民になっていることである。多くは非正規就業者であり、就業が不安定で、社会保障を受ける比率は低い状態にある。政府統計によれば、都市に 6 ヶ月以上居住する人口を都市常住人口と定義するが、故郷を離れた1.53億人の農民工の都市

18）国家統計局住戸調査办公室：《2011年农民工监测报告》．http://finance.people.com.cn/GB/17766442.html.

化における貢献度は大きいものの、事実上、彼らは都市戸籍を持たない都市住民なのである。こうしたことが彼らの労働力市場における地位を劣勢なものにし、政府が提供する基本的な公共サービスを享受させなくしているのであり、彼らに対する社会的保護は欠けているのである。彼らは都市部門の主要な労働力源泉であるが、その供給を不安定にさせている原因はここにあるのである。

「ルイスの転換点」の到来、及びこの経済発展の新段階における経済成長の源泉、経済発展の方式、労働力市場及びその制度の創設が直面する巨大な挑戦については、以下の章節で論証することにしよう。

第3章 「ルイスの転換点」の到来

"山重水复疑无路，柳暗花明又一村"（【宋代】陆游）

「山重なり水復して路なきかと疑う、柳暗く花明らかに又一村」（【宋代】陸
游「遊山西村」）

　中国経済の発展段階の変化を示す最初の標識は「ルイスの転換点」の到来で
ある。「ルイスの転換点」は中国に到来したのだろうか。この到来の判断が最
初に示されて以降、議論は尽きることがない。時間の経過とともに、「ルイス
の転換点」の到来に肯定的な意見が有利となる一方、労働者不足と賃金上昇も
否定できない事実となり、しかもそれが不可逆的な傾向を示している。だが、
こうした発展段階の変化が何を意味するかについては、学術界での議論はなお
も続いている。

　この他、一部の経済学者は、ルイスの二重経済の理論を分析枠組みとして用
いることに反対し、なかには中国の現在の発展段階の特徴を「ルイスの転換
点」によって描写することは不適当であるとする研究者もいる。例えば、英文
雑誌『中国経済評論（China Economic Review）』の主編を務めるアメリカの経済
学者ベルトン・フレイッシャー（Belton Fleisher）は、かつて率直に次のように
指摘した。「ルイスの転換点」を用いて当面の中国経済及び労働力市場の特徴
を描くよりも「シュルツの転換点」を用いた方がはるかに適当である。こうし
た研究者は、シュルツ（Theodore William Shultz）のように、理論上「限界労働
生産力はゼロ」という仮説を否定するだけではなく、経験上、中国経済には余
剰労働力が存在していなかった[1]として、現在の中国経済と労働市場の特徴を
「ルイスの転換点」によって描くことに否定的である。著者がルイスの名を借

りて余剰労働力の減少という新しい状況を描いたのは、長期的な観察によって得られた事実からして、中国経済の発展は比較的典型的なルイスの二重経済の発展類型であったと認めうるからであった。この経済発展類型の意義上において重要な特徴ある変化が生じた以上、やはりルイスによって命名された「転換点」を用いて、つまりより確定的な規定によって、この変化を描くことが一貫した態度であるといえるであろう。

　中国に「ルイスの転換点」が到来したことは、以下のいくつかの事実と密接に関係している[2]。第1は、人口転換（高出生率・高死亡率の段階から低出生率・低死亡率の段階への移行）がすでに始まり、出生率が低下した結果、労働年齢人口の増加率が2010年に頂点に達した後に低下し、その後マイナスの局面に転じ、それによって労働力供給が厳しい状態に至っているという事実である。第2は、経済成長が持続しているため、大量に雇用が創出され、農業の余剰労働力が吸収され、かつ経済成長率と就業機会の拡大速度が十分に高い状態にあり、労働力需要が持続しているという事実である。第3は、労働力需要が労働力供給よりも速く拡大したことから、労働力の需給関係に変化が生じ、二重経済の労働力が無限に供給されるという特徴が改変され、農業労働の限界生産力がもはやゼロではなくなり、農業労働者と非農業労働者の賃金がともに顕著に上昇し、かつ一定の期間内に非熟練労働者と熟練労働者の賃金が同一化する傾向をみせているという事実である。

　人口転換に関連する内容については、別の章で討論することにして、本章で

1）Suqin Ge and Dennis Tao Yang, Labor Market Development in China: a Neoclassical View, *China Economic Review*, Vol. 22, Issue 4, 2011, pp. 611-625, を参照。

2）以下の文献を参照されたい。Arthur Lewis, Reflections on Unlimited Labour, in Di Marco, L. (ed.), *International Economics and Development*, New York, Academic Press, 1972, pp. 75-96; Gustav Ranis, and Fei, John C. H., A Theory of Economic Development, *The American Economic Review*, Vol. 51, No. 4, 1961, pp. 533-565; Fang Cai, Demographic Transition, Demographic Dividend, and Lewis Turning Point in China, *China Economic Journal*, Vol. 3, No. 2, 2010, pp. 107-119.

は、「ルイスの転換点」の中国への到来を論証し、中国における労働力需給の
変化、及びこれと関連する農業生産において生じた資本による労働代替の趨勢、
非農業生産における労働力移動に対する需要の硬直化（非弾力性）、賃金上昇と
賃金同一化の趨勢など、中国経済発展の新しい特徴及びその挑戦を重点的に分
析する。

3.1 「民工荒」

　早くも2004年には、珠江デルタ地域で「民工荒」（農村から都市への出稼ぎ労働
者の不足現象）という労働力不足が出現し、従前のような専門技能を持つ熟練
工不足ではなく、一般的な非熟練労働者の確保が難しくなった。この問題につ
いて、雇用者側は以前とは異なる真に厳しい問題であることを知った。当初、
大多数のウォッチャーたちは、労働力の無限供給という伝統的な観念に囚われ、
中国で労働力不足の現象が起きていることを信じなかった。そのため、労働力
不足は労働力の流動性を妨げる種々の制度が生み出したものと解釈し、特殊的、
一時的なものと考えた。だが、その後も、この労働力不足現象は解消されるど
ころか、長江デルタ地域に拡大し、さらに労働力の供給源である中部地域の各
省にまで蔓延し、全国的な現象となっていった。これ以降、メディアでは、労
働力不足の現象という実態のみならず、すでにそれがもたらす必然的な結果で
ある労働力コストの上昇をも取り上げられるようになっていった。
　とはいえ、研究者の間では、真の意味での労働力不足が出現したかどうかに
ついて、終始、疑問が残されていた。北宋の詩人蘇軾が「春江水暖かにして鴨
先ず知る」と詠んだように、中国内外の投資機関のアナリストや各種企業のマ
ネジメント、ひいては地方政府の役人に至るまで、労働力不足と労働コストの
上昇という現象に対する敏感さは、多くのマクロ経済学者をはるかに凌駕して
いた。
　多くの地方では、「企業誘致より労働者確保が難しい」と盛んにいわれてい
た。多くの地方政府が公務員の一人一人に必ず達成すべき企業誘致の任務をい
かに下達し、それが昇進や各種手当と結びつけられ、権限もコネもない多くの

役人たちはその辛さに耐えられなかったことが分かれば、企業誘致より労働者確保がさらに難しいということの意味を理解できるだろう。実際、労働者不足によって企業は操業短縮を余儀なくされ、賃金上昇から経営難に陥るということが生じた。甚だしきに至っては、一部の投資家は労働力集約型企業への投資重点をインド・ベトナム・バングラディッシュといった労働力コストの低い国に、あるいは中国の中・西部地域へと移しはじめた。

2008年と2009年、中国経済が世界金融危機の影響を受けた際、「民工荒」問題は短期的に緩和されたが、この金融危機から経済成長が回復するにつれて、労働力不足がより深刻な形で再度出現した。

2008年上半期まで、中国のマクロ経済の政策目標は、依然として「両防」、つまり「構造的な物価上昇が明確なインフレに転換するのを防止すること」及び「経済成長が速すぎて過熱になるのを防止すること」であった。当時、人民元の連続的上昇と原材料価格の高騰、及び労働力コストの上昇によって、沿海地域の多くの企業とりわけ輸出中心型の中小企業は、すでに経営難に陥っていた。2008年1〜9月、広東省では1.5万社の中小企業が倒産したが、主として服飾・紡織・電子部品・プラスチック製品等の加工業と労働集約型企業であった。当時、東部沿海地域の経済総量（GDP）は中国全体の約60％、輸出は全体の91％、「農民工」（農村からの出稼ぎ労働者）は就業者全体の3分の1を占めていた。こうした沿海地域の企業が直面した苦境は、輸出主導型経済の境遇を象徴していた。

世界金融危機の影響が中国経済に明確に現れてから、マクロ経済の政策目標はついに「成長維持とインフレ防止」に転換された。だが、すでに農民工はその矢面に立たされていた。2008年下半期、金融危機の影響は中国全土に広がるにつれて、非農業部門の就業に与える影響は日ごとに悪化していった。2009年の春節の頃には、農民工の大規模な帰郷があったことを各種統計が示していた。各種メディアの報道によると、帰郷した農民工は2000万人から7000万人に上った。

しかし、各種メディアや政府の情報によると、春節が過ぎると、95％の農民

工が都市に戻り、そのほとんどが雇用されたという。2009年には、珠江デルタ地域で再び「民工荒」の情報が出回りはじめ、その後、労働力不足の現象が沿海地域でも、内陸部でも、中断されることなく続いた。

　「周期的な失業＋労働力市場の分断」という簡単な分析枠組みを用いるだけで、経済学の理論で上述した変化を説明することができる。経済成長の周期的変動は雇用拡大の周期的変動をもたらすので、金融危機が中国経済を下降させた以上、周期的な失業を生むのは当然であった。金融危機の打撃を最も受けたのは輸出依存型の中小企業であり、こうした企業は主として労働コストの安い農民工を雇用していたから、先ず彼らが解雇された。こうした農民工が最初に職を失うのは予想されたことである。現今の戸籍制度は、もはや人口移動を直接制限する作用を果たしていない（他処での就業であろうと居住地での就業であろうと同じである）が、こうした人と戸籍との分離は、職を失った農民工が出稼ぎ先で社会的保護や就業支援を受けることを難しくしているため、職を失った農民工がそこに留まって職を求めることはありえず、帰郷したのは当然である。春節が近づいて、早めに帰郷したのも理にかなっていた。

　農民工は、戸籍制度上、都市住民の身分を持たない。このことが、彼らが労働力市場で弱い立場に置かれる制度的原因である。とはいえ、中国経済が金融危機から速やかに回復するにつれて、労働力不足という現象がまさに「民工荒」という形で早くも顕在化した。こうした劇的な変化からも分かるように、労働力移動の長期的趨勢は、短期的な危機においてさえも、究極的には現れるのである。中国経済が金融危機から立ち直るにつれて、労働力不足は必然的によりいっそう深刻化していくのである。

3. 2　労働力需要モデルの変化

　この長期的な法則と短期的な変動との論理的な関係についてさらに説明したい。農民工の経済学における呼称は農村余剰労働力であり、農村では、こうした人々の就業需要を満たせないことを意味している。言い換えると、農民工はもともと農村で必要とされる労働力ではないということである。この他、さら

に新たな変化が生じて、彼らが農村に戻って就業することを難しくしたという事情があった。

　第1は、農業生産において、労働力の安定的な流動に対し長期的な調整が行われたことである。農村余剰労働力が持続的かつ大規模に外部へ移動し、しかもその数が毎年安定して増え続けたことに呼応して、農業の機械化と現代化が進展した。このことは、農業技術の変化が以前のように労働生産性を重視しないことから労働力を節約するようにさせたことを意味した。とくに「民工荒」という情況下において、農業においてもまた労働力コストの上昇という現象が出現した。その結果、農業への労働投入が減少し、物資投入が顕著に増加した。例えば、2003～2013年、米・とうもろこし・小麦の3種の食糧作物では、物資費用を増大させて、労働投入の減少を補填しようとしたため、物資費用とそれにともなう雇工費用の比率は、米で88％、トウモロコシで104％、小麦で117％も上昇した。

　農業機械の総動力の動向をみると、改革開放以降の40年間、常に安定した伸び率で拡大し、近年においてもその減速はみられない。より顕著なことは、農業トラクターとその装備機器における増加傾向と構造的変化である。農業生産における機械使用は、労働力の節減が目的ともいえるし、また耕作の質を高めることが目的ともいえる。この2つの目的を厳密に区別することは難しい。しかし、大型トラクターとその装備機器の使用は、より労働力を節減するための機械化であるとみなすことができよう。

　1978～1997年の20年間の農業用の大・中型トラクターの総台数の平均増加率は1.1％であったが、小型トラクターのそれは11.3％であった。また、1997～2016年の20年間の大・中型トラクターの総台数の平均増加率は12.5％であったが、小型トラクターのそれは2.5％に下落した。トラクターの装備農機の変化も似た傾向にあり、大・中型トラクターの装備農機の平均増加率は、1978～1997年には−0.2％であったが、1997～2016年には12.2％に上昇した。小型トラクターの装備農機は、同一期間において、12.0％から4.7％に減少した。

　経済学において著名な農業技術誘致性の理論によれば、農業技術の進歩の類

型が何によって決まるかを説明できる[3]。この理論によると、農業において労働節約型技術を採用するか、それとも土地集約型技術を採用するかは、労働と農地という2つの生産要素の相対的な希少性を表現する相対価格によって決まる。労働力が無限に供給される条件下では、農業に大量の余剰労働力が存在するので、労働節約型の農業技術には市場はない。このため、長期にわたり、中国の農業技術は、主に農地を節約し、単位面積当たり収量を向上させることを目標として変化してきた。これに対して、21世紀に入って生じた農業機械化の急速な発展過程における労働節約型の傾向は、中国における農業余剰労働力の実質的減少を実証している。

　第2は、農民工の構成変化がこうした出稼ぎ農民の農業生産への回帰を難しくしていることである。近年来、研究者は、一般的に、1980年代以降に生まれ、16歳以上で、出身地を離れて非農業に就業した農村戸籍の集団を新世代農民工と称している。この新世代農民工がいまや出稼ぎ農民の主体となっている。中国国家統計局の「農民工モニタリング調査」のデータによると、2017年の全国農民工総数は2.8億人、このうち1.72億人が出身地の郷鎮を離れていた。この出身地を離れた農民工の平均年齢は34.3歳であり、40歳以下の出身地を離れた農民工が占める比率は72.3％であった[4]。明らかに、こうした16歳から30歳の出身地を離れた新世代農民工がすでに農民工の最大の集団になっている。

　2010年に中国5大都市で実施された労働力市場調査[5]によると、16～30歳の農民工の多くは、親世代が農民工であり、実際上、出稼ぎに出てきた親とともに都市で育った者たちであり、農村で育ったのではない。調査で16歳以前の居

3）Yujiro Hayami and Vernon Ruttan, *Agricultural Development: An International Perspective*, Baltimore and London: The John Hopkins University Press（1980）を参照。

4）国家統计局《2017年农民工监测调查报告》，国家统计局网站 http://www.stats.gov.cn/，（2018年7月14日）を参照。

5）中国社会科学院人口労働経済研究所が上海、武漢、瀋陽、福州、西安で実施した調査による。

住地を質問したところ[6]、16〜30歳の農民工の32.8%は市・県・鎮（いわゆる都市部）であり、31歳〜50歳の農民工に比べ高い比率を示した。このほか、16歳〜30歳の農民工のうち、市・県・鎮で小学校に通った比率は38.4%で、他の年齢層の農民工より高かった（表3-1参照）。市・県・鎮で育ち教育を受けた新世代農民工は、農業に従事した経験はなく、今後も農業に従事するつもりはなかった。彼らの将来的にキャリアを築く場所も当然都市であり、農村に戻って農業に従事することは非常に難しいと思われる。

　長期にわたり、農村は余剰労働力の貯水池とみなされてきた。過去の理論モデルや実証的研究もこの考え方を支持してきた。すなわち、非農業での就業が衝撃を受けるたびに、出稼ぎに出ていた農村労働力は帰郷を余儀なくされ、農村は余剰労働力の必要な貯水池であり、社会安定の装置であった。しかし、時

表3-1　農民工の16歳以前の居住地と小学校の所在地

	16歳以前の居住地		
	16〜30歳	31〜40歳	41〜50歳
市	2.9	1.0	0.5
県の都市部	17.4	12.6	11.9
鎮	12.5	11.3	12.9
郷	67.2	75.1	74.7
合計	100.0	100.0	100.0
	小学校の所在地		
	16〜30歳	31〜40歳	41〜50歳
市	4.2	1.2	0.5
県の都市部	17.3	12.4	12.3
鎮	16.9	15.4	14.4
郷	61.6	71.0	72.8
合計	100.0	100.0	100.0

資料：2010年の「中国都市労働力市場調査」の数値により算出。

6）一部の出稼ぎ農民は居住地を変えている可能性があるので、調査では「16歳以前で最も長く住んだ土地」を質問した。

間の経過とともに、こうした見解は、もはや実態とそぐわなくなっており、理論も書き換えを迫られている。

開発経済学者マイケル・トダロ（M. P. Todaro）による労働移動理論の研究は広く知られており、なかでも「トダロのパラドックス」は最も影響力のある理論である。トダロは、その代表的著作において、農村から移動者を引き寄せるものは、都市と農村の期待される賃金格差であり、両者間の実際の賃金格差は都市の失業率によって修正されると主張した[7]。つまり、都市の就業環境を改善して失業率を下げる努力は、都市と農村の期待される賃金格差を拡大し、農村労働力の都市移動を拡大する動機となる。あるいは、農村からの移動者の状況を改善するあらゆる努力は、さらなる労働者の移動を引き起こし、かえって都市労働者の就業と居住環境を悪化させるというものである。

こうしたことに対応して、「トダロのパラドックス」はさらに「トダロのドグマ」に転化された。そこには、労働力移動のモデルは一方通行ではなく「往来」であるべきで、農村から都市への移動を制限し、農村から都市への移動者をたんに一時的な滞在者等とするという一連の政策傾向が含まれていた。「トダロのパラドックス」は、農業には失業がないという仮説を前提としており、その背後には、農業は依然として余剰労働力の貯水池であるという含意があった。これに対応して、「トダロのドグマ」では、都市と農村の間においては、労働力移動の推進力と吸引力のバランスを保つことで、農村が社会的リスクを緩和する機能を発揮するのを期待した。経済発展の側面からみると、この仮説は動態的視角を欠いており、そのため、農業の役割を法則の被規定性としていない、ないしは二重経済の発展の意義を十分に考慮するものではなかった。

張林秀らは、1990年代初めの農家データを分析した際、都市の失業率が上昇し、新規雇用が減少するたび、農民工は通常農業に戻ることを選択し、これに

7) M. P. Todaro, A Moderl of Labor Migration and Urban Unemployment in Less Developed Countries, American Economic Review, March 1969, pp.138-138; J. Harris and M. Todaro, Migration, Unemployment and Development: A Two Sector Analysis, American Economic Review, No.40, 1970, pp.126-142.

よって収入の急減ショックを軽減していたと指摘した[8]。しかし、かつて筆者と同僚が都市の就業周期と労働力移動の政策環境を関連づけた研究によると、都市の就業環境が悪化した際、農民工が故郷に戻って農業に従事するのは、主体的な決定というより、迫られてしかたなく選んだ道であった。つまり、都市の就業圧力が高い状況では、都市の政府は、通常、農民工の居住と就業に不利な政策を採用するので、彼らは望まない帰郷を余儀なくされたのである[9]。

現在問題にしている「ルイスの転換点」以前についていえば、都市経済の周期的変動によって、農民工は一般的には帰郷したので、請負耕地を一種の就業の安全弁として、流動労働力が都市で失業のリスクに直面して絶対的貧困に陥るのを防止する機能をそれに果たさせている。これは、農民工に対する社会保障メカニズムが存在しない状況では、一種の経済と社会の調整手段にほかならない。したがって、もはや農業が余剰労働力の貯水池でなくなったとすれば、労働力の移動も「往来」方式を採れなくなり、最終的には、労働力移動の推進力と吸引力のバランスも崩されることになる。その際には、移動労働力の間における、あるいは帰郷に表現されるリスク防止のメカニズムは、すでにその存在基盤を失ったといわなければならない。

第3は、都市の非農業が農村からの移動労働力へますます深く依存することになった、あるいは農民工に対する需要が絶対的なものになったということである。労働年齢人口の変化において、人口の機械的変動及び移動要因を考慮しないとすれば、都市の労働年齢層の人口増加はすでに停止し、必要とされる労働力の純増加数は、ほぼ完全に農村から供給される。多くの研究者は、就業増加と経済成長には同調性がないという結論を出しているが、それは、主として中国の就業統計データが整っておらず、不一致のところがあるということからくる、誤った判断である。具体的にいえば、「雇用なき成長（jobless growth）」

8) Linxiu Zhang, Scott Rozelle and Jikun Huang, Off-Fan Jobs and On-Farm Work in Periods of boom and bust in Rural China, Journal of Comparative Economics, September 2001, 29(3), pp.505-526.

9) 蔡昉，都阳，王美艳《户籍制度与劳动力市场保护》,《经济研究》2001年第12期。

という印象は、主に現行統計の遺漏、あるいはいくつかの重要な就業者たちに
対する低めの報告から生じたものなのである。

　第1の遺漏は、次のようである。農村から都市に移動して、工・経・商に携
わる労働力は、都市の就業統計に含まれないというものである。現行の就業統
計には2つある。1つは、「完全独立採算単位」からの報告に基づく統計であ
る。大量の農民工は、派遣工及び臨時工という非正規の形式で、都市の企業及
び事業部門に就業するが、雇用者側は常に彼らを正式職員として取り扱わない
ため、この統計には含まれない。個人経営者や私営企業、及び個人が雇用する
という形式で就業している農民工は、正規統計において正確に把握することは
さらに難しい。もう1つは、都市住民の労働力調査である。農民工は都市戸籍
がないため、住居が不安定である。そのため、彼らがこのサンプリング調査に
含まれることはめったにない。「農民工モニタリング調査」に基づくと、現在、
外に出た農村労働力は1.72億人、そのうち都市に居住して働く者は95.6％以上
になるとしているが、この膨大な規模の就業者集団は、以上の理由から、通常
の就業統計からは排除されているのである。

　第2の遺漏は、次のようである。1990年代の後半以後、新しく増加した労働
者及びリストラされた労働者の再就職の主体をなす都市の非正規就業者も、農
民工と同様、多くは報告書から排除された。この集団は、住民調査を通して推
計されるのであるが、部門別及び地域別の就業統計のうちには包摂されない。
したがって、いかなる総計分析においても、この部分の就業は欠落してしまう
のである。この集団は、ある年には、全国の都市就業者の30％以上を占めるこ
ともあった。しかし、農民工を含む非正規就業者数が遂次統計上に計上される
ようになり、2016年には、全国の都市就業者に占める非正規就業者の比率は、
7.5％まで低下した。とはいえ、なお2000万人もの農民工は統計から排除され
たままになっていると思われる[10]。

　第3の遺漏は、研究者が往々にして地元（郷鎮）における非農業に就業する
農村労働力を見落としていることである。この部分の就業は、近年、顕著に増
加してはいないが、これまで蓄積されてきた総数は依然として無視できない。

「農民工モニタリング調査」によれば、2010年、非農業に就業した農民工の総数は2.8億人、そのうち、地元を離れた農民工は1.7億人であり、残りの9000余万人は、地元の郷鎮の非農業に就業しているのである。

　就業及び労働力需給に関する比較的完全な状況を把握するには、単一の統計源泉に頼るのではなく、都市の実際の就業者数を示して、これを非農業労働力の需給の代理情報とすることが必要である。農業における労働力使用の絶対数は逐年減少するので、農村での非農業への就業者数は相対的に安定している。そのため、農業への就業や農村での非農業への就業状況を考慮せず、ただ都市に来る農民工と都市住民の就業の増加状況を考察する。

　2009年には、統計上、都市では3.1億人の就業者がおり、そのうち12.52％、約3881万人が農民工であったことを知りうるが、これは実際の農民工の数よりもはるかに小さい。ここでは、2000年の都市労働力調査に農民工が含まれておらず、その後、各年の都市労働力調査に含まれる農民工が同じ比率で増加して、2009年にはその増加率が12.5％に至り、その後も、同じ比率で増加したと仮定する。他方、2009年末、出身地の郷鎮を6ヵ月以上離れて就業する全国の農村労働力は1.53億人、そのうちの95.6％が都市に来ていることから、2000〜2013年の各年において、出身地を離れた農民工の都市と郷鎮の所在割合が2009年と同じであると仮定すると、農民工を含む都市就業者の総規模を知ることができる。これと労働年齢人口の総数と比較して、図3-1を作成した。

　図3-1によれば、2002〜2013年の期間、多くの場合、都市の就業者総数の増加率は、労働年齢人口の増加率よりも高い。このことは、以下の2つの変化として現われている。1つは、都市就業者数の拡大が、農村における余剰労働力、都市の余剰人員や失業を迅速に吸収し、労働力市場における供給過剰とい

10) Cai Fang, Guo Zhenwei, Wang Meiyan, New Urbanisation as a Driver of China's Growth, in Song, Ligang, Ross Garnaut, Cai Fang, and Lauren Johnston (eds.) *China's New Sources of Economic Growth, Vol. 1: Reform, Resources, and Climate Changes*, Canberra and Beijing: Australian National University Press and Social Sciences Academic Press (China), 2016.

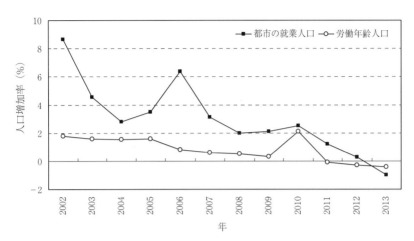

図3-1 　都市の就業人口と労働年齢人口の増加率の比較

う特徴をいよいよ解消しはじめ、労働力需給を均衡化させているということである。もう1つは、労働年齢人口（労働力供給）がマイナスの増加率に転換し、就業の拡大に抑制的な影響を与えるようになってくると、これが、図3-1にみるように、2013年以降、都市就業者の増加率をマイナスにさせたということである。こうしたことから、マクロ経済の周期的変動に遭遇した際には就業状況に衝撃を与え、マクロ経済の周期的変動要因の消失後、労働力不足がまた生じることになろう。

3. 3　賃金上昇と賃金同一化の傾向

日本の「ルイスの転換点」に関する研究で著名な経済学者・南亮進は、日本の経験に基づき、次の5つの賃金変化に関係する基準から、「ルイスの転換点」が到来したかどうかを検証する経験的根拠とした[11]。これらの基準は、①生存

---

11) Minami Ryoushin, Turning Point in the Japanese Economy, presented at the Workshop in the Project of Institute of Asian Cultures Tokyo University "The Discussion on the Changes in East Asia Labor Market Based on Lewisian Turning Point Theory", Tokyo, 18–19th, July 2010.

部門（農業）の賃金は労働限界生産力に等しい、②生存部門の賃金は労働限界生産力によって決定される、③生存部門の実質賃金は長期的不変から急速に上昇する、④熟練労働力と非熟練労働力の間の賃金は同一化する、⑤労働力供給の弾力性は無限大から０へ転換する、であった。南亮進教授は、明らかに「商業化点」の定義に基づき上述の基準を確定したが、自ら認めるように、①及び②の基準は厳格すぎ、他の基準に代替できるとしている。したがって、「ルイスの転換点」を議論するときには、基準③と基準④、すなわち一般労働者の賃金上昇と熟練労働者賃金との同一化に重点を置くのがよいと思われる。

　2004年、中国の沿海地域では「民工荒」を主とする労働力不足の現象が出現し、それが急速に全国各地に拡大し、2008〜2009年の金融危機以降、いっそう深刻化した。一般労働力の不足が歴史上初めて労働力市場の正常な状態となり、長い間の労働力供給関係を改変した。このことは、農民工を代表とする一般労働者の賃金の普遍的上昇として現れ、現在に至っても持続的に上昇している。こうした労働力の需給関係の変化は、中国の資源賦与として長期的に存在してきた労働力の無限供給という特徴を改変した。農業労働の限界生産力は理論的仮説のようには低下せず、賃金も生存レベルによって決定されず、より敏感に需給関係の影響を受けるようになったのである。図３－２にみるように、異なる部門の各種の賃金データを選定し、過去10年余りの変化を表示すると、2003年以降に賃金が急速に上昇したことが分かる。農業の各部門における雇工賃金は日給賃金であり、非農業と農民工の賃金は月給賃金である。以下、各種賃金データの典拠を説明し、その変化の趨勢を考察する。

　第１は、農民工の賃金の変化状況である。系統的な農民工の賃金データは、2001年以降に得られるため、その前の賃金は一般的にきわめて低くかつ不変であるとしておく。データによれば、農民工の賃金は、長期間徘徊した後、2004年から顕著に上昇しはじめ、2003〜2017年、年平均増加率は9.8％を維持した。2008〜2009年の金融危機の期間、農民工は一時的な就業ショックを受けたが、経済の回復は早く、労働力需要が増大し、賃金上昇の趨勢は緩慢化しなかった。中国人民銀行の調査によれば、2009年の農民工の平均賃金は1783.2元に達し、

前年比17.8％の上昇をみせた[12]。労働力不足がいよいよ深刻化するにつれて、農民工の賃金はさらに上昇し、2011年には前年比21.2％増に達した。

　第 2 は、非農業における賃金の変化状況である。業種別賃金データは、企業の報告書から得られたものであり、正規就業者の賃金水準の変動を反映している。ここでは、非熟練労働者を比較的多く雇用している製造業と建設業を選定した。この 2 つの業種における賃金上昇は非常に速く、2003〜2013年の平均増加率は、それぞれ10.6％と10.8％であった。この 2 つの業種の賃金の変化状況は、非農業の正規就業者、都市住民の非熟練労働者、すでに都市に進出した農民工などの賃金状況を代表しているといえる。

　第 3 は、農業における雇工賃金の変化状況である。非農業において労働力不足が生じ、この賃金上昇の原因は、農村余剰労働力が減少した結果であるとすれば、そのことは、同様に、農業における労働力不足や労働報酬の顕著な上昇をもたらすはずである。雇工方式が農業全般において行われているわけではないが、系統的な調査によって農業における雇工の賃金データが得られた以上、いかに農業経営総所得から労働報酬部分を区分するかという難題は解決できている。図 3 - 2 のいくつかの農業生産部門でみると、2003〜2013年、食糧生産部門における雇工賃金の平均増加率は14.1％、綿花生産部門では13.7％、大規模養豚業では16.8％である。

　以上のことから、農業と非農業における一般労働者の賃金の持続的上昇傾向がみられると同時に、非農業と農業間において賃金同一化への趨勢もみてとることができる。

　多くのウォッチャーたちにとって、中国のような人口大国において労働力不足が生じるという事態は、究極的には受けいれ難かった。そのため、議論の中では、無自覚に「民工荒」を「技工荒」という概念にすり替えている。質の高

---

12)　中国人民银行调查统计司《第 5 次农民工问题监测报告》, 载蔡昉主编《中国人口与劳动问题报告 No.11—后金融危机时期的劳动力市场挑战》, 社会科学文献出版社, 2010年, 第40页。

64

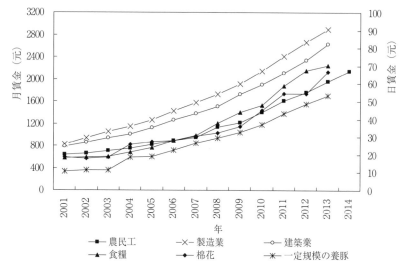

図3-2　いくつかの部門の賃金の推移
資料：食糧・棉花・規模の大きな養豚の雇工の日給（賃金）の平均増加率は《全国农产品成本收
　　益资料汇编》（各年）より算出。製造業及び建築業の月給（賃金）の平均増加率は《中国劳动
　　统计年鉴》（各年）より算出。農民工の月給（賃金）の平均増加率は《中国农村住户调查年鉴》
　　（各年）より算出。

い労働力あるいは熟練労働者であれば、どんな時でも不足しているという事態
は、容易に想像できるからである。中国においても、長期来、不足していたの
は技術人材と熟練労働者であり、生産性駆動型の経済成長方式への転換が加速
される状況下においては、さらに不足するのは当然であるとされてきた。しか
し、観察された事実はそれとは異なり、まさしく労働市場では非熟練労働者あ
るいは一般労働者の不足が生じたのである。それ故、当然、この部分の労働者
の賃金がより速く上昇し、熟練労働力と非熟練労働力の賃金同一化が比較的顕
著な形で現れたのである。
　農民工の人的資本としての特徴は、内部的差異がいくぶん顕著であるという
ことにあるが、この集団は、総体として、非熟練労働者集団を代表している。
例えば、2017年1.72億人の出稼ぎ農民工のうち、文盲は0.7%、小学教育レベル
は9.7%、中学教育レベルは58.8%、高校教育レベルは17.3%、専門学校及びそ

れ以上の教育レベルは13.5％を占めている[13]。つまり出稼ぎ農民工の約70％近くが中学及びそれ以下の教育レベルに止まる低技能労働者であるということである。一般労働者の賃金がより速く上昇することで、初めて農民工所得の急速な増加が推進されたのである。

中国の都市労働力調査データによれば、農民工内部の賃金差に基づくジニ係数を得ることができる。2001年のジニ係数0.396は、2005年には0.319に下降し、2010年にはさらに下降して0.319に至っている。このデータに基づいて、教育年限別の農民工の賃金の増加率状況を検討してみる。

労働力市場調査データに基づき、図3-3を作成した。図のどの点も、ある修業年限の農民工の賃金の増加状況を表示したものである。横軸は2001年（図3-3の①2001年賃金）及び2005年（図3-3の②2005年賃金）の賃金水準、縦軸は2001年から2010年、及び2005年から2010年までの賃金上昇率を示している。この図3-3の両者から、とりわけ教育水準が比較的低い、つまり低い賃金水準にある労働力の賃金がより速い上昇率を示していることがみてとれる。図の①と②を比較してみると、賃金上昇率が教育水準の上昇とともに上昇傾向を示していることが分かる。

農民工と都市住民の就業者を比べてみると、農民工の教育水準は相対的に低いレベルにある。例えば、都市労働力調査によれば、2005年の外来労働力のうち、高校あるいは専門学校以上の教育を受けた比率は22.7％であるのに対して、都市労働力のこの比率は75.9％にも達し、両者の差は53ポイントとなっている[14]。この2つの集団の賃金上昇状況を全体的に比較してみると、農民工の賃金上昇率は都市労働者のそれよりも速く、このことから、熟練労働者と非熟練労働者の間において、賃金の収斂化趨勢をみてとることができるのである[15]。

この他、多くの研究では、主として中学の教育レベルを受けた農民工の賃金

13) 国家統計住户調査办公室《2012年全国农民工监测调查报告》，载蔡昉主編《中国人口与劳动问题报告 No.14—从人口红利到制度红利》，社会科学文献出版社，2013年.

14) 王美艳《教育回报与城乡教育资源配置》，《世界经济》2009年第5期。

15) 蔡昉，都阳《工资增长，工资趋同与刘易斯转折点》，《经济学动态》2011年第9期。

66

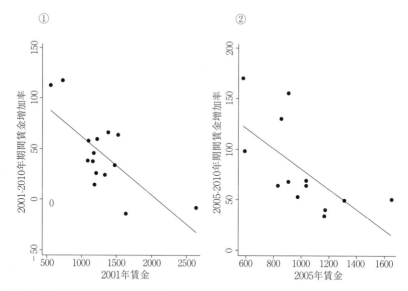

図3-3　低技能労働者の賃金増加率

資料：蔡昉，都阳《工资增长，工资趋同与刘易斯转折点》，《经济学动态》2011年第9期。この図
3-3は①と②に区分して表示した。左の表3-3の①は、2001年賃金、2001～2010年の賃金
増加率（％）右の表3-3の②は、2005年の賃金、2005～2010年の賃金増加率（％）。

は上昇傾向にあり、賃金水準において、大学卒業レベルのそれに徐々に接近し
ていく現象がみられると指摘している。これもまた、一定程度、賃金の収斂趨
勢に類似したものとみなしうるが、この現象にはより複雑な内容が含まれてい
るので、章を改めて論じることにする。

3.4　結び

　中国経済がすでに「ルイスの転換点」を越えたかどうかに関しては、終始、
論争の絶えない問題である。著者が最初にこの判断を提出したときには、なお
あいまいさが残り、「中国経済は間もなくルイスの転換点を迎えるだろう」[16]

─────────────

16）Fang Cai, Approaching a Triumphal Span: How Far Is China Towards its Lewisian
　　Turning Point? *UNU-WIDER Research Paper*, No. 2008/09, 2008.

と指摘しただけであったが、2010年以降には、多くの経済学者・企業家・官僚らは、この転換点はすでに到来していたことを認めていた。著者も、より多くの証拠を得て、「ルイスの転換点」がすでに到来したという判断にますます自信を持った。しかし、反対意見も絶えなかった。農村には依然として大量な余剰労働力が存在することを証明することから、農民工の賃金がどれほど実質的に上昇したかに対する疑問まで、またルイス理論は中国経済に当てはまらないという指摘など、多種多様な反対意見がある。最も驚かされ、挫折感を覚えたのは、著者と同様に労働経済学分野を研究する国内外の研究者らがこの転換点到来の判断に対し、最も強固に、しかも徹底的にこれを批判したということであった[17]。

　こうしたことから、ガルブレイス（John Kenneth Galbraith）が批判した「伝統観念」が持つ強大な惰性が確実に学術界、甚だしきは社会全般に流弊を引き起こしており、しかもそれが世界的現象になっていることを切実に認識させられた。ケインズもかつて指摘したように、政治家が認めようが認めまいが、その実、彼らは物故した経済学者の思想の虜になっているということであり、この問題についていえば、学者も政策研究者も、多かれ少なかれ、長期的な流行観念の虜になってしまっているということである。しかし、経済学説史が繰り返し証明したように、厳粛な研究結果に基づく反対意見は、経済学のある問題に関する議論をしだいに深くさせていく推進力でもある。

　経済学界の研究者、及び関係するウォッチャーらに答えるため、著者はできるだけ多くの説得を試みてきた。本章で紹介した理論的推理及び経験の証明がそうしたことの表れである。結論的に一言でいえば、ルイス及びその追随者の定義によれば、労働力不足が真実であり、一般労働者の賃金上昇傾向が持続し

17）英文雑誌、'Economic Journal' と 'China Economic Review' は、「ルイスの転換点」をめぐる論争の賛否双方の論文を掲載した。ここに掲載された論文は厳密な意味での研究論文であり、有益な参考文献であり、読者は各種各様の観点をみいだすことができる。なおまた、蔡昉，杨涛，黄益平主編《中国是否跨越了刘易斯转折点？》，社会科学文献出版社，2011年，をも参照されたい。

てさえいれば、転換点が到来したといえるのである。

　オーストラリアの経済学者ロス・ガーノート（Ross Garnaut）は、「ルイスの転換点」を一つの転換の区間とみなしてもよいだろうと提案したが、これはまた、日本の転換点を研究した南亮進教授の提案でもあった。結局のところ、経済発展は果てしなく続く長い過程であるため、「ルイスの転換点」は一つの「点」であるとはいえ、比較的長い時期の一つの「区間」とみなしてもよい。経済史の観点から中国経済を研究すると、このような処理の仕方は理にかなっており、著者は、学術論争において、「小異を残して大同につく」ことを図り、常々、こうした言い方をして、間に合わせの返答をしたり、譲ったりもしてきた。しかし、「ルイスの転換点」それ自身が重要な政策的含意を有しているとすれば、その正確な時点を指摘することは、旗幟を鮮明にするというよりも、さらにより現実的な意義と歴史的意義を有しているといわなければならない。

　どうしてもある年を「ルイスの転換点」として指摘しなければならないというのであれば、著者は2004年をその標識の時点としたい。2003年に発表した論文において、政治経済学の論理に基づき、一つの判断を示した[18]。それは次のようなものである。1978年の都市と農村の収入格差を基点とすると、格差がこの水準に回帰する時、深刻な政策調整が再度行われるにちがいない。都市住民収入と農民収入の比率をみると、1978年の都市と農村の所得格差は2.6であり、都市と農村の価格指数で調整した後に都市と農村の所得格差がこの水準に回帰したのは2006年であった。実際は、改革が始まるのは1979年からであり、この年の都市と農村の収入格差は2.4であったが、この水準に回帰した年はまさしく2004年であった。この理由は簡単であり、以下に述べるような転換点の定義と転換点に関連して生じる各種の変化及びそこに体現される政治経済学の論理に依拠するということである。

　第1は、「ルイスの転換点」の定義によれば、労働力の無限供給という特徴が消失しはじめ、それとともに一般労働者の賃金は上昇するということである。

18）蔡昉《城乡収入差距与制度変革的臨界点》,《中国社会科学》2003年第5期。

「民工荒」が世間に広く知られるようになったのは、ちょうど2004年であり、2008年と2009年の世界的金融危機の際、わずか数ヵ月、それが緩和されただけで、現在もなお持続している。同時に、農民工が代表する一般労働者の賃金は、それまで10数年にわたって徘徊局面にあったのに、2004年以降現在に至るまで持続的に上昇している。

　第2は、この転換点は、経済発展モデルに多くの影響を及ぼすので、2004年の関連指標に転換の特徴が反映されているにちがいないということである。事実、各産業における資本の対労働比・地域経済の発展水準の差異・農業生産の効率と生産方式・生活費の上昇などといった一連の関連指標において、この2004年を転換点として、多かれ少なかれ、逆転方向への変化が現れている。

　第3は、2004年以降、政府が実施した所得分配制度の改革・社会保障体系の構築・農民工に対する社会的包摂の向上・労働法規のより厳格な執行・最低賃金水準の引上等といった労働力市場制度の改革等に関する政策は、賃金の継続的向上に有利なものであったということである。

　こうした一連の転換点の意義を有する経済社会指標における変化の傾向は、その一部については2003年にもあったといいうるが、政府の重大な政策調整は2004年に集中して生じたのであり、政治経済学の論理からすれば、このような政策の変化は、こうした傾向に対する積極的な政府の反応であったといえるのであり、このうちには劇的な変化を示す事態も含まれていた[19]。

---

19) Fang Cai, The Formation and Evolution of China's Migrant Labor Policy, in Xiaobo Zhang, Shenggen Fan, and Arjan de Haan (eds) *Narrative of Chinese Economic Reforms: How Does China Cross the River?* New Jersey: World Scientific Publishing Co. Pte. Ltd., 2010, pp. 71-90.

第4章　人口ボーナス

"生財有大道，生之者衆，食之者寡，為之者疾，用之者舒，則財恒足矣."
（春秋）《大学》）

「財を生じるに大道あり。これを生ずる者衆く、これを食らう者寡なく、こ
れを為る者疾く、これを用うる者舒かなれば、則ち財は恒に足る」（【春秋】
『大学』）

　二重経済構造の形成は、人口転換（高出生率・高死亡率の段階から低出生率・低
死亡率の段階への移行）の特定段階と緊密に関係している。このため、人口転換
の段階的変化は、また必然的に二重経済の発展という新段階を到来させる重要
な推進力でもある。人口転換の段階的変化による人口発展動向（人口動態）に
対して、一致した認識がないというだけではなく、人口ボーナスの二重経済の
発展における作用に関しても異なる観方があり、このことがしばしば学者間に
おける経済発展段階に対する判断の分岐をもたらしてきた。

　人口総数の増加と構造変化の推移に関していえば、『中国統計年鑑』が発表
する総括的なデータでは、その全体的な特徴をみいだすことは難しく、その都
度、人口予測を更新することもない。これまでの数回の「人口調査（センサス）」
は、人口変動の新しい動向を提供してきたが、合計特殊出生率（total fertility
rate、以下、たんに出生率とする）などの重要な係数に対する認識が一致していな
かったため[1]、政府側は、終始、権威あるかつ不断に更新される人口予測の報
告をしてこなかった。このため、通常、多くの人々は、人口変動の趨勢が分か
らず、中国の人口のピークは2040年あるいはその後に到達し、そのときの人口
総量は16億人であるとしか考えなかった[2]。人口年齢構造の変化や推移につい

ては、人口が負（マイナス）の増加率になるまで、多くの人には分からず、労働年齢人口の増加がとっくに大幅に低下し、労働力を無限に供給する人口基礎がまさに消失しているという現実を理解できなかった。そのため、多くの人たちの間で、「ルイスの転換点」の到来と人口ボーナスの消失を信じたくないという事態が生じている。

　人口転換の局面とその推移に対する認識は、労働力市場の状況に対する正確な理解に寄与する。というのは、それは持続可能な経済成長の潜在力を掘り起こす政策決定の基礎であるからである。人口転換が促進する人口ボーナス期は、二重経済の発展の一つの段階である。ここでは、理論と国際経験の観点から、人口転換と二重経済の発展過程との論理的関係の論証を試み、統計を利用して、中国の人口転換過程とその経済成長に及ぼす影響を論述する。

4.1　経済成長の人口エンジン

　学術史上、イギリスにおける最初の経済学教授、トマス・ロバート・マルサス（Thomas Robert Malthus）は、人口と経済発展、及び生活水準の関係に関する研究で名を上げた。彼は、食糧は算術級数的に増加するのに、人口は幾何級数的に増加するとし、人口は無制限に増加して、最終的に貧困と飢饉をもたらすと論断した。この論断は技術進歩の可能性を否定する典型であり、「マルサスの低収入均衡の罠」の理論の基礎として現在に伝わっているだけではなく、

1）「人口調査」あるいは 1 ％人口サンプル調査によれば、出生率はすでに信じられないまでの低率にある。例えば、2000年に行われた「第 5 回人口調査」では、出生率はわずか1.22、2005年の 1 ％サンプル調査では、1.34、2010年の「第 6 回人口調査」では、1.19である（郭志剛、王丰、蔡泳《中国的低生育率与人口可持续发展》中国社会科学出版社，2014年，第21頁）。この数値にある程度の誤差があり、後に訂正されるとしても、多くの学者は、実際の出生率は後述する国連が発表している数値、すなわち1.4よりもより低い水準にあると認識している。

2）刘遵义《中国可从四个方面增加内需》，中国新闻网，2010年 1 月 1 日。http//www.chinanews.com.cn/cj/-ylgd/news/2010/01-18/2077952.shtml.

依然として巨大な影響力を持ち、一貫して技術進歩を信奉する経済理論から永遠の対立物とみなされ、長期にわたって批判を受けている。

　しかし、理論上及び経験上から広範な批判を受けているとしても、マルサス理論の重要性は無視できない。第1に、マルサスモデルは、究極的に人類史上最も長い発展段階に対する経済理論の概括であり、二重経済の発展段階を解釈したルイスモデルや西洋の現代の経済成長論を解釈した新古典派モデルと並び立つ重要な経済理論である。第2に、この理論は人口を経済成長の内生変数とする方法論の先駆けであり、研究において継承されるべきものである。

　とはいえ、マルサスのいう成長は、結論的いえば、現在の発展途上国においてさえ、それに対応する事例をみいだすことはきわめて困難である。例えば、18世紀末のマルサスが『人口の原理』を発表した時代、世界で最も裕福な2国、イギリスとフランスでは、1人/1日当たりの食糧から得られるカロリーは、それぞれ2095カロリーと1657カロリーであった[3]。ところが、2007年のアフリカの国家の平均1人/1日当たりカロリー摂取量は2462カロリーで、世界で最も遅れている国家でも、平均して、1人/1日当たりの摂取量は2162カロリーであった[4]。こうしたことから、マルサス理論は、産業革命以前の長期間の経済史を説明できるとしても、この理論と関連モデルの結論を用いて、現代世界や中国の現実的な人口と経済との関係を説明するには、明らかに不適切である。実際、現代の主流派の学者らは、人口を経済成長の消極的要因としてみなしていないし、また、世界経済統計も両者の間にはより多くの正の相互促進関係があることを示している。

　指摘しておかなければならないことは、経済成長に影響する要因は数多くあり、人口要因だけではないということである。例えば、新古典派成長理論を堅持する実証研究において、経済学者は、相次いで百余の統計から顕著な解釈変

3）D. 盖尔・约翰逊《经济发展中的农业，农村，农民问题》，商务印书馆，2004年，第273页。

4）世界食糧機構の数値に依る（http://faostat.fao.org/site/610/DesktopDefault.aspx?PageID=610より計算）。

数をみつけ、経済成長の謎を解明しようとしている[5]。低所得国家が「貧困の罠」のなかできわめて低位な安定成長に対処する場合、また高所得国家が技術革新の最先端において低い安定成長に対処する場合には、人口要因に頼らずにこれを解釈することがとりわけ必要とされる。ここでは、しばらくの間、経済成長の人口転換に対する反作用については論及せず、ただ出生率と経済成長率との関係にのみ注目することにする。

　ルイスの二重経済の発展理論が発表される前に、また馬寅初の『新人口論』が発表される前に、早くも、人口転換理論の成熟した形式がすでに発表されていた。例えば、最初に人口転換の3段階区分を示したのは、ウォーレン・トムソン（Warren S. Thompson）であり、その後、人口転換の5段階区分が提示された。しかし、当時の文献はいずれも、出生率の低下に関する標準的な理論解釈をしていなかったため、「人口転換理論の父」の称号は、最終的には、フランク・ノートスタイン（Frank W. Notestein）に与えられた[6]。

　多くの先進国が早期に人口変動を経験したことを根拠に、人口学者はこの経験を総括して、人口変化は通常いくつかの共通な段階を経るという人口転換理論にまとめ上げた。人口転換の第1段階は、経済発展の比較的低い段階に対応しており、高出生率・高死亡率に基づく低自然増加率を特徴とする。人口転換の第2段階は、一定の経済発展及び健康と衛生条件の改善に対応しており、高出生率・低死亡率に基づく高自然増加率を特徴とする。人口転換の第3段階は、比較的高い経済発展の段階に到達した時であり、低出生率・低死亡率に基づく

5）Xavier X. Sala-i-Martin, I Just Ran Two Million Regressions, *American Economic Review*, Vol. 87. No. 2, Papers and Proceedings of the Fourth Annual Meeting of the American Economic Association, 1997, pp. 178-183.

6）Warren S. Thompson, Population, *American Journal of Sociology*, 34(6), 1929, pp. 959 -975; Frank W. Notestein, Population-The Long View, in Theodore W. Schultz (ed), *Food for the World*, Chicago: University of Chicago Press, 1945. この領域に関する学説的な紹介については、John C. Caldwell, Toward a Restatement of Demographic Transition Theory, Population and Development Review, 2, 1976, pp. 321-366を参照。

低自然増加率を特徴とする。

　ルイスが人口学の重要文献に注意を払ったどうかについて断定はできないが、ルイスの論述のうちには、人口学の仮説に関する指摘が少なからずある。二重経済構造の重要部門としての農業を定義する際、彼は次のように指摘している。「資本や自然資源に比べると、人口はあまりにも多いので、……労働の限界生産力はきわめて小さいか、あるいはゼロに近い」、それ故、「労働力の無限供給は存在する」。この指摘には、人口転換の第2段階の特徴、すなわち、低死亡率と高出生率の継続による自然増加率の高水準が維持されるということが含意されている。また、農業は初級生産部門であるので、過剰な人口と労働力はこの部門に滞留する。

　人口転換と二重経済の発展段階との間における論理的関係を理解するカギは、人口ボーナスの生成と獲得のメカニズムを理解することにある。比較的早い時期の人口学と経済学の文献では、人口と経済発展の関係では、主として人口総量あるいは人口増加率と経済成長率との関係が着目され、人口転換では、出生率・死亡率・人口総量が議論されるに止まっていた。このため、これら議論においては、経済発展と人口構造との関係は軽視され、人口転換の最も重要な結果である人口構造や労働力供給の変化の特徴に関して、十分に認識されることはなかった。

　多くの先進国と新興工業国及び地域が相次いで人口転換を完成するにつれて、人口学者はこの人口転換がもたらす人口高齢化の結果に注目しはじめた。経済学者は人口転換にともなう労働年齢人口の変化、及びその経済成長の源泉に対する影響に関心を向けた[7]。死亡率の低下と出生率の低下におけるタイムラグの期間、人口の自然増長率は上昇段階にあり、それに応じて扶養を必要とする児童人口の比率は増加していく。さらに時間が経過すると、この世代が逐次成人になり、労働年齢人口の比率は順次上昇する。しかし、社会経済の発展とと

---

7) Jeffrey Williamson, Growth, Distribution and Demography: Some Lessons from History, *NBER Working Paper*, No. 6244, 1997.

もに出生率が低下してくると、人口増加率はしだいに下降に推移し、その後、
徐々に人口高齢化が始まる。言い換えれば、人口の自然増加率がまず上昇して、
その後下降するという逆U字曲線に変化した後、ほぼ一世代の時間差を経て、
労働人口も類似した軌跡を推移するということである。このため、人口年齢構
造が最も富有な生産性を持つ段階においては、十分な労働力供給と高貯蓄率が
経済成長に特別の源泉を提供するが、それこそ人口ボーナスといわれるもので
ある。しかし、ひとたび人口転換がこの段階を超えれば、その富有な生産性は
人口年齢構造の高齢化によって総体的に失われ、通常の意味での人口ボーナス
は消失する。

　人口転換における段階的変化は、総合的には出生率に反映されるので、理論
上、人口転換と経済成長の関係を予測することができる。まず、出生率が非常
に高い水準にあり、人口転換と技術進歩はないと仮定した場合、経済成長率は
それに応じた低位な安定的水準を維持している。次いで、出生率は低下しても、
富有な生産性を持つ年齢構造が徐々に形成されるので、経済成長率は加速され、
人口ボーナスが獲得される。その後、出生率が継続的に低下し、より低位な水
準にまで至り、高齢化が進展することで、経済成長率はしだいに比較的低位な
安定水準に戻っていく（この際、もはや人口転換とは認められないが、技術進歩は革
新の先端にある）。以上のことから、出生率が低下しても、生産性を有する年齢
構造の特定の人口転換の段階が形成され、いわゆる「人口学的機会の窓」
（Window of Demographic Opportunity,「人口ボーナス」の最盛）が開かれるのである。

　世界銀行の世界発展指標（World Development Indicators）のデータベースを利
用すれば、1960年以来の各国のGDP成長率と出生率の関係に対して、いくつ
か統計的描写を行うことができる。このデータベースによれば、各国の歴史上
におけるGDP成長率の起伏幅はきわめて大きく、それは−51％から106％ま
での間にある。こうした極端な数値を解釈することの複雑さを回避するため、
ここでは、　GDP成長率が0〜10％の間にある常態の趨勢を反映するもののみ
を観察する。理論的に予測されることは、　GDP成長率と出生率の関係は単純
な線型関係ではなく、比較的複雑な非線型関係にあるということ、つまり出生

　率の低下とともに、まず経済成長率は上昇し、その後下降するという曲線で表現されるということである。それ故、理論的に得られる GDP 成長率と出生率の相関関数は、図4-1のような GDP 成長率の適合値曲線として描かれ、その95％の信頼区間が与えられる。

　この図4-1から、出生率と GDP 成長率には逆 U 字型の関係があることが直感される。つまり、出生率がより高水準にある国家は GDP 成長率が比較的低く、出生率の下降とともに GDP 成長率が上昇する。出生率が下降してある一定の水準になった時、GDP 成長率はピーク値に達する。これが出生率の上昇から下降の転換点である。出生率がさらに低下するにつれて、出生率の比較的低い国家では、GDP 成長率も再び比較的低い安定した状態に戻る。こうした簡単な経験的数値から得られる曲線は、上述した理論的予測と完全に一致している。

　経済理論と国際経験から出生率と経済成長率の関係が確認されれば、人口学における人口転換の過程と人口経済学が確立した人口ボーナス獲得の過程及び

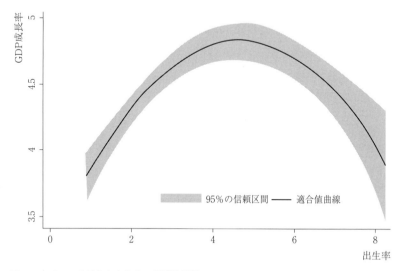

図4-1　GDP 成長率と出生率の経験的関係
資料：世界銀行の世界発展指数（World Development Indicator）の数値により作成。

経済発展過程に生じるルイス転換点との関係を一般的に認識することができ、そのことを通して、より正確に中国の人口転換と人口ボーナスの獲得と消失を認識することもできるのである。

4．2　中国の特色ある人口転換

1957年、馬寅初教授が「第1回全国人民代表大会第4次会議」において、『新人口論』と題する書面発言を行い、人口抑制政策を建議した時の根拠は1953年の「第1回国勢調査」に示されたあまりにも速すぎる人口増加率であった。馬寅初教授は、経済社会の発展の要素は高出生率と低死亡率であると正確に認識していたが、当時の知識レベルにおいては、人口転換の法則を利用して未来の出生水準と人口増加の趨勢をいまだ予測することができなかった。

　中国の人口転換過程は、人口転換の法則に完全に従っていることを十分に証明した。中華人民共和国の成立後、経済発展と国民生活の改善により、人口転換は第2段階に入った。1950年代末から60年代初期にかけての正常とはいえない変動を除き、死亡率は大幅に低下し、同時に出生率は継続的に高い水準を維持した。こうしたことから、人口の自然成長率はきわめて速く、1970年代初期まで、出生率はつねに6.0の高水準にあった（図4-2参照）。

　しかしながら、多くの人が想定するように、出生率の低下は「計画出産」政策の結果によるものではなかった。1970年代から、中国政府は「晩・稀・少（晩婚、出産間隔の拡大、少なく産み優秀に育てる）」を目標とする自発的な計画出産を提唱し、80年代になって、強制的な「一人っ子政策」を打ち出し、その後、徐々に法律規定が確立され、いよいよ厳格に実行された。だが、出生率の大幅な下落は1970〜1980年の間に発生した。出生率の低下は、多くの人々の想像とは異なり、計画出産政策によるものではなかった。つまり、厳格な「一人っ子政策」が実施される以前に、出生率は5.8から2.3にまで下落し、3.5人の子供数が減少した。2008年の出生率1.4からみれば、1980年以降、0.9人の子供数が減少したにすぎない。

　国内外では、一般に中国の人口政策を簡略に称して「一人っ子政策」とする

が、それはあまり正確ではない。中国の経済社会発展はきわめて不均衡であるため、「一人っ子政策」の具体的な規定は、地域間、都市と農村間、漢民族と少数民族間においてそれぞれ異なっており、総体的にいえば、都市よりも農村、東部と中部よりも西部、漢民族よりも少数民族に対して緩和的であった。そのため、政策の規定する「一人っ子」を産む人口は、人口のわずか36％を占めるにすぎない。長い間、中国の出生率は1.4であり、「1夫婦には1人の子供」という「計画出産」政策が許容する出生率は、全国平均では、1.47前後であり、実際に行われている「一人っ子政策」は人口のおおよそ60％をカバーするにすぎないのである[8]。

ある計量研究によれば、「計画出産」政策・1人当たりGDP（経済発展）水準・人的資本の蓄積水準の3変数は、いずれも中国の出生率の急激な低下に顕著な促進作用をもたらしたが、それらは、それぞれ異なる時期に、異なる作用をもたらしたとされる。総体的にいえば、「計画出産」政策の出生率の低下に対する限界効果は徐々に低下し、経済発展水準の向上と人的資本の蓄積による出生率の低下に及ぼす影響が日増しに強くなっている[9]。

人口学の法則によれば、一つの国家または地域の総出生率が2.1の代替水準以下になれば、低出生率段階に入ったことを意味する。中国政府は、国情を配慮し、1.8の出生率を出生率高低の判断基準とし、長期間、この水準を堅持してきた[10]。しかし、出生率を1.8にしてから20年を経て、政府はひそかにこの意見を取り下げてしまった。国家統計局の公表データによれば、出生率はすでに長期にわたって1.5よりも低かったからである（図4-2参照）。

国連が2010年に発表した「世界の出生率（2009）」によれば、中国の2006年の出生率は1.4に修正され、中国は低出生率国家にリストアップされた。国連データによる2005～2010年間の出生率は、世界の平均水準で2.6、最も遅れている国家を除いて、発展途上国は2.5、先進国は1.6であったが、中国は1.4で、低出生率国家の列にあることは明らかである[11]。出生率水準に関する国際比較からすれば、中国は、人口転換の過程において、すでに自己の経済発展段階を超えたことになる。

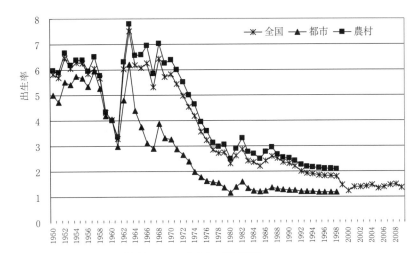

図4-2　中国の都市及び農村における出生率の低下状況

資料：1997年以前は「中国人口情報研究センター」の数値、1998以後は各年の「人口サンプル調査」の数値による。

8）全国範囲での根本的で大幅な「計画出産」政策の調整が2014年に開始された。それは、夫婦のうち一方が「一人っ子」である場合、2人の子供まで産むことができるというものであったが、2016年から、1夫婦は2人の子供を産むことができるという政策に転換され、全国的に実施された。

　政府及び学術界では、理想の子供数はどのくらいかという探求が試みられた。言い換えれば、政策評価あるいは政策調整を行う際、低出生率はいったいどこまで政策規制の結果であるか、あるいは経済社会発展がもたらした結果なのかを知りたいということであった。一部の地域で行われた1997年、2001年、2006

9）都阳《中国低生育率水平的形成及其对长期经济增长的影响》,《世界经济》2005年第12期。

10）国家人口发展战略研究课题组《国家人口发展战略研究报告（上）》, 中国人口出版社, 2007年, 第1-21页。

11）United Nations, World Fertility Pattern, 2009.
http://www.un.org/esa/population/publications/worldfertility2009.htm.

年の出産意向調査によれば、政策規制を受けない場合、1夫婦の期待する子供数は、それぞれ1.74人、1.70人、1.73人であり、理想的な子供は平均1.7人であった[12]。この水準は2.1の代替水準より大幅に低く、1.8の政府期待値よりもさらに低かった。これは、将来、産児数の制限がなくとも、出生率が高水準に回復する可能性はきわめて低いということを意味している。

　この事実は、経済学者と人口学者の人口転換法則に関する次のような学術的共通認識を証明した。すなわち、3つの主要な人口転換段階が順次に交代したのは、経済と社会が発展した結果であるということである。しかし、中国の人口転換はそれ自身の特徴を持ち、中国が直面する政策選択は、他の国家と異なっている。中国の人口転換には2つの重要な特徴があった。1つは、人口転換速度の速さ、もう1つは、政府が個人の出産に強制的に関与していることである。世界の多くの国と比べてみると、中国の人口転換、すなわち高死亡率・高出生率から低死亡率・低出生率への転換は、高度に圧縮された形で完成されたということである。例えば、主要欧米諸国及び日本と比べて、中国の平均寿命が40歳から70歳に延びるのに要した期間はわずか50年足らずであり、欧米諸国の半分ほどの短い期間でこれを達成した。また、歴史上、西欧諸国（例えばイギリスとフランス）の出生率が1夫婦の平均5人の子供から代替水準の約2人までに低下するのに要した期間は約75年であったが、中国はその3分の1ほどの30年弱でこれを実現したということである[13]。

　だが、中国の人口転換における出生率の急速な下落は、唯一無二のものではなかった。例えば、韓国・シンガポール・タイ及び中国台湾では、強制的計画出産政策が実施されていないが、中国と同じように、出生率が1950年代の相当高い起点から、90年代以降、代替水準よりも低いところにまで低下した。インドでは、経済と社会の発展効果に差があったため、人口転換過程は比較的停滞

12）郑真真《生育意愿研究及其现实意义—兼以江苏调查为例》,《学海》2011年第2期。

13）中国发展研究基金会《中国发展报告2011/12：实现人口，经济和社会的协调发展》,中国发展出版社，2010年。

したものの、類似した変化も経験していた[14]。

　出生率の低下及び長期のきわめて低い水準は、人口年齢の構造変化、すなわち15歳～64歳の労働人口が持続的に増加することで、中国の経済成長に人口ボーナスをもたらした。図4-3にみるように、人口の自然増加率の逆U字型曲線は長期的に低下しているが、同時に労働年齢人口の総人口に占める割合の逆U字型曲線は、一定の期間上昇段階にあり、その間に中国の経済成長は人口ボーナスを得たのである。

4.3　中国の経済成長の分析

　改革開放以来の二重経済の発展時期、中国の高度経済成長は人口ボーナスから益するところが多かった。これは、経済理論の予測にも符合し、中国的特色も備え、かつ統計による実証も得られる。人口転換の経済成長に対する貢献は、

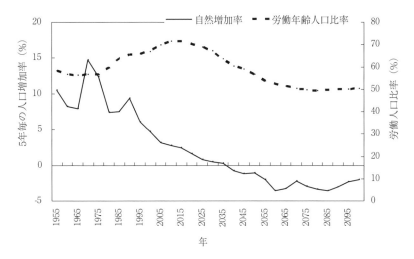

図4-3　中国における人口の自然増加率と労働人口比率の変化
資料：United Nations, 2010による。

---

14)　林毅夫《発展战略，人口与人口政策》，载曾毅，李玲，顾宝昌，林毅夫主编《21世紀中国人口与经济发展》，社会科学文献出版社，2006年。

82

経済成長の源泉のいくつかの面に現れている[15]。

第1は、扶養人口比率（dependency ratio）[16]の持続的低下は、高度経済成長における資本形成に人口の基礎を提供し、国民経済が比較的高い貯蓄率を保持するのに有利であったことである。計画経済の時期、中国の貯蓄率は非常に高く、固定資産形成とGDPに対する比率は改革期においても継続的に上昇し、近年では、空前の水準に達している。1995〜2010年、この比率は32.9％から69.3％と2倍強に上昇した。この数値をGDPと固定資産形成のそれぞれに対して価格調整した場合、対GDP調整指数は固定資産価格の調整指数よりも大きいので、この比率の上昇幅はさらに大きくなる。より重要なことは、十分な労働力供給が、一定の期間、資本投入の収益逓減現象を阻止したことである。そのため、経済成長の源泉を分析する際、この要素は資本投入における寄与率として現れる。

第2は、労働年齢人口の持続的増加が十分な労働力供給を保障し、労働者の教育水準の向上とともに、中国が経済のグローバル化過程に参加したときに、労働力の質が労働力の低コスト優位を顕著に維持したことである。長期間、中国の優位は、豊富な労働力と低賃金コストだけではなく、他の発展途上国と比べて、労働力の質も高かったことにある。例えば、2005年、中国の労働年齢人口の平均教育年限はインドより33％も高かった[17]。比較的高い教育水準は労働生産性の向上に寄与する。中国の製造業企業の分析によれば、従業員の教育年

15) ランド研究所のある報告書によれば、人口ボーナスは、労働力供給の増加・貯蓄の拡大・人的資本の投入と収益率の上昇等を通して実現されるという。次の文献を参照。David E. Bloom, David Canning, and Jaypee Sevilla, *The Demographic Dividend: A New Perspective on the Economic Consequences of Population Change*, Santa Monica, CA, RAND, 2002.

16) これは、15歳以下の幼年人口と65歳以上の老年人口の合計と15歳〜64歳の労働年齢人口の比率であり、社会の相対的な扶養負担の比率を示す。

17) 王广州，牛建林《我国教育总量结构现状，问题及发展预测》，载蔡昉主编《中国人口与劳动问题报告 No.10—提升人力资本的教育改革》，社会科学文献出版社，2009年，第106页。

限が1年延びれば、労働生産性は17％向上するとされる。こうしたことから、労働力の豊富さと質の高さの二重の優位によって、中国は長期的にわたって単位当たり労働コストの優位を享受してきたのである[18]。これらの要素の経済成長に対する効果は、生産関数分析における労働投入と人的資本の蓄積等の変数における増加という貢献として現れる。

　第3は、農村における人口転換が都市よりも遅れ、また計画経済期に蓄積した農業余剰労働力が改革時期に大規模に移動したため、労働力の低生産性部門から高生産性部門への移動という資源再配置の効率が創出され、それが全要素生産性向上の主要な源泉となったことである。残差としての全要素生産性をさらに分解すると、この貢献部分を資源再配置の効率として抽出できる。ある計量分析研究によれば、1987〜1998年における労働力の農業から非農業への移動の経済成長に対する寄与率は21％に達し、この分解後の未解釈の残差（全要素生産性のなかの技術進歩要素とみなしうる）は、わずか3％である[19]。

　第4は、人口転換によって生じた人口ボーナスによるその他の貢献である。すなわち、上述したいくつかの変数には含まれなかった人口ボーナスに関連する要素である。扶養人口比率は人口ボーナスの顕性的な代理変数とみなしうるので、その経済成長に対する貢献は人口ボーナスの残差とみなすことができる。人口ボーナスの源泉は、純粋の消費型人口（15歳以下及び65歳以上）と生産型人口（15歳〜64歳）の相対比率によるので、経済学文献では、中国であろうと、他の国家及び地域であろうと、人口ボーナスの計量分析の際には、すべて扶養人口比率を代理変数として用いる。例えば、経済学者ウィリアムソン（Jeffrey Williamson）は、これに基づいて、1970〜1995年の人口ボーナスの東アジア経済の成長に対する貢献率を推計し、それは¼〜⅓であるとした。また、彼は、欧州と北米の17ヵ国の1870〜1913年の経済成長と人口構造データを利用して分

---

18)　蔡昉，都阳，王德文《我国教育改革和发展战略若干问题研究》，载蔡昉主编《中国人口与劳动问题报告 No.10—提升人力资本的教育改革》，社会科学文献出版社，2009年，第1-26页。

19)　蔡昉，王德文《中国经济增长可持续性与劳动贡献》，《经济研究》1999年第10期。

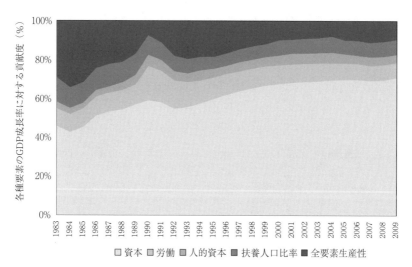

図4-4　経済成長率に対する各種要素の貢献度

資料：Cai Fang and Zhao Wen, When Demographic Dividend Disappears: Growth Sustainability of China, in Masahiko Aoki and Jinglian Wu (eds), *The Chinese Economy: A New Transition*, Basingstoke: Palgrave Macmillan, 2012.

析を行い、新大陸の1人当たり GDP 成長率は旧大陸の一部より高かったが、このことはすべて比較的低い扶養人口比率によって解釈できるとした[20]。

　生産関数分析を利用して、中国の1980年代初期からの経済成長の源泉を分析すれば、改革開放期の各種要素の経済成長に対する貢献を観察することができる。これらの要素は、固定資産形成・全社会就業者数・就業人口の教育年限・扶養人口比率・変数としての残差であり、それぞれが資本投入・労働投入・人的資本・人口ボーナス・全要素生産性の GDP 成長率に対する貢献を代表している。研究結果によれば、1982～2009年の GDP 成長率に対する貢献度は、資本投入が71.0％、労働投入が7.5％、人的資本が4.5％、扶養人口比率が7.4％、全要素生産性が9.6％であった[21]。

　図4-4は、各種要素の貢献度及びその変化状況である。趨勢を示すために

20）Jeffrey Williamson, op. cit.

図中で使用したデータは逐年の累計の推計値である。すなわち、1983年は 1 年のデータで推計した結果であり、1984年は 2 年のデータで推計した結果であり、……2009年は27年間のデータによって推計した結果である。実際の変化趨勢は、図中で示されたよりさらに鮮明であるが、次のことが明らかにされた。すなわち、①資本投入の貢献度は逐年増加しているが持続性がない。②労働投入と扶養人口比率の貢献度は人口年齢構造の変化とともに徐々に弱くなっている。③人的資本の貢献度は相対的に安定しているが、現在の効果はなお微弱である。④全要素生産性の貢献度は将来の経済成長の最も重要な源泉であるとはいえ、現在の状態はあまり楽観視できない。

4. 4　人口ボーナスの消失

　少なくとも2012年以前までは、人口転換は確かに高度経済成長に貢献し、中国に人口ボーナスをもたらした。しかし、長期の低出生率はすでに中国を人口転換の新しい段階に押し上げ、人口年齢構造の変化には新しい特徴が現れた。このことは、人口ボーナスはまもなく消失し、経済成長も相応の影響を受けるということを意味している。人口ボーナスの顕示的指標である労働年齢人口と扶養人口比率についてみると、2010年以後、両者において逆転的な変化が発生した。労働年齢人口は2013年に最高点に達した後、負（マイナス）の増加率に転じた。扶養人口比率は早くも2010年に最低点に達し、その後上昇しはじめている。こうしたことは、疑いもなく人口ボーナスの消失を意味している（図4 −5参照）。

　人口ボーナスが消失したかどうかの判断についていえば、これに反対する見解がある。人口ボーナスは近いうちには消失しないという見解である。これは扶養人口比率の絶対水準から人口ボーナスを捉えたことに基づいている。例え

---

21) Cai fang and Zhao Wen, When Demographic Dividend Disappears: Growth Sustainability of China, in Masahiko Aoki and Jinglian Wu (eds) *The Chinese Economy: A New Transition*, Basingstoke: Palgrave Macmillan, 2012.

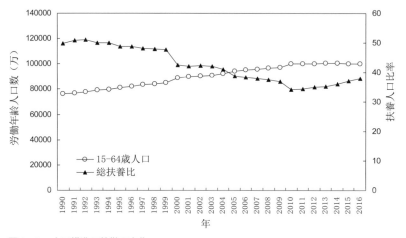

図4−5　人口構造の特徴の変化
資料：国家統計局ホームページ：http://data.stats.gov.cn/easyquery.htm?cn=C01

　ば、1990年代中期の扶養人口比率を基準に採るのではなく、扶養人口比率が比較的低い水準にある2013年以降の扶養人口比率を基準に採ると、この扶養人口比率が上昇する期間は2030年前後となる。この観点からすれば、中国の人口ボーナスは、約20年あるいはそれ以上も維持されることになる。さらに条件を緩和して、例えば1990年前後の扶養人口比率を人口ボーナスが生み出される水準とすれば、それは2030年以降も続くことになる[22]。

　人口ボーナスを獲得する時期の経済成長は、通常、いっそうの資本と労働要素の投入に頼るので、その後の経済成長は、より全要素生産性、とりわけそのうちの技術進歩の要因に依存しなければならなくなる。そのため、人口ボーナスが消失するかどうか、またいつ消失するかに関する判断は、既存の経済成長方式の転換を必要とするかどうか、かつそれが緊迫であるかどうかということに及ぶ問題であるので、きわめて重要な学術上の、かつ政策上の問題であると

---

22)　周婷玉《2013年我国人口抚养比将现"拐点"，仍有25年"人口红利"期》。http://news.xinhuanet.com/politics/2010-05/18/c_12115988.htm,2010を参照。

いえる。

　人口ボーナスについてはさまざまに解釈され、いくつかの指標でそれが定量化されているが、人口ボーナスの本質は究極的に何なのか、言い換えれば、労働年齢人口の割合が大きく、かつ持続的に拡大することが、どうして経済成長に特別の源泉を提供できるのかということについては、いまだ明確に説明されているとはいえない。しかし、確定的なことは、この問題は明らかに人口学の範疇の問題ではないということである。それ故、経済成長理論からこの問題を捉える必要があるということなのである。

　新古典派成長理論では、労働力不足を仮定しているため、物的資本がある定点を越えて継続的に投入されると、収益逓減の現象に遭遇し、経済成長を持続できなくなる。この論理的展開による資本収益逓減の法則を克服するのには、2つの方途がある。1つは、技術進歩及びより効率的な資源配置を通して、全要素生産性を不断に向上させ、経済成長の持続可能性を維持することである。もう1つは、労働力不足という制約要因を排除しようするもので、資本投入によっても収益逓減の現象に遭遇しない要素投入型の成長方式を一定期間実行することである。この後者の条件は二重経済の発展段階が本来的に備えているものである。一度、労働力の無限供給という特徴が経済成長の源泉になることができれば、すなわち、労働力数量や人的資本の供給が正の報酬をもたらす資本投入であり、生産性を向上させることになれば、それは人口ボーナスを利用できたことを意味するということである。

　こうしたことから、人口ボーナスを理解するということは、二重経済の発展の枠組みにおいて、この人口ボーナスを資本蓄積過程と密接に関連させなければならないということでる。ルイスは、二重経済の理論を論述する際、何度も指摘したように、無限供給という性質を有する労働力の開発と利用については、どんな場合でも、資本蓄積と関連させて理解しなければならないとしていた。例えば、彼の有名な論文「労働力の無限供給条件下における経済発展」では以下のように指摘している。

　「全過程においてカギとなることは、資本主義部門が余剰労働力を使用する

ことにある。まさに余剰労働力が新資本を創造するのに再投資される限り、さらに多くの人を生存維持部門から資本主義部門へと就業させるので、資本主義部門は拡大することができる。余剰労働力が多ければ多いほど、資本形成はより大きくなり、（二重経済の発展）過程は継続的に持続され、それは余剰労働力が消滅するまで続く」[23]。

　以上のことから、図4-6によって、人口ボーナスと資本蓄積との関係を検討してみよう。曲線Dは人口ボーナスを示す指標（扶養人口比率）である。次に、直線Kは資本蓄積を表示したものであり、累積的な増加傾向を示す。前述したように、人口ボーナスの核心は、労働力が無限に供給されることであるから、新古典派成長理論の労働力不足仮説を克服し、それによって資本収益逓減の現象が出現しないことを保証することにある。資本蓄積はある既定量ではなく、不断に拡大する過程であるので、人口ボーナスの動向（つまり下降趨勢にある扶養人口比率）は、経済成長の動向に対して、資本収益の逓減を出現させない要素条件を提供する。

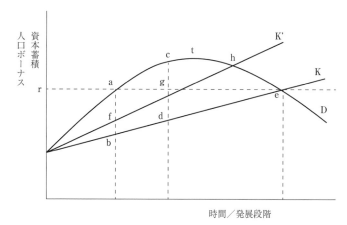

図4-6　資本収益逓減の法則を克服した人口ボーナスの取得

23）Arthur Lewis, Economic Development with Unlimited Supply of Labor, The Manchester School, Vol. 22, 1954.

　このため、人口ボーナスの経済成長に対する貢献を理解するカギは、人口ボーナスが衰退していくなかでも、資本蓄積は不断に拡大していくことにある。実際の経済において、労働力不足に直面した場合、投資者としての企業と政府の最も直接的な反応は、より多くの資本投入によって労働投入に代替するので、企業・産業・国家の各分野で、資本の対労働比は上昇する。資本投入の度合いが大きければ大きいほど、収益逓減に直面する可能性はいよいよ増大する。それ故、図4−6のKは右上がりの直線（傾きは0より大きい）として描かれる。このことを考慮しないと、人口ボーナスの資本収益逓減を回避する実質的効果が絶たれることになる。

　図4−6において、曲線Dと直線Kとの距離を人口ボーナスの効果の程度を表示しているとみなすことができる。ここにおいて、曲線Dと直線Kが交わるe点までr水準の直線を引くと、人口ボーナスの効果の程度は、つまり収益逓減を抑制するのに発揮された効果はabとなる。人口ボーナスのこの効果の最高点は、図4−6のc点（曲線Dと直線Kの傾きが同じである点）であり、扶養人口比率の資本収益逓減に対する抑制効果が最も大きくなる（cd）。資本蓄積が継続的により高い水準へ上昇すれば、c点以降の人口ボーナス効果は明らかに弱くなる。例えば、r水準においては、扶養人口比率はもはや従来のように収益逓減抑制の効果を発揮できなくなることを意味する。人口ボーナス効果は、e点において、0となる。いうまでもなく、図4−6の資本蓄積の直線Kの傾きは任意に引いたものである。新古典派成長理論の仮定によれば、資本投入がより高い水準で進展すれば、資本収益逓減の現象は早く現れる。換言すれば、傾きがより大きい直線K'が水平の資本蓄積線により接近すると仮定すれば、人口ボーナスの効果が弱くなる速度はより早まり、e点はh点に移動して、0になる。

　以上の検討から得られる結論は、中国は、改革開放以来、人口ボーナスを発展させ、2010〜2015年までの時期、具体的にいえば、扶養人口比率が37〜39%の水準に至るまで（図4−5参照）、最大限に人口ボーナスを得たということである。2010〜2015年から、人口構造の変動による資本収益逓減に対する抑制効

90

果は急速に弱まり、人口ボーナスは消失していった。他方、資本蓄積はいっそ
う急速に進展し、経済成長はますます投資に頼ることになり、人口ボーナスの
消失もさらに早くなっていった。

　1990年代以来、中国の労働年齢人口の総人口に占める割合はなおも上昇して
いるが、その速度は徐々に緩慢化した。例えば、1980〜1990年間、この割合は
6.14ポイント上昇し、1995〜2005年間には、4.05ポイント上昇した。2005〜
2015年にはほぼ最高点に達して増加を停止した。これに対応して、資本の対労
働比は比較的速く上昇した。全体的にいえば、こうしたことは、すべて産業技
術の選択と産業構造の選択の結果であり、人口ボーナスの衰退に対して示した
反応であった。この間に2つの重要な転換点があった。1つは、1993年の第一
次の加速的上昇の起点であり、もう1つは、2004年の第二次の加速的上昇の起
点であった。

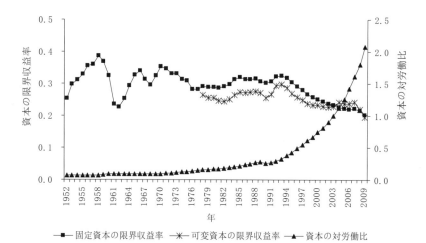

図4-7　資本の対労働比と資本収益率の転回
　資料：Cai Fang and Zhao Wen, When Demographic Dividend Disappears: Growth Sustainability of
　　China, in Masahiko Aoki and Jinglian Wu (eds), *The Chinese Economy: A New Transition*,
　　Basingstoke: Palgrave Macmillan, 2012.

24）吴敬琏，范世涛《超越东亚奇迹—中国经济增长模式的回顾和展望》，载蔡昉主编
　　《中国经济转型30年（1978〜2008)》，社会科学文献出版社，2009年，第208-232页。

　とはいえ、こうした企業と投資者の資源賦与の変化に対する反応と同時に、資本の対労働比の上昇にも人為的要素があった。すなわち、投資者とりわけ政府関係投資者は、資本の対労働比の上昇を通して、新たな比較優位を探し求めた。これは労働力不足と賃金上昇に対する正常な反応であると同時に、政府の関与がもたらす歪みの状況でもあった。2004年の「ルイスの転換点」が到来する前に政府が不適正な関与をなしたことからもたらされた資本の対労働比の上昇は、比較優位に違反したことの表現であり、その歪みの状況はいっそう厳しくなった。呉敬璉らが1990年代以来の中国経済の成長モデルを回顧した際に指摘したように、戦略的再構築を通して国有経済の効率改善を図るといったことの反映であると同時に、行政機関の資源配置に対する権力が大いに強化されたことの反映であった。こうしたことは、主として政府の生産要素市場への関与、及びいわゆる「戦略的産業」に対する統制といったことに現れた[24]。

　総じて、資本の対労働比が大幅に上昇すると同時に、資本の限界収益率の低下傾向が確かに現れた。図4-7にみるように、1990年代以前、資本の対労働比は長期にわたって実質的に上昇せず、資本の限界収益率は比較的高い水準を保ち、十分な労働力供給が資本収益逓減を抑制する効果をもたらしていた。しかし、1993年以降には、資本の対労働比の上昇と資本の限界収益率の下降が同時に現れたのである。最近の研究成果は、さらに投資回収率の顕著な下落をも指摘している[25]。

4.5　結び

　中国経済はすでに2つの重要な転換点を経過し、その発展段階における根本的変化が示されている。転換点の1つは、労働力の無限供給という特徴が失われる「ルイスの転換点」であり、もう1つは、労働年齢人口が増加から減少へ転換し、扶養人口比率が下落から上昇に移っていく人口ボーナス消失の転換点

25）白重恩，張琼《中国的资本回报率及其影响因素分析》，《世界经济》2014年第10期，第3-30頁を参照。

である。中国経済は伝統的成長源泉の消失に直面しており、適時に新しい成長モデルに転換できなければ、予想を超える減速を免れないことになる。国際的経験によれば、このような思いがけない経済成長の減速は、長期的な停滞になる可能性もある。日本は1960年代初期に「ルイスの転換点」に到達後、1970年に扶養人口比率が谷底に落ち込み、この扶養比率の最低値において20余年も足踏みした。90年代初期になってようやく回復しはじめたが、それと同時に、日本経済は「失われた20年」に陥ってしまった。

　近年来、中国が人口ボーナスを使い尽くしてしまったどうかに関する討論が激しく行われ、注目されている。しかし、あるいくつかの特別な現象が議論の内容に影響していた。1つは、否定的な意見が止まなかったが、これらの意見の多くは学術論文として発表されず、新聞・雑誌、インターネット上、及び会議での発言やニュース取材等で示されるだけで、何が論争の根拠なのかを提示していないことであり、もう1つは、議論に参加した一部の者は、頭から人口ボーナスの概念の必要性を否定しており、甚だしきに至っては「偽の命題」と称する人もいることであった[26]。こうした論争方法は、近年来、一種の風潮となり、多くの学者は、自分が賛同しない観点に対して、「偽の命題」とレッテル張りすることになってしまっている。

　科学的には「偽の命題」は偽りの命題であり、その判断が客観事実にも、合理的予想にも符合しないものをいうのである。したがって、これらの不同意の意見に応じるには、経験研究を継続的に行い、より多くの根拠を提出することでなければならないし、さらに基礎的な問題から議論を行い、なぜ理論が必要なのかに回答することでなければならない。

　経済学者は、通常、理論の意義は抽象にあると認識し、複雑な現象を帰納・抽象し、一つの枠組みに収め、その現象の背後にある法則性をみいだす。換言すれば、このような抽象化によって、わざわざ地球の隅々に行かなくても、地

26）例えば、次の文献を参照されたい。刘福垣《人口红利是个伪命题》,《中国人力资源开发》2011年第6期。

理論と地図を利用して世界を把握できるということである。さらに、経済学者
は、理論によっていまだ発生していない事件を予測することを重視するので、
予測能力が強ければ強いほど、良い理論として評価される[27]。一歩退いていっ
ても、理論はやはり一連の特徴的な事実（stylized facts）あるいは経験に関連す
る概念であり、かつ特定の認識論と方法論とに関連しており、理論によって、
伝統的観念に束縛されずに、表面ないし仮象を通して物事の本質あるいは変化
の趨勢を認識することができるのである。

　人口ボーナスという概念は、まさにこうした意義において、その価値を有し
ており、経済発展の段階的変化を明確にし、周期性・構造性・偶発性の諸状況
をそれぞれ区別することに役立つのである。人口転換の過程は相対的に緩慢で
あり、長期的及び安定的な変数として現れるので、経済成長に影響する各種変
数のなかで最も予測しやすい変数である。この要素の変化の趨勢を把握するこ
とは、経済成長の法則的変化、及びそれが提起する挑戦とチャンスを認識する
ことに役立つのである。実際、人口ボーナスが消失したと判断される時、考慮
しなければならないことは、人口転換と経済発展の法則に則って、いかに「第
一次の人口ボーナス」を引き延ばし、「第二次の人口ボーナス」を発掘するか、
さらにまた、いかに二重経済の発展方式をより全要素生産性に依存する新古典
派の成長方式へと転換するかということである。

27）M. Friedman, The Methodology of Positive Economics, In Essays in Positive
　　Economics, Chicago: University of Chicago Press, 1953, pp. 3 -43.

第5章 「未富先老」（豊かになる前に高齢化する）

"老吾老，以及人之老，幼吾幼，以及人之幼，天下可運於掌"（【战国】《孟子・梁惠王上》）

「吾が老を老として、以て人の老に及ぼし、吾が幼を幼として、以て人の幼に及ぼさば、天下は掌に運らすべし」（【戦国】『孟子・梁惠王』）

　初期の人口学の教科書では、年齢構成による人口ピラミッド型の図解を用いて人口の特徴を表現する際、いつも発展途上国のそれと先進国のそれを比較して提示した。発展途上国の人口ピラミッドは典型的なピラミッド型を示しており、膨大な少年児童人口が底辺に位置し、年齢が高くなるにつれて、その構成はしだいに上方が狭まり、上段はとがったピラミッド型になる。これは比較的高い出生水準と若年層型人口構成を意味している。これとは対照的に、先進国の人口構成は、いよいよ逆ピラミッド型に近づいていくが、このことは比較的低い出生水準と高齢化を表現している。現在では、教科書の作者は、たんにさまざまな国のさまざまな時期の人口ピラミッドを描き出しているだけであるが、それだけで、鮮明な人口年齢構成の対比を知ることができる。これは動態的な観点からみれば、人口の高齢化過程でもある。

　中国の人口年齢構成の変化は、所得水準の不断の上昇過程において、人口もまた同時に高齢化するという一般的な法則を反映しているだけではなく、高齢化のスピードが所得水準の上昇スピードを上回っているという特殊性をも表現している。これまでの30余年間、中国は、経済成長及び所得水準の向上において、世界の奇跡を作り上げた。しかし、中国の人口転換はそれにもまして人類史上まれにみる歩調を示した。人口転換と1人当たり収入との間におけるある

種の欠陥は、「未富先老(豊かになる前に高齢化する)」といいうるものである。本章では、この人口転換の特徴をよりはっきりと指摘し、それに基づいて、高齢化という中国が持続可能な経済成長を保持していくうえでの特殊な挑戦について討論することにしよう。

5.1　早熟な人口の高齢化

　高齢化は人口転換と社会経済発展の必然的な結果である。というのは、第1に、前章において解説したように、高出生率から低出生率への人口転換にともない、高齢化は人口構造を反映する2つの逆U字型曲線として現れる。1つは、出生率であり、もう1つは、労働年齢人口の増加率であるが、この両者とも、上昇した後、しだいに下降していくという変化の軌跡である。これと同時に、労働年齢人口の増加率が下降するにつれて、高齢人口の増加率と比重がこれに対応して上昇し、人口の高齢化の傾向が形成されるからである。第2は、社会経済発展は平均寿命を引き上げていくが、それはたんに幼児死亡率及びその他の年齢層の死亡率を下降させるだけではなく、生活の質の改善によって人々が長生きできるようになったということを意味しており、高齢人口層の数と比重を増加させることになるからである。これもまた人口高齢化を推し進める重要な要因である。

　長期間にわたっての膨大な中国の人口とその増加は一貫して世界の関心事であった。国内外のウォッチャーたちは、これまで、中国の人口は16億を越すのではないかと非常に懸念していた。しかし、多くの人々が予測できなかったことは、中国が驚くほど急速な人口転換を経て、他のどの国よりも速いスピードで出生率が低落し、現在ではすでに世界でも出生率の低位な国家群のうちに入っているという現実であった。

　2017年の中国の人口は13.9億人であり、人々が予測した15億の最高値を超えることはなかった。国連の2017年の人口予測によれば、中国の人口はすでに14.1億人を超え、2029年には最高の14.4億人に達するとされる。平均寿命についても、1981年の67.8歳から2017年には76.7歳に延びるとされる。これと同時

に、高齢化は急速に進み、2010年には、65歳以上の人口が総人口の8.9％に達するとされる。慣例に従って、65歳以上の人口が総人口の7.0％を超えた場合を人口構造の高齢化と称するとしたら、中国はすでに1980年代の中頃に高齢化社会に突入していたということになる。

　国連の2017年の人口推計と予測からすれば、中国の高齢化の程度はきわめて高いことになる。これによれば、2010年の中国の65歳以上の総人口に占める比重は9.4％、2020年には、それが12.2％、2030年には17.1％、2040年には、23.8％、2050年には、26.3％の高きに達する。国際比較の状況をみてみると、1970年代から始まる出生率の大幅な減少とともに、少年児童人口の比重も急速に低下し、中国の高齢化のスピードは他の発展途上国の平均水準を追い越しはじめ、高齢化の程度もこれら発展途上国の平均水準を上回っていることを知りうる。図5-1によって、中国においては、2013年前後に中国の労働人口の増加が停止し、高齢化の程度はいっそう進展して、先進国の平均水準に追いつき追い越している状態を確認できる。

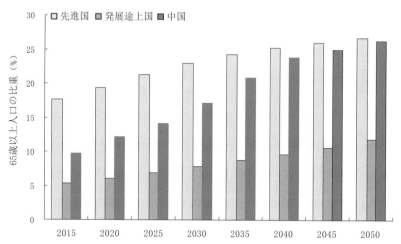

図5-1　国際比較国際比較からみた中国の高齢化の程度
注：先進国、発展途上国には、中国を含まない。
資料：United Nations, Department of Economic and Social Affairs, Population Division（2017）.
　　　World Population Prospects: The 2017 Revision, DVD Edition.

　いかなる基準を用いようとも、中国は発展途上国であることに変わりはない。例えば、世界銀行の分類によれば、現在の中国は、中等所得国の上位に位置する典型的な発展途上国である。こうしたことから、他の発展途上国と比べてみても高齢化の程度が突出して高いということは、中国の人口転換のある種の特殊性を表現しているが、これを「未富先老」と称することにする。一般的にいえば、高齢化の程度と 1 人当たりの所得水準とは直接的な関係がある。つまり、総体的にいえば、 1 人当たり所得が高い国家は高齢化の程度が高く、そうでない場合は高齢化の程度も低い。例えば、2015年の先進国の平均高齢化水準は17.6％であるが、中国を含む発展途上国の平均高齢化水準は5.4％であり、中国は9.7％である。

　先進国はいずれも高齢化による経済成長と養老保険制度に対する挑戦に直面しているが、各国における高齢化問題への対処には相違がある。とはいえ、総体的にいえば、これらの国々は、 1 人当たり所得がすでに比較的高い水準にあり、技術革新もまた最前方の水準に位置し、社会福祉制度も比較的完備していることから、生産性の向上による経済成長が依然として持続的であるので、これまで高齢化の危機に十分に対処することができた。他方、中国が労働年齢人口の減少や高齢化水準の上昇といったことに対応するうえで重要なことは、高度成長の勢いをいかに保持するかということにある。換言すれば、人口転換の過程は不可逆的なものであるので、たとえ計画出産政策が調整されようとも、高齢化の傾向は依然として継続され、すでに形成された「未富先老」の欠陥は、主要には、持続的な経済成長によって補填され、最終的に解決されるものであるということである。

　実際、図 5-1 によって、中国の「未富先老」の挑戦への対応のメカニズムを理解することができる。一面からみれば、2015年を例にとっていえば、中国は発展途上国として、その高齢化の程度は、他の発展途上国に比べてきわめて高いという特徴を有しており、「未富先老」である。しかし、他面からみれば、中国は、早ければ2022年に、遅くとも2030年までに、中所得国の段階を乗り越えることに成功し、高所得の先進国になりうると考えられる。そうしてみると、

中国のその段階における高齢化の程度は他の先進国のそれよりもなおも明らか
に低いとみなすことができる。つまり、中国は「未富先老」の特徴を改変しな
くとも、「未富」の特徴を改変したことになるともいえるのである。

5．2　人口ボーナスの延長（第二次人口ボーナス）

　中国の人口転換の結果の特殊性を概括して「未富先老」という以上、中国が
対応しなくてはならない高齢化問題は、他国と比べて、非常に多く、大きく、
尋常とはいえない挑戦であるということを意味する。こうした挑戦には、人口
ボーナスの早期の消失と人口ボーナスの延長（第二次人口ボーナス）が直面する
困難、それに養老資源の不足などがあるが、これをいくつかの分野に分けて考
察する。まずは「未富先老」と人口ボーナスとの関係から考察する。

　すでに前章で指摘したように、扶養人口比率は人口ボーナスの代理変数とみ
なすことができる。実際、人口高齢化には扶養人口比率が反映されている。中
国の扶養人口比率を依存人口（0〜14歳＋60歳以上）と労働年齢人口（15歳〜59
歳）との比率として、その変化の動向を日本・韓国・インドと比べて考察する
（図5-2参照）。これによって、別の観点から中国の「未富先老」という特徴を
示したい。

　初めに、先進国たる日本と韓国を比較する。日本の扶養人口比率は、1970年
に最低点にまで下降したが、この低い扶養人口比率は大体20年間持続され、
1990年代初期になって顕著に上昇しはじめた。中国との比較でいえば、日本の
人口転換は中国よりも大いに早いというだけではなく、人口ボーナスの消失し
た際にも、経済発展レベルは中国のその時期よりも大いに高いということにあ
る。注目すべきことは、日本は人口ボーナスの消失後に経済成長の停滞に落ち
込んだ典型的な例であるということである。しかし、日本の経済停滞は、世界
の最も富裕な国の一つになった後に発生したものであって、中国のような「未
富先老」という状況を形成しなかった。他方、すでに高所得国の列に並んだ韓
国であるが、扶養人口比率の下降は比較的早く始まった。下降過程の持続時間
は長く、かつ最低点の持続時間も長かった。中国と同じ2013年に始まったが、

その扶養人口比率の上昇は急速であった。

　次に、中国と日本・韓国の比較から、「ルイスの転換点」と人口ボーナス消失点との関係を論じる。日本の学者の研究によれば、日本が「ルイスの転換点」を経過した時期は、1960年代の初めとされる[1]。もし扶養人口比率の上昇が始まる年を人口ボーナス消失の転換点とすれば、日本がこの転換点に至るのは1990年であり、この 2 つの転換点の間には30年前後の間隔がある。他方、韓国の学者の研究によれば、韓国は1970年代の初めに「ルイスの転換点」を通過したとされる[2]。だが、扶養人口比率の上昇を標識とした場合、人口ボーナスの消失点は2010年前後になり、その間には40年近くの間隔がある。中国の場合、2004年を「ルイスの転換点」とすれば、2010年の扶養人口比率の上昇の年を人口ボーナスの消失点と考えると、その間にはわずか 6 年の間隔があるだけであ

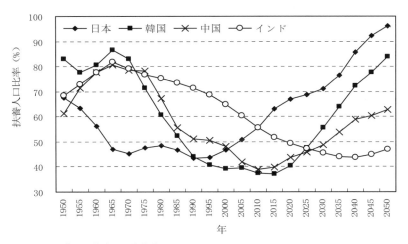

図 5-2　扶養人口比率の国際比較
資料：United Nations, 2009.

1 ）Ryoshin Minami, The Turning Point in the Japanese Economy, *The Quarterly Journal of Economics*, Vol. 82, No. 3 , 1968, pp. 380–402.

2 ）Moo-ki Bai, The Turning Point in the Korean Economy, *Developing Economics*, No. 2 , 1982, pp. 117–140.

る。

　なぜ中国の2つの転換点の間隔時間は、日本や韓国より短いのか。一般的には、中国は、改革開放以来、とりわけ21世紀初期のWTO加盟以来、農村余剰労働力の移動速度が1960年代の日本、1970年代の韓国と匹敵するからであるとされている。もとより、3国は、それぞれ自らの二重経済の発展過程において、成功裏に労働力の再配置を実現し、青木昌彦がいう「K段階」の任務を完成した[3]。とはいえ、中国の場合は、日・韓両国と比べて、農業余剰労働力の移動過程が大きく異なっていた。このことについては、次の2つの面から中国の特殊性として理解できる。

　1つは、1980年代初期の改革開放前まで、中国の工業化の過程は一貫して農業余剰労働力の移動をともなわなかったことである。人民公社・農産品の統一購買統一販売・戸籍制度という3頭立ての馬車によって、農村労働力は農業に束縛され、農業労働の限界生産力はきわめて低位に止められ、農業へ労働力を無限に提供するという典型的な特徴を創り上げた。1950年代末が中国の工業化の開始時期であり、80年代初期が農業における余剰労働力の移動の開始時期であるとすれば、労働力移動の開始は工業化よりも20年余も遅れたことになる。もう1つは、1980年代初期から全面的な改革開放が開始されたが、農村労働力の移動を妨げていた制度障碍は一気に消滅されなかったことである。長期的な漸進的改革を通して絶えず除去されてきたが、今日に至るも、戸籍制度を核心とする一連の制度要因は、依然として労働力の流動を妨げている。これらの制度的障碍の存在は、少なくとも、農業労働力の移動を10年にわたって延長させる効果を発揮するにちがいない。

3）青木昌彦は経済学者クズネッツ（Simon Kuznets）が命名した経済発展段階について、その構造変化が経済成長の主要な動力であることを明らかにした（なお、第6章注9を参照）。次の文献を参照。Masahiko Aoki, The Five-Phases of Economic Development and Institutional Evolution in China and Japan, in Aoki, Masahiko, Timur Kuran, and Gérard Roland（eds.）, Institutions and Comparative Economic Development, Basingstoke: Palgrave Macmillan, pp. 13–47.

　こうしたことと並んで、中国の人口転換の速度は、日本・韓国、並びに多く
の人口転換の速度が速いとされる東アジア諸国よりも、大いに上回っている。
データによれば、日本と韓国の2つの転換点の時間的間隔が、主に労働力移動
の速度あるいは需要要因によって決定されているとすれば、中国の場合は、多
くは人口転換の速度あるいは供給要因の影響を受けていることが示されている。
転換点に関するこうした特殊性は、中国の挑戦をさらに困難にしていることは
いうまでもない。

　日本・韓国・中国の「ルイスの転換点」における農業労働力の比率を検討す
れば、いっそう中国の「未富先老」という特徴がもたらす経済発展段階の特点
を認識することができる。産業構造の変化を経済成長の主たる推進力とする発
展段階（「K段階」）では、農業労働力の総労働力に占める比率は発展の成果を
みるうえで重要な標識となる。ところが、大まかな趨勢をみるにしても、労働
力の移動は、また各種要因の影響を受けるため、国家間には差異が生じるので
ある。

　図5-3にみるように、中国には特有の一連の制度的要因があるため、農業
余剰労働力の移動は妨げられ、「ルイスの転換点」における農業労働力の比率
は、明らかに日本の類似的発展段階の水準よりも高い水準にある。例えば、
1960年の日本のこの比率は30％であるが、国家統計局の数値によれば、2004年
の中国のこの比率は47％であった。調整済数値[4]でも、この比率は28％であり、
日本の水準を超えていた。他方、中国の人口転換の速度はより速いので、韓国
とは、同一期間に扶養人口比率の下降から上昇への転換を完成すると想定して
比較すると、中国の「ルイスの転換点」における農業労働力の比率は、韓国よ
りも明らかに下回っている。

　さらに進めて、経済発展レベルが中国よりも低いインドと比較してみる。イ
ンドの扶養人口比率が下降を始めた年は、他のアジア諸国とほぼ同じ頃である
が、下降速度は相対的に緩慢で、2040年前後になってようやく下降傾向から上

───────────
4）第2章の議論を参照。

昇に転換すると予想される。これ以前には、インドは長期に人口ボーナスの時期にあり、中国の人口ボーナスの期間よりも約25年も長い。こうしたことから、中国が人口ボーナスを消失したため労働集約型産業の比較優位がなくなった状況下では、インドが比較優位を引き継ぐ潜在的な国家である。実際は、インドだけが唯一のこうした類似国家ではない。ベトナムの他世界には多数の発展途上国がある。例えば、ゴールドマンサックスがいう「Next-11」などであるが、これら諸国のすべての関連産業は中国と競争関係にあるといえる。

　これまでの人口ボーナスの定義、すなわち労働年齢人口が持続的に増加し、その比率が不断に増大して、労働力の十分な供給と高貯蓄率を保障するという定義によれば、扶養人口比率は、2013年に降下を停止して上昇に転じるが、このことは人口ボーナスの消失を意味する。しかし、ある文献によれば、人口構造が高齢化の状況にある場合、個人及び家庭では、事前に備えておくというリスク意識に基づく新たな貯蓄動機から新たな貯蓄源泉が形成され、それが国内

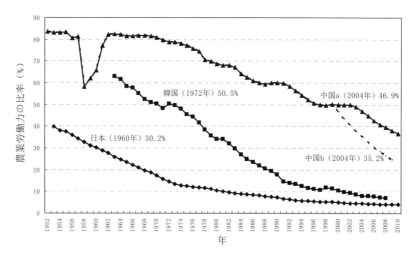

図 5 – 3　「ルイスの転換点」における農業労働力の比率（日・韓・中の比較）

資料：中国の数値は、《中国統計年鑑》（2011年）及び《新中国五十五年統計資料汇編》，中国統計出版社，2005年。日本の数値は、 Ryoshin Minami, The Turning Point in the Japanese Economy, Quarterly Journal of Economics, Vol. 82, No. 3, 1968, pp. 380–402, 及び日本の統計局のウェブサイト（http://www.stat.go.jp/）より収録。韓国の数値は、韓国の統計局のウェブサイト（http://kosis.kr/eng/database）より収録。

及び国際金融市場への投資によって収益を獲得するとされる。これは前述した意味での人口ボーナスと区別される「第二次の人口ボーナス」と称される[5]。これは、まちがいなく、重要かつ政策的含意を有する概念である。しかし、高齢化時代の蓄積動機という観点から考察するだけでは、経済成長を推進する効果という点からして、「第一次の人口ボーナス」に匹敵する「第二次の人口ボーナス」とするわけにはいかない。

　高齢化の原因を理解する際、通常、人口転換は、まず少年児童人口の減少段階、次いで労働年齢人口の減少段階に入り、こうして高齢人口の全人口に占める比率が高くなる事実に注目する必要がある。しかし、忘れてならないことは、寿命延長がもたらす平均寿命の向上の作用である。たとえ人口年齢構造における少年児童年齢層・労働年齢層・高齢層の各層で消長が生じなくとも、高齢者が長生きすれば、通常定義される高齢者の全人口に占める比率の指標を用いて、高齢化の程度が不断に向上していることを考察できる。健康で寿命が延長している条件下では、高齢者は貴重な人材資源であるというだけではなく、労働力の数量からも豊富な人的資本である。こうしたことから、「第二次の人口ボーナス」は労働力供給及び人的資本の蓄積という面から捉えることによってのみ、顕著な意義があるのである。

　さらに強調すべきことは、人口ボーナスの利用には、条件とりわけ制度条件が必要であるということである。すでに多くの文献に示されているように、発展途上国についていえば、先進国に追いつき追い越すためのカギは、先進国よりも速いスピードで成長を実現させて、同一化への統合という結果を収めることである。この統合は条件付き統合であり、物質的及び制度的条件を満足させさえすれば、発展途上国の潜在的要因は現実の経済成長の源泉になり、より速い経済成長を実現することができるということである[6]。中国の扶養人口比率

5) Ronald Lee and Andrew Mason, What Is the Demographic Dividend?, *Finance and Development*, Volume 43, Number 3, 2006.

6) X. X. Sala-i-Martin, The Classical Approach to Convergence Analysis, *The Economic Journal*, July, 1996, pp. 1019–1036.

の下降は、1960年代中期に始まったが、改革開放によって初めて「第一次の人口ボーナス」を利用する条件が創られた。定義に則していえば、人口ボーナスの延長条件の要求はいっそう高く、教育制度・就業制度・戸籍制度・養老保障制度といった改革、それに資本市場の育成など数多くある。

　実際のところ、人口ボーナスという概念は、経済学者が研究活動を行うなかで生み出されたもので、経済成長に付随する人口学の視角にほかならない。しかも、経済学上の意義からいえば、それは局部的な視角でしかない。例えば、経済学者が人口ボーナスを経済成長の一つの解釈変数（例えば、扶養人口比率の代理とする）として把握しようとしたとしても、実際には、資本投入・労働投入・人的資本の蓄積、及び全要素生産性といった変数もすべて人口要因に係わるものである。換言すれば、「第一次の人口ボーナス」は、経済成長が比較的多く依拠する投入された生産要素の一定期間における一種の作用にすぎないということである[7]。

　「第二次の人口ボーナス」についていえば、同様に生産要素の投入の量的拡張効果（例えば、経済成長の維持に必要な貯金率や労働力供給の効果、これは「第一次の人口ボーナス」の延長ともみなしうる）のほか、より重要な意義は、持続可能な経済成長の源泉の開発にあり、それは、人的資本の蓄積・技術進歩、及び体制改革を通して、ポスト人口ボーナス発展段階における全要素生産性の改善を実現するものであるということである。例えば、経済学者ジョン・ウォーリー（John Whalley）らの研究によれば、人的資本の中国の経済成長に対する貢献度は38％の高率に及び、そのうちの11.7ポイントは直接貢献度であり、26.3ポイントは全要素生産性の向上による間接貢献度であるとされている[8]。

　それぞれの国にとって、「第一次の人口ボーナス」は遅かれ早かれ来るのであり、その消失にも後先がある。多くの先進国の早期の発展においては、人口

7）第4章を参照。

8）Whalley, John and Xiliang Zhao, The Contribution of Human Capital to China's Economic Growth, *NBER Working Paper*, No.16592, 2010.

ボーナスの効果を顕著にみいだすことができない場合もある。中国では確かに人口ボーナスは経済成長に貢献した。しかし、他国と比べていえば、人口高齢化の到来とともに生じる特有の人口負債という問題はいまだ存在していない。「第一次の人口ボーナス」の消失と「第二次の人口ボーナス」の獲得の間に、経済成長の源泉の空白時期が現われないようにする必要があるだけである。「未富先老」という特徴は、確かに、2 つの人口ボーナスが良好につながった際に中国に生じた特殊な挑戦である。「第二次の人口ボーナス」が創造される条件を通して、また同時に、「第一次の人口ボーナス」の延長を通して、成長の源泉の空白の出現を防止できれば、さらに一歩進めて新しい成長の源泉を切り開くことができれば、中国は、人口高齢化の経済成長に対する負の影響を回避することができ、経済成長の持続可能性を保持することができるのである。

5.3　労働力の供給

　身体が健康で長寿であるという要因と人的資本の蓄積 (高卒並みの教育・研修) という要因を合わせて考えると、有効労働年齢は、予期の平均寿命の延長とともに当然拡大する。これが可能であるならば、実際の定年年齢を引き延ばすことで、労働年齢人口の規模を拡大し、労働参加率を向上させ、1 人当たり労働年齢人口が扶養する定年後の人数を減少させることができる。

　あるシミュレーション研究によれば、毎年、中国が労働参加率を 1 ポイント向上させると、2011〜2015 年の中国の GDP の潜在成長率は0.92ポイント、2016〜2020 年のそれは0.87ポイント上昇するという[9]。この他、図 5 − 4 にみるように、実際の定年年齢を55歳から60歳及び65歳にまで延長すれば、老年人口に対する扶養比率を減少させることができるという効果が得られる。2030年を例にすれば、実際の定年年齢を延長した場合、100人の20歳以上の労働年齢人口が扶養する老年人口は、55歳定年の場合の74.5人に、60歳定年の場合には

9)　陸暘《中国的潜在産出増長率及其預測》,(蔡昉主編《中国人口与労働問題報告 No.13—人口転変与中国経済再平衡》, 社会科学文献出版社, 2012年, 所収)。

49.1人に、65歳定年の場合には30.4人に減少することになる。

　ここで指摘しておかなければならないことは、法定定年年齢と実際の定年年齢とは異なるということである。法定定年年齢は既定であるが、実際の定年年齢は労働力市場の状況によって大きな隔たりが生じる。例えば、法定定年年齢はおおよそ男性60歳、女性50歳あるいは55歳であるが、就業圧力が比較的大きい時、とくに労働力市場が衝撃を受けた際、労働者の実際定年年齢はいつも法定定年年齢を下回ることになる。こうしたことから、まさに労働人口の時間は改変されるのであるから、高齢者に対する扶養能力は、実際の定年年齢であるということであり、法定定年年齢がいかに規定されようとも、これには直接関係がない。かりに法定定年年齢が改定され、労働力市場はその定年人口を十分に受け入れなければならないとしたら、それはこうした高齢の労働者から、就業か定年かを自ら選択する権利をはく奪することになり、彼らを厳しい脆弱な立場に陥れることを意味するのである。

　多くの先進国では、法定定年年齢を引き上げて、高齢化やそれがもたらす養老年金不足に対応しようとしている。例えば、多くの先進国（同時にまた高齢化の厳しい国家）は、年金受け取り年齢を引き上げている。2016年のOECD参加

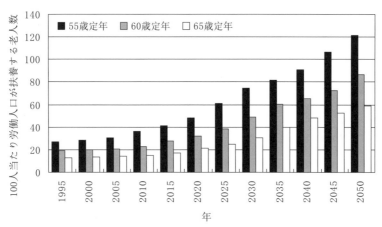

図 5-4　各種の実際定年年齢別扶養人口比率
資料：United Nations, 2010.

国の男性の平均年金取得年齢は64.3歳、女性は63.7歳である[10]。しかし、中国
の状況についていえば、先進国とは、以下に指摘するような大きな相違がある
ので、こうしたことをすぐさま採るべき選択肢とはいえない。

　その理由の１つは、種々の分野の労働者で、定年後の平均寿命が異なってい
ることである。平均寿命は、健康状況の総合的指標であり、総体として経済及
び社会の発展水準に影響されている。個別的には、種々の分野での収入・医
療・教育水準と密接に関係しているため、同じ定年年齢でも、種々の分野で定
年後の平均寿命は異なり、それ故、年金を受ける期間もそれぞれ異なる。例え
ば、全体的に収入レベルや医療レベルが比較的高いアメリカについていえば、
1997年の67歳の年齢層の65歳からの余命は17.7歳、女性は19.2歳であったが、
低収入層でみると、男性は11.3歳であった[11]。中国の場合には、平均寿命にお
ける格差はいっそう顕著であり、地域別の差異でも、2000年の上海の平均寿命
は79.0歳であったが、貴州はわずか65.5歳にすぎなかった[12]。分野別の、各年
齢層別の平均寿命は得られないが、中国はアメリカよりも所得格差が大きく[13]、
かつ社会保障の被覆率も低く、基本的公共サービスにもある程度の累退性
(徐々に悪くなっていく)が認められる[14]ので、合理的に判断すれば、定年人口
の平均寿命には大きな差異があるとしなければならない。

　もう１つの理由は、人的資本ということを主要な基準に計量した労働力総体

10) OECD, *Pensions at a Glance 2017: OECD and G20 Indicators*, Paris: OECD Publishing, 2017, p.92.

11) Christian Weller, Raising the Retirement Age: The Wrong Direction for Social Security, *Economic Policy Institute Briefing Paper*, September, 2000.

12) 首都経済貿易大学課題組《中国人口死亡水平与預期寿命研究》, 載国家人口発展戦略研究課題組《国家人口発展戦略研究報告》, 中国人口出版社, 2007年, 第524頁。

13) 例えば、2000年のアメリカのジニ係数は0.41であり、中国は0.45であった。次の文献を参照されたい。中国発展研究基金会《中国人類発展報告2005—追求公平的人類発展》, 中国対外翻訳出版公司, 2005年, 第13頁。

14) 朱玲《中国社会保障体系的公平性与可持続性研究》,《中国人口科学》, 2010年第5期, 第2-12頁。

　の特徴が異なるということである。中国では、現在、ほどなく定年を迎える労
働力総体は、過度期の、転換期の世代であるが、歴史的原因から、人的資本の
賦与能力については、労働力市場で不利な立場にある。定年年齢を延長して、
労働力供給を増加させようとしても、高年齢労働者の教育程度は若い年齢の労
働者よりも際立っているということはなく、彼らの経験を加味して、ようやく
労働力市場で競争力を持つという事態にある。先進国での通常のあり様はこう
ではない。例えば、アメリカの労働年齢人口のうち、20歳の労働者が受けた教
育年限は12.6年であるのに、かえって60歳の労働者の方がその期間は長く13.7
年である。現在の中国の労働年齢人口では、年を重ねれば重ねるほど、教育水
準が低くなる。例えば、20歳の労働者の受けた教育年限は 9 年、その後しだい
に下がって、60歳には 6 年になる。図 5 - 5 にみるように、アメリカとの格差
は20歳の時には29％しか低くないのに、60歳には56％も低いという事態になっ
ている。こうした条件の下では、定年年齢を一度延長したならば、高年齢層の
労働者は競争で不利な立場に陥ってしまうことは明らかである。

　欧米諸国では、労働力市場が追加の労働力供給を必要とすることから、法定
定年年齢を延長する。そのことが労働者により強いインセンティブを提供する

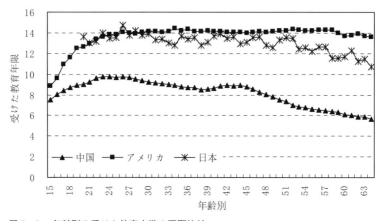

図 5 - 5　年齢別の受けた教育水準の国際比較
　資料：王广州，牛建林《我国教育总量结构现状，问题及发展预测》，蔡昉主编《中国人口与
　　劳动问题报告 No. 9 》，社会文献出版社，2009年.

ことになり、同時に、さまざまな分野の労働者がほぼ均等に養老年金支出を節
約するのに貢献することができる。これに対して、中国では、これと類似した
政策は労働者の選択の余地を縮小させることを意味するだけではなく、甚だし
い場合には、一部の高年齢の労働者は危うい境地、つまり仕事を失うだけでは
なく、一時的には年金さえもらえなくなるという境地に陥ってしまうとい
うことを意味する。「ルイスの転換点」の到来状況にあっては、労働力不足の
現象が絶えず発生し、就業総量の圧力も顕著に緩和してくるのに、労働力需給
の構造的矛盾が逆にいっそう厳しさを増し、労働者の技能や適応能力に関連す
る構造的失業及び摩擦的失業がいよいよ突出してくるのである。このことは、
当面の労働力市場の高年齢層労働者に対する需要が、「ルイスの転換点」の到
来とともに、増大していないということを表現している。こうしたことから、
脆弱な地位にある労働者にとってみれば、就業延長政策から受ける利益はあま
りないという結果は当然であるどころか、逆に寿命が短くなって、年金の取得
年限を減少させてしまうということになるのである。

　2005年の１％人口サンプル調査の数値に基づいて計算すれば、都市の労働年
齢人口の労働参加率は45歳頃から減少しはじめる。例えば、都市における労働
参加率は、35歳〜44歳の85.9％から45歳〜54歳の69.3％に下降し、さらに55歳
以上では23.1％にまで下降してしまう。年齢が高い労働者の労働参加率の減少
は、明らかに労働力市場における競争力不足の結果であるということ、すなわ
ち「気力をくじかれた労働者効果」の表現であることを意味している。

　このように、労働力総体の規模拡大と社会的な高齢者に対する扶養負担の減
少といったことに対しては、当面の定年間近な年齢人口について方策をめぐら
すべきではなく、次のような条件の創造が必要とされる。１つは、現有の労働
力供給の潜在力を掘り起すことである。例えば、農村労働力の移動の制度的障
害を取り除き、農民工の都市住民化を推進することである。いま１つは、当代
の若者を育成して、より十全な人的資本を有する労働者にすることであり、彼
らを産業構造の変化の要求に適応させるだけではなく、未来の仕事期間の延長
に対応できる能力を備えさせるのである。

5．4　貯蓄率の持続可能性

　労働年齢人口の増加が比較的速く、高齢化の程度がいまだ深刻な状況に至っていない場合には、扶養人口比率の低下傾向が現れ、社会的な経済余剰の貯蓄は有利に働き、比較的高い資本形成率を形成する。そのため、人口の高齢化は、経済成長の持続可能性にとって重大な挑戦である。というのも、扶養人口比率が下降した時期に形成された高貯蓄率を持続できなくなるからである。

　人口構造と貯蓄率の関係は、ライフサイクルを通して考察することができる。どんな人も労働年齢に入る前は、少年児童という扶養依存人口であり、労働年齢に入った後、就業を通して生産人口となり、年を経て労働力市場から退出し、通常、高齢者という扶養依存人口になる。こうしたことに相応して、就業を通して労働収入を獲得する期間は、主として20歳から60歳に集中するが、受けた教育期間によって延長され、労働力市場に入る期間は通常の労働年齢より4～5年遅れることもある（図5-6参照）。他方、労働収入があるかどうかにかかわらず、消費は一生続けられる。こうして、個人の労働収入と消費のライフサイクルの特徴が形成される。すなわち、消費は終身相対的に安定した状態に維

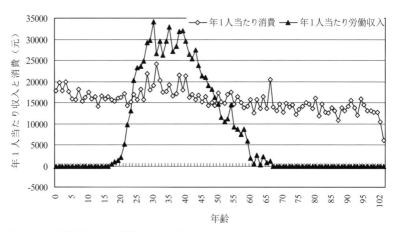

図5-6　労働者の収入と消費のライフサイクル
資料：中国社会科学院人口与劳动经济研究所《中国城市劳动力调查》, 2010年.

持されるが、労働収入は20歳近くに始まり、その後急速に上昇し、25歳～45歳の間は安定した高水準を保ち、以降、徐々に下降し、60歳以後になって消失する。

　このように、労働収入と消費が時間的に対応していないということから、個人・家庭、ひいては社会は、貯蓄を行わなければならない。そうすることで、時間的に不均衡な収入を終身不変な消費に充て、均衡化を図るのである。「第一次の人口ボーナス」の定義からすれば、労働年齢人口の規模が大きくなればなるほど、人口に占める比率が高くなればなるほど、その増加率が速くなればなるほど、潜在的な貯蓄能力はますます強くなり、他の条件が変わらないとすれば、高い貯蓄率が生み出される。1997～2009年の中国についていえば、図5－7にみるように、扶養人口比率が持続的に低下すると、貯蓄率すなわち資本形成とGDPの比率は、急速に上昇しているのである。高い貯蓄率をもたらす原因は他にもある。例えば、国民所得の個人・企業・国家間の分配において、過度に企業と国家に傾斜することなどであるが、しかし、究極的には、人口要因が貯蓄率を高位に維持させる客観的基礎であるといえる。

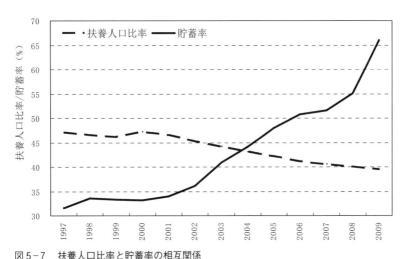

図5-7　扶養人口比率と貯蓄率の相互関係
資料：扶養人口比率はUN（2010）の数値より算出、貯蓄率は国家統計局の数値より算出。

　とはいえ、この論理的帰結からすれば、労働年齢人口の増加率が緩和、ひいては絶対的に下降し、高齢化水準がさらに高い段階に入ったとき、貯蓄率の低下が生じることになる。まさに予測されたように、中国では、扶養人口比率が2013年から下降しなくなり、続いて急速に上昇し、高齢化水準が顕著に上昇すると、この貯蓄に有利な人口条件は消失してしまった。現在、学術界及び政策界では、貯蓄率が高すぎたことを心配しているが、近いうちに、それは、高齢化社会にあって、いかに経済の持続的成長が必要とする貯蓄水準を維持するかという問題に転化するであろう。

　人口高齢化の条件の下では、人々の生産・消費・貯蓄といった行為は、老後のための「転ばぬ先のつえ」という心理が誘発する貯蓄動機に基づき、新たな期待の下に行われるものであるが、こうした動機は自然に高貯蓄率をもたらすとは限らず、制度の整備如何が重要なのである。例えば、家庭での養老方式は、その資源の世代間移転に依存するために、貯蓄に対するインセンティブ効果は現れない。同様に、公共養老計画における「賦課方式（中国語で「現収現付方式」といい、養老保険で、同一期間、仕事している者が掛け金を払い、すでに退職した者がそのうちから年金を受け取る制度）」も貯蓄インセンティブ効果をもたらさない。「積立方式（働いている時代に払い込んだ金を積み立て、老後にそれを受け取る制度）」の累積的な養老保険制度のみが高い貯蓄動機をもたらし、この積立金が資本市場に入りさえすれば、これが実際に資本形成の源泉へと転化する。しかし、こうした条件は、多くは比較的成熟した市場経済国家において、長期間の制度設計と模索過程を経て、ようやく整備されたものであり、「未富先老」の中国にとっては、いまだこれらの条件は整っておらず、これからの道のりは遠く、今後、次のような課題に応えていかなければならない。

　第1は、中国の養老方式は、依然、家庭に主に依存する方式にあるということである。「未富先老」の特徴の一つの表れとして、中国社会の養老保障体系は、いまだ健全とはいえず、参加率も被覆率（カバー率）も低く、高齢者の主な養老源泉は、労働収入・家族による扶養・退職年金という3種であるが、そのうち第2の家族による扶養の比率が高く、2009年の「人口変動サンプリング

調査資料」によると、それが34.4％に達している。そのうち、男性は22.2％、女性は46.4％である[15]。社会年金保険制度の被覆率からみると、都市の無職者や非正規就業者・農民工・農村住民が最も低位な被覆率の集団であるといえる。高齢化の水準でいうと、農村は明らかに都市より深刻であり、女性高齢者は男性高齢者よりも多い。そのため、都市から郷鎮、さらに郷鎮から農村に至ると、退職年金による扶養人口比率はしだいに減少しており、自己労働あるいは家族による扶養に依存する高齢者人口の割合はそれに相応して上昇している。また、女性高齢者の家族による扶養の比率は、男性高齢者のそれよりも高い。

　第2は、中国の基本的養老保険制度は「賦課方式」であるということである。中国において、基本的養老保険が計画資金と個人払込の二本柱方式を採用してから、この2つの保険料口座は長期的に混合管理され、大規模な未曾有の赤字が存在している。こうした状況下では、個人口座は計画基金からの支出でまかなわれ、「空口座」のまま運営された。2001年に至って、遼寧省が個人口座の納付改革を実行してから、ようやく基本養老保険基金に一定程度の累積額が形成されたのである。つまり、毎年の収支残額が蓄積されたのである。この改革は黒龍江省と吉林省へ拡大し、しだいにいくつかの省もこうした改革を試験的に実行するようになっていった。

　このような試験を行う省が増加し、基本的養老保険基金の収支残額あるいは個人口座の貯蓄は少しばかり拡大したが、納付率は漸次低下傾向を示しており、また他の多くの省はなお改革を実行していなかったことから、総累積額の水準はいまだ低位な状態に留まった（図5-8参照）。2010年までの収支残額の累積額は、1兆5365億元となり、10兆以上の個人口座の記帳登録数に比べると、個人口座の納付額はほんの取るに足らない額である。

　中国の養老保険制度のこうした「賦課方式」は、新しい貯蓄動機にも、貯蓄源泉にもなりえないだけではなく、「第二次の人口ボーナス」の出現を阻止し、

---

15)　国家統計局人口和就业统计司編《2009年中国人口》，中国统计出版社，2010年，第104-105页。

114

将来の養老危機をもたらすにちがいない。「賦課方式」は、労働年齢人口の大
きな規模、高い比率、低い扶養人口比率の基礎上に打ち立てられるのであり、
こうした条件が変化すれば、さらに高い労働生産性によって支えられなければ
ならず、さもなければ、この制度は持続不可となる。一般的には、平均寿命は
延び、出生率は低下するので、扶養人口と被扶養人口の比例は変化する。そう
なると、「賦課方式」は、次のような3種の調整、あるいはこの3種を組み合
わせたある種の方法によって、養老保険資金の不足問題を解決しなければなら
ないことになる。①税収の引き上げあるいは強制的納付水準の引き上げ、②養
老給付金の支払水準の引き下げ、③養老年金の受取年齢の引き上げ、である[16]。
こうしたことによって、大幅に社会的養老保険の被覆率が向上し、年金制度が
「賦課方式」から「積立方式」へ転換されれば、貯蓄率と関係する将来の経済
成長の持続可能性の問題を解決する必要的な制度条件が整備されることになる。
それだけではなく、個人口座の蓄積拡大も早まり、養老の負担問題を緩和する
のに有利になる。あるシミュレーション研究によれば、現行の「賦課方式」の

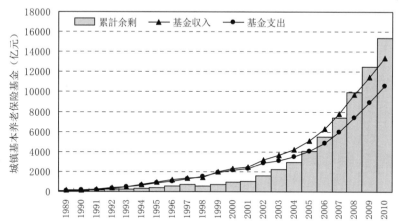

図5-8　都市における基本的養老保険基金の蓄積状況
資料：国際統計局：《中国統計年鑑2011》.

16) Adair Turner, Pension Challenges in an Aging World, *Finance and Development*, Vol.
   43, No. 3, 2006.

年金保障制度が完全に個人口座の「積立制度」に改変されれば、数年後には相当な数の定年退職者がこの「賦課方式」に頼らず、あるいはある程度まで頼らずに、養老生活を送ることができ、大幅に社会の養老負担率は軽減されることになるであろう[17]。

　第3は、中国では、いまだ資本市場が発展・成熟していないということである。資本市場の発展は速いが、中国の融資方式はいまなお間接融資を主としている。例えば、中国とアメリカの各種金融資産の比率を比較すると、このことが分かる[18]。2008年6月末までのGDPに占める銀行貯蓄の比率をみると、中国は166％、アメリカは65％、株式市場の時価比率では、中国は66％、アメリカは135％、社債の比率では、中国は50％、アメリカは216％である。中国の養老基金と生命保険会社の持ち株比率はわずか3％であるのに対して、アメリカは30％である。こうしたことに関する総合的な評価は『国際競争力レポート（2010〜2011）』のなかにもある。中国は、競争力指数のうちの「金融市場成熟度」項目において、世界ランキングのわずか57位でしかない[19]。

5.5　結び

　一般に議論されている人口ボーナス概念は、貯蓄率・資本収益・労働力供給・生産性等、経済成長にプラスの影響をもたらす条件としての豊かな生産性を有する人口年齢構造である。こうした概念からすれば、得られる簡単な推測判断は、人口の高齢化とともに、人口ボーナスは消失するということである。人口ボーナスが消失するという判断に賛成しない多くの学者や政策研究者は、実は、中国経済の成長の潜在力が使い果たされてしまうかもしれないという推

17)　蔡昉，孟昕《人口转变、体制转轨与养老保障模式的可持续性》,《比较》2004年第10辑。

18)　理查德・杰克逊，中嶋圭介，尼尔・豪《中国养老制度改革的长征—"银发中国"再探》, CSIS，2009年，第38-39页を参照。

19)　Xavier Sala-i-Martin et al., *The Global Competitiveness Report 2010—2011*, World Economic Forum, Geneva, Switzerland, 2010を参照。

断を受け入れたくなかったのである。

　著者のように、人口ボーナスの消失を警告する研究者とて、必ずしも悲観主義者であるわけではない。経済発展段階の法則を正しく認識しさえすれば、経済成長の持続可能な正確な方途をみつけ出すことができると考えている。新古典派成長理論の論理によれば、人口ボーナスが消失した後、これまで人口ボーナスに頼って成長の持続可能性を維持してきた国家は、新古典派の成長環境に入るや、経済成長を保持するには、いよいよ全要素生産性の向上に頼らなければならないことになる。例えば、アメリカ及びヨーロッパの諸国は、高所得水準にあり技術の最先端にいるのに、なお適当な経済成長率を維持できているのは、不断に全要素生産性を改善しているからなのである。これと対照的に、日本及びかの中所得段階において成長が減速している国家は、全要素生産性の状況がよくないため、経済成長が停滞に陥っているからなのである。

　「未富先老」の特徴は、一方では、中国の経済成長を「生産性向上駆動方式モデル」に転換させるという特別な挑戦を提起するとともに、他方では、現存する先進国との技術格差を利用して、また国内各地域における人口構造上の差異を利用して、人口ボーナスの潜在力を掘り起こし、経済成長を維持するという余地が中国に残されているということを意味している。挑戦に対応するにしても、チャンスをしっかりものにするにしても、いずれもそれに相関する制度的条件の創造が必要であり、そうして人口ボーナスを延期させることができるのである。

　労働力供給ということのうちには、実際上、人的資本の要因が含まれている。人口の高齢化過程においては、労働力市場に対する政策の実施を通して、労働年齢人口の規模を拡大させ、十分な労働力供給を維持することは可能である。しかし、労働者の質における顕著な向上がなければ、こうした人口ボーナスを実際のものとすることは困難である。教育を深化させるということが前提にあれば、人口年齢構造の変化は人的資本の蓄積に負の影響をもたらすことはない。むしろ逆に、人口構造の変化は教育の拡大と深化に有利な新たな条件を創造する。それが人的資本の面から創出された経済成長の新源泉たる「第二次の人口

ボーナス」とみなしうるものなのである。

　人口転換による年齢構造の変化は、基礎教育を受けた人口(すなわち年齢5歳
～14歳の児童人口)の規模及び総人口に占める比率の下降傾向として現れる。こ
の下降傾向に対応して、労働年齢人口が相対的に遅れて変化していく。つまり、
労働年齢人口は先ず上昇し、その後安定的に推移し、続いて下降するという予
期的変化を示す。この2組の年齢別人口の変化の関係は、結合して、労働年齢
人口が扶養する就学年齢人口は下降していくという傾向を生み出す。こうした
現象の経済的意義は次のようである。すなわち、教育資源の制約は、人口構造
の変化とともに顕著に緩和されることになるので、国家・家庭・社会はより多
くの資源を教育のさらなる拡大と深化のために用いることができるようになる
ということである。

　高齢化という条件下において、貯蓄動機、及び将来のために行う貯蓄額の保
持や増殖は、なお実行可能性があり、それが現実的なものになりうるかどうか
は、相応する制度条件、とりわけ養老保障制度の性質によって決定される[20]。
つまり、「賦課方式」の養老保障制度では、将来の被扶養人口は、自身の養老
資金の積立額に頼る必要がないため、貯蓄を行おうという動機が刺激されない。
そのため、完備した養老保険制度の構築が必要であり、そのことによって、養
老能力の持続可能性の問題を考慮するだけではなく、将来の貯蓄率の持続可能
性の問題にも着眼することになるのである。

---

20) Ronald Lee and Andrew Mason, op. cit.

第6章 「中所得の罠（わな）」

"不进则退，不喜则忧，不得则亡…"（【春秋】邓析《邓析子・无后篇》）
「進まずは退くこと、喜ばずは憂うこと、得ずは失うこと…」（【春秋】鄧析
『鄧析子・無後篇』）

　世界銀行が2007年に発表した東アジアに関する報告書『東アジアの復興（ル
ネッサンス）：経済成長の理念』は、初めて適確に「中所得の罠」の警告を発し
た。この報告に引用された文献によれば、「比較的富裕なあるいは比較的貧困
な国家に比べて、中所得の国家の成長は相対的に緩慢になるにちがいない」と
された[1]。これ以後、「中所得の罠」という概念が経済学界で討議されるよう
になり、ラテンアメリカやいくつかのアジア諸国の困窮を推論する際に用いら
れるようになり、また中国経済の将来を判断する際の一つの参考としてよく引
き合いに出されるようになった[2]。この概念は中国に対して適確であるという
ことが世人の注目を引くことになったのは、中国国務院の発展研究センターと

1）印德尔米特・吉尔，霍米・卡拉斯等《东亚复兴：关于经济增长的观点》中信出版社，
　　2008年，第5页。
2）例えば、王庆、章俊、Ernest Ho《2020年前的中国经济：增长减速不是会否发生，
　　而是如何发生》（《摩根士丹利・中国经济》，摩根士丹利研究部（亚洲／太平洋），
　　2009年9月20日）、Eichengreen, Barry, Donghyun Park, and Kwanho Shin, When
　　Fast Growing Economies Slow Down: International Evidence and Implications for
　　China, NBER Working Paper No. 16919, 2011、霍米・卡拉斯《中国向高收入国家转
　　型——避免中等收入陷阱的因应之道》（林重庚、迈克尔・斯宾塞编著《中国经济中
　　长期发展和转型：国际视角的思考与建议》中信出版社，2011年，第470-501页）な
　　どを参照。

世界銀行が協力して、中国が「中所得の罠」を乗り越える道を探究する研究を行ったからであった[3]。

　これと同時に、「中所得の罠」という概念を用いることに賛成しない研究者も多い。この概念を系統的に論じている文献はいまなお存在していないが、こうした観点に対して帰納法的に考察してみると、次のようないくつかの論点をみいだすことができる。第1は、この「罠」という用語は、人々に対して、容易に人を陥れる悪意のあるものと連想させてしまい、どうして経済が人を落とし穴に落とそうとするのかということから、こうした用語は相応しくないということである。第2は、既存の経済理論は、「貧困の罠」あるいは貧困の悪循環理論と同様に、論理的に「中所得の罠」に関連する現象を描き出すのに適合的であるとはとてもいえないということである。第3は、「中所得の罠」はその経験的事象に乏しいということである。21世紀に入ってからの10年間、中所得国家の成長実績は明らかに高所得国家及び低所得国家の状況を上回っているとも指摘されている。第4は、この概念の中国への適用性に疑義を持っているということである。「中所得の罠」という概念は、適確に中国の直面する挑戦を描き出しているのか、問題解決の道を探し出すことに役立つのか、ということである。

　ある概念ないし命題が一定の理論的枠組みにおいて、統計上とくに有意な経験的事象や特定の具体的なものの適切性を分析しえるのであれば、それを提起し、さらに研究と討論を深めていく価値はある。こうした理由から、本書は、「中所得の罠」という概念には肯定的な態度を持ち、研究をいっそう真摯に深めていこうとするものである。

　本章は、経済学とりわけ経済成長理論を再考して、まず「中所得の罠」が完全に既存の経済成長分析の枠組みのなかに取り込まれているだろうか、あるいは特有の理論的枠組みを形成する条件を備えているだろうか、ということを論

3）世界銀行，国務院発展研究中心《2030年的中国：建設現代化和諧有創造力的社会》，中国財政経済出版社，2013年を参照。

証しようと思う。次には、いくつかの「中所得の罠」に関する経験の研究と統計的根拠を紹介し、これに関する特徴的な事実を概括しようと思う。最後は、中国の経済発展段階の特徴と結びつけて、「中所得の罠」の概念の、中国の経済成長の持続的可能性に対して有する意義について討論しようと考えている。

6.1 経済理論の根拠

実際のところ「罠（わな）」という言葉は、経済学の伝統においては、高度に安定したバランスのとれた経済状態を指すのに使われていた。すなわち、比較的静態的で一般的に短期的な外部の力では変えることのできない均衡状態、換言すれば、生産要素のバランスのとれた配置状態を指していた。そうした状態は、1人当たり所得を高くする要素を必ず生み出すことを意味した。しかし、例えば、よい気候、よい商売状態、生産技術の優れた発明などは、一時的な所得増加をもたらすが、こうした要素はどれも持続性を持ちえず、伝統的な均衡状態を根本的に変えることができないものであって、最終的には、ほかの制約要素がこうした要素の作用を打ち消してしまい、一人当たり所得をもとのレベルに戻してしまうのである。

例えば、マルサス（Thomas Robert Malthus）の人口増加と経済発展の関係についての悲観的観点は、追随者によって「マルサスの罠」または「マルサスの均衡」として概念化され、1人当たり食物供給が増加すると、より高い出生率が誘発され、1人当たり食料供給量を再び以前の生存レベルに戻してしまうとされた。こうしたモデルがハロッド＝ドーマー成長モデルと結びつくと、ラグナー・ヌルクセ（Ragnar Nurkse）によって概念化された開発理論における発展を欠く国家に特有の「低水準均衡の罠」という現象となる[4]。

このほか、絶対的貧困状態の「均衡の罠」だけではなく、経済史学者はまた「ジョセフ・ニーダムの難問」に対して、中国の歴史発展を解釈しようとする

4）速水佑次郎《发展经济学‐从贫困到富裕》，社会科学文献出版社，2009，（速水佑次郎『開発経済学』創文社、1996年）。

「高水準均衡の罠」という仮説を提出した。この理論によると、ある経済が現有技術の応用において最先端に至り、使用できる伝統的生産要素を自由自在に完璧に配合できたとしたとしても、これらの利用可能な技術と生産要素は、結局のところ、有限なものであるから、生存に必要なものを超えるほどの生産水準を生み出す効果をもたらすことはできず、経済は比較的高度な資源配分の水準においてかろうじて生存を維持するにすぎない「均衡の罠」に陥ってしまうとされた[5]。

　このように、「均衡の罠」は開発経済学では長く使われてきた概念であり、特定の現実的意義と理論的な論理性を有しているが、それに止まらず、この概念はまた理論モデルから政策的含意を導き出す役割を担っている。「低水準均衡の罠」の仮説に基づいて、開発経済学では、「臨界最小努力」や「大躍進」などの理論的解釈とそれに関連する政策主張を形成してきた。すなわち、所得低下は資本蓄積の不足をもたらし、それが生産の停滞を引き起こし、そのため所得不足による貧困が生み出されるという悪循環が続くというものである。こうした条件下では、ある種の非均衡的開発戦略を実施して、関連領域で大規模な投資を行う以外、「貧困の罠」を突破する道はないということになる。

　また、例えば、セオドア・シュルツ（Theodore W. Schultz）は、発展途上国に普遍的に存在する伝統的農業をある種の均衡状態とみなし、貧困な小農は必ずしも効率的ではないといえないとし、彼らは特定の制限された条件の下で、現有の資源を最も有効的に配分できるとみなしたが、最終的には、伝統的な生産要素の構造が農業発展を制約してしまうとした。この分析を基礎にして、シュルツは新たな生産要素を導入することで均衡を打破し、伝統農業を改造する政策提言を行った[6]。

　しかし、上述の均衡状態の分析と関連する開発経済学の理論は、長期間、経

---

5 ）Daniel Little, *Microfoundations, Method and causation: On the Philosophy of the Social Sciences*, Transaction Publishers, 1998.

6 ）西奥多・舒尔茨《改造传统农业》商务印书馆，1999年。

済成長理論の主流と融合しなかった。実際、主流派の経済学者は、長期間、経済成長を取り入れた新古典派の分析と上述の仮説に基づいて作り上げられた伝統的な開発の事実とを分断したままにしていた。とはいえ、ハンセン（G. D. Hansen）とプレスコット（Edward C. Prescott）は、マルサスの均衡状態とソローの新古典派の状態との融合を試み、一つの統一した理論の枠組みで分析を行った[7]。彼らは、マルサスからソローに至るまでに過渡期の段階が存在することを観察し、この過渡期には、労働力の流動性を制約する障害を除去することがカギになるということを指摘した[8]。

　世界経済の発展が完全に同質のプロセスを経るものではなく、先発国と後発国という区別があるとすれば、両者の工業革命後のプロセスに大きな相違があることはいうまでもないことである。後発国の経済発展は非常に独特な特徴を有しているので、ハンセンとプレスコットが確定した過渡期の段階を経済発展の独自の特徴を持つ時期として観察することができる。実際、アーサー・ルイス（W. Arthur Lewis）のいう二重経済の発展段階（マルサスの「貧困の罠」からソローの新古典派の経済成長に至るまでの長期の一段階）がとりわけ発展途上国に広く存在する。この段階において、経済成長は「所得の上昇による人口増加が継続して所得水準を生存水準に後戻りさせる」という貧困の悪循環から抜け出し、近代的な経済成長部門は農業部門の余剰労働力を絶えず吸収し、伝統部門と近代部門の労働生産性は少しずつ接近して、経済発展はついに「ルイスの転換点」を迎える。その後、労働力は無限に供給されることがなくなり、新古典派的な経済成長の特色が絶えず増大するなかで、完全に「商業化」の時点を超えて、新古典派の経済成長段階に入る。さらに特徴的で識別しやすい発展段階の区分として、青木昌彦の東アジアの経済発展に対する段階区分がある。彼は、マルサスの「貧困の罠」の段階（M段階）、政府主導の工業化の段階（G段階）、

7）G. D. Hansen and E. Prescott, Malthus to Solow, *American Economic Review*, Vol.92 (4), 2002, pp. 1205-1217.

8）F. Hayashi and E. Prescott, The Depressing Effect of Agricultural Institutions on the Prewar Japanese Economy, *Journal of Political Economy*, 116, 2008, pp.573-632.

クズネッツ式の産業構造の変化と人口ボーナス取得の段階（K 段階）、人的資本に頼って生産性を向上させる段階（H 段階）、高齢化の挑戦を受け、人口構成が変化する段階（PD 段階）の 5 段階に分けた[9]。この青木の段階区分の論理によれば、 G 段階と K 段階は同じ発展段階の細分化であるので、発展モデルからみて、K 段階もルイスの発展段階といいうるし、むしろ「クズネッツ＝ルイス段階」とするほうがよいかもしれない[10]。

　上述の経済発展段階区分には一つの事実が含意されている。すなわち、どの段階も次の段階へと継続して転換していくものであり、乗り越えを示しているということである。言い換えると、「貧困の罠」を脱することは重要な乗り越えであり、中所得国から高所得国への過渡も同様に重要な乗り越えである。次の段階へ乗り越えて進むことが非常に難しく、ある経済がその段階に留まり、長期間次の段階へ進めず、かつ、この現象が統計的にもはっきりと現れ、しかもそのうちに重要な理論と政策的意義が含まれているとしたら、論理的には「中所得の罠」という概念は完全に成立しうる。

　経済成長の問題に関して、かつてグレゴリー・マンキュウ（N. Gregory Mankiw）は、経済成長の問題を考えはじめたら、もうほかのことを考えることは困難であると語ったことがある[11]。その問題の普遍性と難しさからいって、いかに「中所得の罠」を突破するかという知的な挑戦は、経済学者が心身を傾注するのに十分すぎるほどの課題である。実際、経済学者は、すでに観察された一連の特徴的な事実を一定の理論の雛形を作るのに役立たせ、「中所得の罠」

9) Masahiko Aoki, The Five-Phases of Economic Development and Institutional Evolution in China and Japan, in Aoki, Masahiko, Timur Kuran, and Gérard Roland (eds.), Institutions and Comparative Economic Development, Basingstoke: Palgrave Macmillan, pp. 13–47.

10) こうしたことに関して、蔡昉《理解中国経済発展的过去、现在和将来—基于一个贯通的增长理论框架》(《经济研究》2013年第11期，第 4 -16頁) を参照。

11) R. Barro and Sala-i-Martin, *Economic Growth*, New York: McGraw-Hill, Inc., 1995, の「序文」より再引用。

124

の概念化に用いている。

　エークハウト（Jan Eeckhout）らは、経済グローバル化前後の各国の経済成長を比較した際、グローバル化の時期には、1人当たりGDP別に配列した各国の長期的な成長率はU字型であることをみいだした。低所得国も高所得国もいずれも有意な成長を示しているが、中所得の状態にある国家の経済成長は緩慢であるということであった[12]。この研究による解釈は、豊かな国家の労働者は高い技術と技能を備えていて、グローバル化の進展とともに管理職的なポストがより速く増加するが、貧困な国家にはこうした技能的な優位はない。しかし、そこには逆に非熟練工の職を増やせるという優位がある。だが、中間状態の国家ではどちらの労働力についても優位は曖昧であった。ギャレット（Geoffrey Garrett）によれば、豊かな国家は技術進歩を加速させてますます豊かになり、最貧国は製造業の領域において経済成長を加速させるが、中間の国家はこのいずれにも加われず、さまようしかない[13]ということである。

　以上のことは、「中所得の罠」の一般的な理論的解釈を暗示している。すなわち、経済発展の比較的高い段階にある国家は、科学技術における革新の最先端にあり、資本と技術の集約型産業において比較優位に立ち、グローバル化のなかで顕著に利益を得る。経済発展が比較的低い段階の国家は、労働力が豊富でコストが低いため、労働集約型の産業において比較優位に立ち、いずれもグローバル化の受益者である。しかし、中所得国の段階にある国家は、両者について比較優位に立てず、グローバル化から得る利益は相対的に少ない。これを敷衍していえば、低所得国が自ら有する比較優位を失った後、直ちに高所得国だけが有する比較優位との間の中間状態に入ることになる。これは一種の「比較優位の真空」状態とみなしうるもので、中所得国が直面する困難な事態を理解する際の助けとなる。

---

12) Jan Eeckhout and Boyan Jovanovic, Occupational Choice and Development, *NBER Working Paper Series*, No.13686, 2007.

13) Geoffrey Garrett, Globalization's Missing Middle, *Foreign Affairs*, Vol. 83, No. 6 , pp. 84–96, 2004.

　このほか、経済成長は多くの条件あるいは要素に左右される。例えば、投資率・人的資本の蓄積・政府機能・インフラの状況・体制や政策環境などである[14]。1 人当たり GDP が低い初期段階では、こうした成長条件の改善は経済成長の収斂化を後押しする。しかし、こうした成長要素の蓄積あるいは改善は、同様に限界効率逓減の性質を有しており、「手に届くところにある果実」がすでに収穫された状況下において、経済成長を後押しする外生的動力が不足してくれば、全要素生産性を主要な駆動力とする内生的経済成長モデルに転換する以外、経済成長を実現することは困難にされるのである[15]。まさに世界銀行の報告が指摘するように、中所得国が高所得国となる過渡段階においては、これまでとは明確に異なる発展に対する思索と政策を採用するほかないのである[16]。

6.2　国際経験とその例証

　世界銀行の近年の分類基準により、市場為替レートに類似する「地図法」で計算すると、1 人当たり国民所得（GNI）が1005ドルを下回る国は低所得国、同じく1006～3975ドルは中低所得国、3976～12275ドルは中高所得国、12276ドルを超える国は高所得国に分類される。当然、この区分基準は変動する。似たような変動標準からみて、ある国が中所得国に分類された後、十分に長期的な経済成長を経験しても、なお中所得国を「卒業」して高所得国になることができない場合、これを「中所得の罠」に陥ったとみなされる。

14）R. Barro and Sala-i-Martin, op. cit.

15）特にアメリカのような発達した経済では、1970年代以降、「手に届くところにある果実」がすでに収穫されつくし、ある種の「技術停滞状態（technological plateau）」に陥り、経済成長は顕著に緩慢になってしまった。一定の経済発展の段階においては、いかなる経済も特別な努力を成さない限りその段階から抜け出すことはできないのである（Tyler Cowen, *The Great Stagnation: How America Ate All the Low-Hanging Fruit of Modern History, Got Sick, and Will (Eventually) Feel Better*, Dutton, 2011. P. 7）。

16）印德尓米特・吉尓，霍米・卡拉斯，前掲書を参照。

126

　石油輸出に完全に依存した豊かな産油国を度外視すれば、上記の基準で「中所得の罠」に陥らずに済んだのは、欧米の先進国を除くと、いまのところ日本・韓国・シンガポール・台湾・香港とマカオ地域に限られる。かつてヨーロッパ諸国と肩を並べる水準にあったラテンアメリカ諸国や、比較的早い時期に中所得国に仲間入りした一部のアジア諸国は、「高所得国クラブ」に入ることができないでいる。一部のラテンアメリカ諸国は、1人当たり GNI で一度は中所得国から高所得国に移行したが、結局は中所得国の水準に戻ってしまった。

　技術進歩・制度革新・資源動員能力の絶え間ない向上により、世界全体の生産増加の限界は絶えず拡大しているので、あくまでも相対的であって絶対的ではない1人当たり所得水準をもって分類すること、とりわけ「中所得の罠」の徘徊現象を考察することは、より説得力を持つといえよう。プレマ・チャンドラ・アトゥコララと胡永泰は、経済史学者マディソンの購買力平価算定法を用いて、各国の1人当たり GDP と、アメリカを100とした「キャッチアップ指数」（Catch-Up Index, CUI）を概算した[17]。この手法によって、彼らは「中所得の罠」の存在をある程度証明した。彼らは、CUI が55％より大きい国を高所得国、20〜55％を中所得国、20％以下を低所得国として、132ヵ国の比較を行い、1960年の中所得国に32ヵ国、2008年のそれを24ヵ国に分類した。この各国の変化を観察し、次の3点を明らかにした。第1に、中所得国の過半数は「中所得の罠」に陥る可能性があったこと、第2に、高・中・低所得国の区分間の移動が生じたなか、下位グループに転落する可能性が上位グループへ上昇する可能性よりも高かったこと、第3に、他のグループから中所得国への移動は、低所得国から上昇する国が高所得国から転落する国の2倍にも達したことである。

　また、いくつかの研究は動態的な角度から「中所得の罠」の形成を示してい

17）Prema-Chandra Athukorala and Wing Thye Woo, Malaysia in the Middle-Income Trap, paper prepared for the Asian Economic Panel Meeting at Columbia University, New York City, March 24-25, 2011.

る。例えば、各国のデータを帰納して指摘されたことは、中所得国の段階においては、どの国の経済成長も絶対的に持続することはないということであった。したがって、経済成長がどの段階において減速するかを研究すれば、「中所得の罠」という現象の存在も実証することができる。ノーベル経済学賞を受賞したマイケル・スペンスは、1950年代以降、25年以上の長期にわたって年率 7 ％以上の経済成長を達成した後発国は計13ヵ国あることを発見した。この13ヵ国は発展を続けるアジアとラテンアメリカ、そしてアフリカの国々であった。しかし、日本と「アジアの四小龍」（香港・韓国・シンガポール・台湾）以外は、高所得国に仲間入りする前に経済成長が減速し、現在も中所得国に留まっている[18]。

　他方、「中所得の罠」という概念は存在しないことを証明しようとした研究もある。スイス銀行のエコノミストアンダーソン（Jonathan Anderson）は、個人所得が8000〜10000ドルの中所得国と、1000〜3000ドルの低所得国をそれぞれ10ヵ国ずつ選び、両者の長期的な経済状況を比較した[19]。彼が明らかにしたことを概括していえば、次の 3 点であった。第 1 に、中所得国の成長は、1990〜2000年の間、徘徊あるいは停滞したが、2000年以降の10年間、順調に経済が発展した。第 2 に、低所得国は中所得国を超えるような経済発展を実現していない。第 3 に、両者の平均成長率はほぼ同じであった。こうしたことから、アンダーソンは「中所得の罠」は存在しないと結論づけた。しかし、この「中所得の罠」を否定する議論にはいくつかの疑問が生じる。

　第 1 に、アンダーソンが選定した 2 組の所得による国家分類は、我々の常識と一致しない。例えば、彼がいう中所得国には、元の計画経済の国家や石油資源に依存する中南米や中東の国家、さらには所得水準が比較的高い BRICS 諸国が含まれている。すなわち、実際為替レートに基づく 1 人当たり GDP が

18) 迈克尔・斯宾塞《下一次大趋同：多速世界经济增长的未来》，机械工业出版社，2011年，第38-39页。

19) Jonathan Anderson, Chart of the Day: Is there Really Such a Thing As a "Middle-Income Trap"? *UBS Investment Research, Emerging Economic Comment*, 21 July, 2011.

128

8000～10000ドルのアルゼンチン・ブラジル・レバノン・マレーシア・メキシコ・ルーマニア・ロシア・南アフリカ・トルコ・ベネズエラが含まれ、全体からいえば、以上の国々は中所得国のなかでも最上位に位置する。また、アンダーソンのいう低所得国のほぼすべては、すでに「中所得の罠」に陥っているか、またはそのリスクが高い国である。すなわち、実際為替レートで計算された1人当たりGDPが1000～3000ドルの国家は、ボリビア・エジプト・ガーナ・インド・インドネシア・ナイジェリア・フィリピン・スリランカ・シリア・ベトナムであるが、これらの国々は世界銀行が定義する低所得国とは明らかに異なる。

　第2に、「中所得の罠」は歴史的な概念であり、現在の経済状況と直接関連するものではない。21世紀以前に壁にぶつかっていた中所得国はただ「中所得の罠」を経験しただけではない。そのなかのいくつかの国々が過去のある時期非常によい経済状況をみせたからといって、「中所得の罠」を経験しなかったともいえないし、「中所得の罠」から抜け出すのに必要な成長モデルへの転換を実現したともいえない。また、中国経済の成長による大きな需要から利益を受け、過度に資源輸出に依存する産業発展の初期段階にある中所得国の上位の国々が十分な成長の持続可能性を保持して、長期間を経て高所得国になることができるかどうかを予測することは難しい。

　多くの研究は、グローバルな原材料需要の急拡大により、ラテンアメリカ諸国で「脱工業化」現象が生じていることを指摘している。例えば、この地域の一次産品の輸出増加率は、1990年代の2.6％から、2000年代は11.4％にまで拡大した。だが、同時期、中程度の技術水準の工業品の輸出増加率は16.3％から4.7％に、高技術水準の工業品の輸出増加率は35％から3.8％にまで縮小し[20]、これらの国家では、中・高技術水準の工業品の貿易において、巨額の赤字が生じた。こうした現象は、アンダーソンの列挙する中所得国の持続的な成長可能性に疑念を抱かせる。

---

20)《中国増长导致拉美"去工业化"》,《参考消息》2011年8月9日より再引用。

　改めて強調しておきたいことは、一時的に高所得国の列に連なった国でも、「中所得の罠」という非常に安定した均衡維持力が作用して、結局は中所得国の列に引き戻されてしまった事例が過去に少なからずあったということである。アルゼンチンを例に、この均衡維持力の作用を大まかに観察してみよう。世界銀行のデータによると、アルゼンチンは1997年に1人当たり GNI が8140ドルに達したが、その後、長期間、この97年水準を下回り、2004年の1人当たり GNI は1997年の44％にすぎなかった。その後、アルゼンチンは再び経済成長を加速し、2010年には過去最高の国民1人当たり GNI を実現した。

　第3に、「中所得の罠」というモデルは絶対的な収斂を仮定していないということでる。したがって、中所得国のなかで下位にある国の経済成長が上位の国を明らかに上回らないということは論理的には整合的であり、そのことが逆に「中所得の罠」の表現の一つなのである。早期の経済成長理論は、資本収益逓減の仮説から出発し、スタート地点で1人当たり所得水準の低い国家はより高い経済成長率を実現することができ、その結果、1人当たり所得水準は収斂すると予測した。しかし、その後の経験から、経済成長に影響する各種の変数に関連する条件の収斂が存在するだけで、絶対的な収斂は存在しないことが分かった。したがって、「中所得の罠」についての研究は、条件の収斂仮説から出発して、いかなる変数が経済成長に関連し、その因果関係がどれほど明確であるか、どのようにこれらの変数を改変することが経済成長に影響を与えるかを検討することになる。「中所得の罠」という概念が一般に用いられるのは、貧困からの脱出には低所得水準均衡の「罠」を打破する必要があるのと同じように、富裕国の行列に加わるには、中所得の「均衡の罠」から抜け出すという厳しい任務が立ちはだかっているのである。

　実際、中国の学術界及び政策研究の領域において「中所得の罠」が論議されるとき、多くの場合、いくつかのある特定の現象、すなわちいくつかのある典型国の事例に基づいて論議が行われている。例えば、「中所得の罠」は、常々、いわゆるラテンアメリカの「罠」と同義にみなされている。こうした論議は、「中所得の罠」に陥った結果についての論議に集中してしまい、いかなる原因

によってこうした国家が「中所得の罠」に陥ってしまったのかという論議を少なくさせている。とはいえ、上述した理論や経験の総括の上に、いま一度、「中所得の罠」によってもたらされた社会経済的な結果を検討してみることも、十分意義あることである。

　「中所得の罠」の国家としてよく引き合いに出されるのは、多くのラテンアメリカ諸国と一部の中東諸国とアジアの国々である。これらの国々に共通することは、比較的早くに中所得国の列に連なったが、長期間高所得国にはなれなかったことである。典型的な状況は、こうした国々では、経済成長が減速した後、所得の再分配が改善されず、場合によっては悪化することさえあり、経済成長が徘徊状態に陥っただけではなく、社会の発展についても人々に不満を抱かせ、甚だしい場合には社会矛盾が程度を超え、政治的な混乱が生じたこともあった。

　こうしたことを所得の再分配を例に考えてみよう。前述したアトゥコララと胡永泰による「キャッチアップ指数（CUI）」が最も低かった諸国を「中所得の罠」に陥った典型とみなすと、これらの国々の所得の再配分の状況には、目立った改善がみられないか、さらに悪化して世界で最も所得再配分が不均衡な状況にあるといえる。表6-1は、先進国への追いつきに失敗した典型的な国

表6-1　各国のキャッチアップ指数（CUI）の変化とジニ係数

	1960〜1984年		1984〜2008年	
	CUI の変化	ジニ係数	CUI の変化	ジニ係数
アルゼンチン	-12.17	43.8 (1981)	-1.64	45.8 (2009)
ブラジル	2.46	58.6 (1983)	-2.45	54.5 (2008)
チリ	-12.79	55.5 (1984)	17.39	52.3 (2009)
コロンビア	-1.03	50.8 (1988)	-0.71	58.5 (2006)
メキシコ	2.77	48.5 (1984)	-5.03	51.7 (2008)
ベネズエラ	-42.29	51.2 (1984)	-8.87	43.5 (2006)
フィリピン	-2.22	45.4 (1985)	-1.43	44.0 (2006)

資料：Prema-Chandra Athukorala and Wing Thye Woo, Malaysia in the Middle Income Trap, paper prepared for the Asian Economic Panel Meeting at Columbia University, New York City, March 24-25, 2011及び世界銀行の数値。

を選び、それぞれの1人当たりGDPをアメリカと比較し、ジニ係数の変化を示したものである。これから分かるように、これら国家の1人当たりGDPは、1960〜1984年と1984〜2008年を比べてみると、減少しているか（表6-1ではマイナス表示）、わずかしか増加していない。しかし、すべての国において、所得の不平等は著しく、ジニ係数は世界最高水準にある。

　所得の再分配が不平等なだけで、「人間開発指数（HDI: Human Development Index)」も大幅に低下している。例えば、ラテンアメリカ全体の2010年のHDIは0.704であったが、「不平等調整済み人間開発指数（IHDI)」は0.527まで落ちこむ。つまり所得再分配の不均衡によって、ラテンアメリカの「人間開発指数」は25.1ポイント押し下げられたのである[21]。分配する「パイ」を大きくできない状況下で、所得の再分配が悪化して人間開発指数が低下した場合、その国の社会や政治にどのような結果をもたらすかは想像に難くない。

　2010年のある会議で、著者が中所得国の段階をどのように乗り越えるかについて発言したところ、文化学者の甘陽氏が異論を唱えた。甘陽氏は、中国のように規模の大きな国がいわゆる高所得の先進国となることは不可能であり、「池を枯らして魚を捕る」という状況を避けるためにも、高所得国を目指すべきではないと主張し、中国が中所得国の水準に達した後は、社会全体で比較的公平な所得の再分配を行えば、誰もがそれなりの生活を営めるはずであると提議した[22]。しかし、「中所得の罠」に陥った各国の経験をこれまでふり返ってきたように、経済成長が停滞する条件下で所得の再分配を改善することは実際上不可能であり、「誰もがそれなりの生活を営む」ことはできないのである。

6.3　「中所得の罠」が中国に示す教訓

　2010年の中国の1人当たりGDPは4382ドルであり、多くの研究者が参照す

21）UNDP, *Human Development Report 2011, Sustainability and Equity: A Better Future for All*, Palgrave Macmillan, 2011, p.155.

22）余永定主編《中国的可持续発展：挑战与未来》，生活读书新知三联书店，2011，第43頁。

る経済史学者マディソンの購買力平価を基準にした計算によれば、中国経済は
ちょうど減速期にさしかかったことになる。同時に、中国の高齢化は他の発展
途上国より相当急速に進展している。生産年齢人口の増加は2013年前後に頭打
ちとなり、扶養人口比率は上昇し、社会全体の扶養負担は重くなる。経済成長
モデルの観点からすれば、中国は特定の経済発展段階にちょうどうまく嵌まり
込んでいる。2016年、中国の1人当たりGDPは8260ドルであり、なお世界銀
行が定義する中所得国の上位に連なっており、人口高齢化の速度はよりいっそ
う早まっている。

　ハンセンとプレスコットの分析枠組みを用い、マルサスの成長段階とソロー
の成長段階との間にルイスの二重経済の発展段階を置いてみると、中国経済は、
農業における余剰労働力の減少や労働力不足の普遍化と労働賃金の持続的な上
昇にともない、すでに「ルイスの転換点」を超えたことが分かる。中国は人口
ボーナスを使い果たし、ソローの新古典派経済学の成長モデルへの転換を始め
るであろう。しかし、この転換期において、二重経済の発展段階において高度
成長を支えた労働力供給と貯蓄率がともに重大な転換点を迎え、中国経済は中
所得国が直面する成長の持続性に関する難題に期せずして突きあたっている。

　すでに前章で検討した「未富先老（豊かになる前に高齢化する）」という特徴、
つまり比較的低い発展段階で人口構造に重大な変化が起きているということは、
中国が中所得国から高所得国の段階に入る際に直面する最も独特な挑戦である。
この挑戦の核心は、豊富な労働力資源という賦与能力の構造に変化が生じ、労
働集約型産業のコストが顕著に増大し、比較優位が徐々に失われはじめること
にある。しかし、中所得国であるがために、科学技術の革新・教育水準・労働
者の資質・資本市場の成熟度などの面で、依然として先進国から大きく遅れを
とっている。国際的な平均レベルにすら達していない分野も多い。この矛盾し
た現象こそが典型的な中所得国の難題なのである。

　一方では、労働コストの増大は、中国の労働集約型製造業の比較優位と国際
競争力を徐々に奪うであろう。ある企業調査によると、労働コストが20%上昇
すると、競争的な分野の業種では、労働コストが占める比率が異なることから、

利益水準をそれぞれ20〜65％押し下げるという[23]。このことから、労働集約型産業は必然的に中国の沿海部から移転することになる。一部は、労働コストが低い周辺の発展途上国であるインドやベトナムなどへ向かうし、また一部は、中国国内の中・西部地域に移動する。全国製造業企業のデータによると、労働集約型製造業全体の生産額に東部地域が占める割合は、2004年の88.9％から2008年には84.7％と、毎年平均して1ポイント以上下降した。

　他方では、中国は、経済・社会が国境を越えて発展するという模範として、多くの分野で世界の先進レベルに近づいているといえる。例えば、科学論文の発表量・GDPに占める研究開発費の比率・教育公共支出のGDPに占める比率・特許登録数等において、中国は、世界の最前線にあるか、巨大な進歩を遂げているか、いずれかであるといえるが、結局のところ、いまだ発展途上国であることに変わりはない。とくに産業間及び地域間の発展は不均衡で、都市と農村の格差は依然として大きく、それらを巨大な投資によって実際の技術革新能力に転嫁させるにも日時を要することであるし、技術・資本集約型産業において全面的な比較優位や国際競争力をつけるまでには、まだ長い道のりが必要とされる。こうしことについて、グローバル競争力の構成と人的資本の状況を例に説明してみよう。

　まず、技術革新能力についてであるが、中国の科学技術分野での追い上げはきわめて速いものの、先進国との距離は依然として大きい。例えば、『国際競争力報告（2010—2011年）』では、中国の競争力指数は世界27位にあるが、これはマクロ経済の安定性と市場規模などの高評価によるものであり、科学技術・教育水準・制度整備の面での順位は低い。例えば、「金融市場の成熟度」では57位、「高等教育と訓練」では60位、「技術力装備」では78位にまで下がる[24]。中国の競争力指数は、2017〜2018年においても、依然として世界の第27位にあ

---

23) 李慧勇，孟祥娟《劳动力成本上涨改变企业利润格局—劳动力成本与通胀，企业利润的比较研究》，《专题研究》（SWS Research），2010年7月1日。

24) Xavier Sala-i-Martin et al., *The Global Competitiveness Report 2010—2011*, World Economic Forum, Geneva, Switzerland, 2010.

り、構成要素にも何ら根本的な変化は生じていない[25]。

次に、人的資本の賦与能力についていえば、改革開放期、中国は9年制の義務教育の普及と高等教育の拡大に努力し、教育の発展に多くの成果を得た。労働力の人的資本の賦与能力の水準は、明らかに向上した。しかし、先進国との差異は依然として存在する。世界銀行の調査による「授与される教育期間指数」に基づけば、2015年の中国のそれはようやく世界の加重平均値を超えたにすぎない。中国が追いつき追い越す直接の相手国（すなわち2015年の1人当たりGDPが中国よりも高く、12400ドルまでの14ヶ国）と比較してみると、中国の授与教育期間は13.5年であるのに、これらの国の加重平均期間は14.9年であり、その差は1.4年である。教育期間向上の「法則」によれば、この差をなくすには、非常に長い時間が必要とされるという。例えば、2000〜2017年の間に中国が増加させた授与教育期間はわずか1.3年であり、近年には、その増加速度も明らかに緩慢化してきているのである。

中国が、労働集約型産業の比較優位が徐々に失われるなかで、技術・資本集約型産業の比較優位をいまなお獲得するまでに至っていないことは、「比較優位の真空状態」という難題に直面していることを意味する。このことは、中国は改革開放政策により経済のグローバル化に適応して高度経済成長の好機を得たが、さらなる改革と開放はより大きな困難に遭遇することになるということでもある。これらは中所得国が直面する典型的な挑戦である。したがって、「中所得の罠」という概念を提示し、その現象について研究を掘り下げることは、中国がこれに関連する経験と教訓を汲み取ることにおいて、重要な示唆的意義を持つのである。

6．4　結び

「中所得の罠」という概念は、経済学の分析枠組みにおいて解釈され、豊富

25）Klaus Schwab, *The Global Competitiveness Report 2017—2018*, World Economic Forum, Geneva, Switzerland, 2018.

かつ顕著な経済発展の経験によって検証されてきた。この概念は、中国経済の持続可能な発展にとっても非常に示唆に富んでいるため、学術界や政策決定者の関心を集めたことは有意義であった。図6-2は、高所得国への移行過程全体を示したものであり、これによって、「貧困の罠」と「中所得の罠」を克服し、継続して高水準の経済成長の安定した状態に転換するのに必要な任務を知ることができ、「中所得の罠」の経済発展に関する理論的解釈における位置及びそれに相応する政策の意義を理解しうるのである。

　経済発展の全過程において、最初に直面するのは「貧困の罠」という悪循環である。ここでは、1人当たり生産増加が人口増加によって直ちに相殺され、1人当たり所得水準は引き下げられる。生活水準は生存をぎりぎり維持する程度で、十分な貯蓄は形成されない。伝統的な意味での技術進歩はみられても、「貧困の罠」を突破しうる「臨界最小努力」には至らない。革新的技術と制度突破が発生して初めて、例えば、産業革命の成果が生かされ、市場規模が拡大され、新技術が利益を生み出すようになって初めて、そうした貧困の均衡状態は突破されるのである[26]。

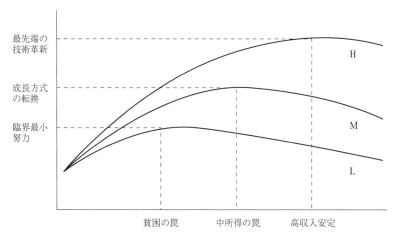

図6-2　経済成長の転換点と突破戦略

26) G. D. Hansen and E. Prescott, *op. cit.*, pp. 1205-1217.

　欧米からみれば、後発国である大多数の国々は、「貧困の罠」から抜け出すために、必ずしも自国の技術革新のみに頼ったわけではない。新しい技術の導入を妨げる制度的な障害を取り除きさえすれば、先行する国に学び、倣い、購入や投資の受け入れによって新技術を獲得できた[27]。その後の経済成長は、都市と農村の二重経済の発展モデルの枠組みの下で進行した。この時期、労働力の無限な供給という特徴が有益な生産要素を蓄積しただけではなく、人口ボーナスが貯蓄率の上昇に有利に働き、資本形成を加速させた。労働集約型産業への転換と都市化による経済構造の調整は、資源再配分の効果を生み出し、全要素生産性を押し上げた。このようにして、グローバル化の過程において、二重経済の発展モデルは高度経済成長を実現するための条件を備えていった。この過程が「ルイスの転換点」の到来と人口ボーナスの消失で終結すると、経済成長は「中所得の罠」のリスクに直面する。

　「ルイスの転換点」と人口ボーナスの消失がもたらす成長のボトルネックを克服し、「中所得の罠」を避けるのに不可欠な条件は、経済成長の駆動力（成長モデル）の転換である。つまり生産要素の投入と農業から非農業への転換という資源再分配効果に依存していたことから、全要素生産性に依存する労働生産性の向上を目指すことへ方向転換しなければならないのである。この方向転換が実現されれば、長期的な経済成長は技術革新を基礎とした持続可能性を備えることになる。こうした意味において、本章でとりあげた多くの理論モデルや政策提言は、中国がいかに「中所得の罠」に挑戦していくかについて、以下のような重要な教訓と示唆を与えている。

　第1は、全要素生産性の向上を維持することの切迫性である。ハンセンとプレスコットが提唱した新古典派のソロー成長モデルは、全要素生産性の向上が経済成長の持続可能性を保つ唯一の道であることを強調した。パレンテ（Stephen L. Parente）とプレスコットは、国家間における所得水準の差異は、結

27）保罗・罗默《全球化那些部分对追赶型增长是重要的》,《比较》第49辑, 中信出版社, 2010年。

局のところ、新技術の採用を促進するか阻害するかという制度要因が各国の全要素生産性に差を生じさせることに帰結すると証明した[28]。先に引用したアイケングリーンらの研究も、一般的には、全要素生産性の停滞が経済成長減速の原因の85％を説明できるとした。日本経済の停滞原因も、まさに政府が遅れた企業を保護したことで「ゾンビ企業」を横行させ、経済全体の全要素生産性の悪化を招いたことにあるされる[29]。

　第2は、教育や研修によって人的資源の蓄積を加速することの意義である。青木昌彦によれば、中国は、すでにクズネッツ・ルイス段階を経過し、人的資源の蓄積が中心となる「H段階」にさしかかっているという。日本、韓国が中所得国の段階を超えることに成功して高所得国となれたのは、この段階における転換に成功したからであるとしている。

　第3は、人的資本もまた全要素生産性を向上させる源泉であるということである。ルイス・クイーズ（Louis Kuijs）の研究によると、1978年から2009年の中国の全要素生産性は年率3.0〜3.5％の伸びを示し、このうち人的資本の改善による向上は0.5ポイントであった[30]。また、中国の経済成長の要因について分析した別の研究では、人的資本の向上は、部分的に全要素生産性の成長鈍化を相殺する効果があったとされる[31]。

　第4は、体制改革の深化と政府機能の転換についての任務は非常に困難であるということである。ホミ・カラス（Homi Kharas）によれば、中所得国から高所得国への過渡期に避けられない制度変革として、資本市場の発展・高等教育

28) 斯蒂芬・L.帕伦特，爱德华・C.普雷斯科特《通向富裕的屏障》，中国人民大学出版社，2010年。

29) Fumio Hayashi and Edward C. Prescott, The 1990s in Japan: A Lost Decade. *Review of Economic Dynamics*, Volume 5, Issue 1, 2002, pp. 206–235.

30) Louis Kuijs, China Through 2020 – a Macroeconomic Scenario. *World Bank China Research Working Paper*, No. 9, 2010.

31) John Whalley and Xiliang Zhao, The Contribution of Human Capital to China's Economic Growth. *NBER Working Paper*, No.16592, 2010.

の変革と発展の加速・都市管理の改善・居住に適した都市建設と集住効果の形成・有効な法治・分権と反腐敗対策などがあるとしている。さらにカラスは、こうした分野の改革で効果が現れるのは少なくとも10年はかかると指摘した[32]。1990年以降の日本経済の停滞という教訓は、政府機能が正常な状態を喪失していること、とりわけそれが創造的破壊のメカニズムを創り上げていないことを教えており、日本経済はこのために競争を通して最も効率よい企業を選び出すことができず、最終的には経済全体の全要素生産性の停滞をもたらしている。

32) 霍米・卡拉斯《中国向高収入国家转型—避免中等収入陷阱的因应之道》(林重庚、迈克尔・斯宾塞编著《中国经济中长期发展和转型：国际视角的思考与建议》，中信出版社，2011年)，第470–501页)。

第7章　全要素生産性

" 不塞不流，不止不行 " （【唐】韩愈《原道》）

「塞がずんば流れず、止めずんば行われず」（【唐】韓愈『原道』）

「ルイスの転換点」を経過し、人口ボーナスの消失といった状況に直面した中国では、部門間の労働力移動による資源再配置効果を獲得することも、労働力の無限な供給によって安定的に資本収益の効果を得ることも、しだいにできなくなっていった。理論的にいえば、中国の活路は、当然、経済成長を全要素生産性とりわけ技術進歩等に関連する生産性に依存する基礎上に転換させることにあった。だが、他の国家の相応する発展段階においては、次のような問題が生じていた。すなわち、比較優位の変化に直面した際、その政府が容易に対応しようとした試みは、経済活動に比較的深く介入して、資本の対労働比を向上させて労働生産性の向上に期待することであった。しかし、こうした政府の努力は、往々にして資本収益逓減の法則の報復を受け、他の政策を失敗に導いていた。

　本章では、人口ボーナスの消失後の資本収益逓減の現象を防止する方途を検討しようと思う。中国が直面している挑戦と参考にすべき国際経験を分析し、新古典派の成長段階に転換する際の任務、すなわち政策調整を通した、国内版雁行型発展モデル、創造的破壊の政策環境の形成、効率的な資源再配置の獲得、及び技術進歩と体制改善による高効率の獲得等について考察する。これらによって、中国の経済成長は全要素生産性に支持されるモデルへの転換を実現するのである。

7.1 　資本収益逓減の法則

　ハンセンとプレスコットは、マルサス成長と新古典派成長を1つのモデルに統一して、新古典派成長理論の単一的な経済モデルとその仮説を打破し、同時に、マルサス成長モデルには、土地要素が重要な役割をなしていることを承認し、新古典派モデルではこの要素が捨象されているとした[1]。しかし、この2つの成長モデルの、時間的に継起的であり、空間的に並存的であるという分析には、青木昌彦が概括した中間形態の発展段階が含まれないため[2]、東アジア経済の発展モデルにおける人口ボーナスの特殊な役割を無視することになった。こうしたことから、中国のような典型的な二重経済の発展モデルを解釈する際には、明らかに辻褄が合わないことになってしまった。この点に関していえば、経済学者の東アジアモデルをめぐって展開された論争こそがその典型的な事例であった。

　世界銀行は、1993年の「東アジア報告（『東アジアの奇跡―経済成長と政府の役割』）」において、初めて「東アジアの奇跡」を表明したが、その後、経済学者たちは、「アジアの四小龍」に代表される東アジア経済の成長モデルをめぐって論争を始めた。それぞれの観点が依拠する経験的例証は、主に東アジア各国の全要素生産性に対する推計結果であった。例えば、劉遵義とアルウィン・ヤングの定量研究に基づき、ポール・クルーグマン（Paul Robin Krugman）は、東アジア諸国と地域の経済成長は、旧ソ連の計画経済期の成長モデルと同一であり、主に資本蓄積と労働力の投入に依拠しており、生産性の進歩に欠いていると指摘した。具体的には、全要素生産性の成長は緩慢であり、そのため、最終的には収益逓減に遭遇して、持続性は早晩頭打ちにならざるをえないとした[3]。

---

1 ）G. D. Hansen and E. Prescott, Malthus to Solow, *American Economic Review*, Vol.92 (4), 2002, pp. 1205-1217.

2 ）第6章注9を参照。

3 ）Paul Krugman, The Myth of Asia's Miracle, *Foreign Affairs*, November/December, 1994.

　すべての経験結果がクルーグマンを代表とするこうした観点を支持している
わけではない。1990年代中期の関連研究が明らかにしたように、「アジアの四
小龍」及び他の東アジア諸国の全要素生産性の推計結果には大きな差異があり、
甚だしい場合には対立的なものさえあった。例えば、アルウィン・ヤングの推
計[4] によれば、1970〜1985年のシンガポールの全要素生産性の平均成長率は
0.1％とされたが、マーティ（C. Marti）の1970〜1990年の全要素生産性の平均
成長率の推計[5] は1.45％であった。こうした経験研究に依拠して得られる政策
評価には大きな差異が生じることから、一部の研究者は、この計算を通して得
られた全要素生産性、及びこれに依拠して東アジア成長モデルが成功か失敗か
を評価する研究方法に対して、疑念を抱きはじめ、現実の経済成長の解釈に対
するいくつかの誤りの出発点を変える必要があると考えた[6]。

　東アジアモデルは持続しないというクルーグマンの予言は、ついに実現され
なかった。逆に「アジアの四小龍」はいずれも高所得国の行列に入っていった
が、それだけではなく、中所得国の段階を成功裏に乗り越えた模範であった。
それなのに、なぜ理論予測の誤りが生じたのか。その原因の 1 つは、クルーグ
マンたちの学者が人口ボーナスの役割に注意を払わず、ただ西洋国家の労働力
不足や資本収益逓減などといった仮説に基づいて判断したからである。このた
め、新古典派の考え方に慣れてしまった経済学者にとって、以下の事実につい
て、予測することも、また解釈することも難しかったのである。すなわち、こ
れら国家及び地域における急速な人口の変化が労働年齢人口比率を引き上げ、
扶養人口比率を引き下げて、人口ボーナスをもたらしたという事実、また、一
方では、労働力の部門間移転が資源再配置の効率を向上させるとともに、他方

4 ）Alwyn Young, Lessons from the NICs: A Contrarian View, *European Economic Review,*
　　Vol. 38, 1994, pp. 964–973.

5 ）C. Marti, Is There an East Asian Miracle? *Union Bank of Switzerland Economic
　　Research Working Paper*, October 1996, Zurich.

6 ）Jesus Felipe, Total Factor Productivity Growth in East Asia: A Critical Survey, *EDRC
　　Report Series*, No. 65, 1997, Asian Development Bank, Manila, Philippines.

142

では、技術進歩（革新）による比較的大きな利益が得られるまで、労働力の無限な供給が資本収益逓減という現象の発生を抑えて、高度成長を比較的長い時間維持させたという事実である。

　この論争の後すぐに、人口ボーナスが東アジア経済の成長に貢献しているとする研究[7] が現われ、これがうまい具合に、伝統的な新古典派成長論の拡大に有利に作用し、より説得力のある解釈を提供することになった。この他、計量技術とデータの改善から、次のことがより明白になった。すなわち、東アジア国家及び地域は、高投資のみならず多くの技術進歩を実現し、さらに外向型経済の発展を通して、輸入設備や外資を導入し、より効率のよい技術や管理を獲得して、全要素生産性の増加率を引き上げていくという傾向を顕著にし、その経済成長に対する貢献度をいよいよ上昇させていったということである。

　だが、同じ論理に従えば、人口ボーナスの消失後、労働力不足と賃金上昇の現象が一般化してくると、資本と労働要素を継続的に投入する方法では、経済成長を推進することができなくなり、一途に資本の対労働比を高める方法を用いて、労働生産性を改善しようとするが、それは資本収益逓減という困難に突き当たる。この時には、全要素生産性を駆動力とする軌道に経済成長を転換させることができなければ、成長の減速や停滞から、「中等所得の罠」あるいは（日本のような）「高所得の罠」に陥るのを避けられないのである。

　いつの時代の経済学者にとっても、長期に保持されてきた課題の一つは、経済成長の持続可能な源泉を探究することであった。二重経済の発展時期についていえば、この時期の最大の特徴は人口ボーナスの役割にある。労働力が無限に供与されるという特徴は、資本収益逓減現象の発生を引き延ばすことであるが、人口ボーナスには限度があり、人口構成の変化とともにその効果は必然的

7) 例えば、次のような研究がある。David Bloom and Jeffrey Williamson, Demographic Transitions and Economic Miracles in Emerging Asia, *NBER Working Paper Series*, Working Paper No. 6268, 1997; Jeffrey Williamson, Growth Distribution and Demography: Some Lessons from History, *NBER Working Paper Series*, Working Paper No. 6244, 1997.

に消失する。結局、労働生産性を不断に向上させることこそが、持続的経済成長を長期に維持する源泉ということになる。資本の対労働比の向上は、労働生産性を向上させる手段の一つである。物的資本の投入は労働力の投入よりも速く、企業と産業の資本の有機的構成は高められ、通常、労働生産性の向上に有利に作用する。実際、このことは、労働力コストの上昇につれて、企業がさらに多くの機械を購入して労働者に代替させていることに表現されている。しかし、資本の対労働比の向上にも限度があり、資本収益逓減の現象という困難に遭遇することになる。資本収益逓減現象とは、労働者の質と技術レベルが不変であるのに設備が増加され、人間と機械との調和度が低下し、生産過程の効率がかえって下降することを意味する。新たな機械や設備には新技術も含まれているが、ここで重要な作用をなすのは、あくまでも資本集約度の向上であって、技術の進歩ではないということである。

　近年来、資本収益逓減の現象が発生するにつれて、中国の労働生産性を増進する要因に顕著な構造的変化が生じている。世界銀行の経済学者の推計[8] によれば、全要素生産性の労働生産性の向上に対する貢献度は、1978～1994年の46.9％から、2005～2009年の31.8％に大幅に低落し、さらに2010～2015年には28.0％に低下すると予想された。同時に、労働生産性の向上は、多くは投資が誘引する資本の対労働比の上昇に依拠するとして、上述の時期の労働生産性に対する資本の対労働比上昇の貢献度を算出し、それは1978～1994年の45.3％から2005～2009年の64.7％に増大し、さらに2010～2015年には65.9％に増大すると予測した。だが、単純に供給側の経済成長の源泉である物的資本の投資に依拠するだけでは、明らかに持続的成長は維持できないのである。

　全要素生産性の向上は労働生産性を上昇させる根本的方途である。全要素生産性の向上とは、各種要素の投入水準が既定という条件下において、各種要素の使用効率の増大を通して、超過の生産効率を達成することである。統計上か

---

8 ）Louis Kuijs, China Through 2020- A Macroeconomic Scenario, *World Bank China Research Working Paper*, No. 9 , 2010, World Bank, Washington, DC.

らいえば、全要素生産性は、主として資源が生産性の低い部門から高い部門に流れることによって達成される資源再配置の効率と技術進歩によって実現されるミクロレベルでの生産効率の残差として算出される。この労働生産性を向上させる源泉が資本収益逓減という不利な影響を帳消しにできれば、それこそまさに、全要素生産性は長期に成長の持続可能性を維持する、経済成長を長期間衰えさせないエンジンである。

　中国が全要素生産性を改善する「奥義」は、この両者の効率の持続的改善をいかに維持するかを理解し、経済成長に対するその貢献度を高めることである。総じていえば、これまで中国経済の成長のうちに現れていた全要素生産性の主要な構成部分は、労働力が農業から非農業に移動して創出した人口ボーナスの具体的表現としての資源再配置の効率であった。中国の特殊な国情及び経済発展段階の転換という特徴からすれば、将来の経済成長は、新たな全要素生産性の源泉、すなわち部門内部あるいは企業内部における資源再配置及び技術革新による生産性向上の源泉を開発するだけではなく、引き続きできる限り全要素生産性の伝統的な潜在力を掘り起こすことも必要とされるのである。

7.2　国内版の雁行型発展モデル

　資源再配置の効率は産業構造の調整ないし高度化によって獲得される。例えば、労働力と他の要素を生産性の低い産業から生産性の高い産業へ移動させることであるが、これは部門間における資源再配置の典型である。その他、部門内における資源再配置の効率もあり、これは主に生産性の最も高い企業を拡大させるということであり、高効率の企業の規模拡大は、成長をさらに加速する。通常いわれる人口ボーナスの貢献は、計量経済学上の意義からいえば、そのうちの一部である。このため、いうまでもなく、人口扶養率が最低点に達し、人口ボーナスも消失していくにつれて、労働力移動の速度も大幅に減退し、資源再配置の全要素生産性に対する貢献度も低下していった。こうしたことに対応して、ミクロレベルでの生産効率の貢献度を上げなければならなかった。そうではなければ、経済成長の持続を維持できなくなるからである。

　中国においては、高度経済成長期、資源再配置の経済成長に対する貢献は顕著であった。この資源再配置の効率は、一概に全要素生産性の向上を継続して推進する役割や潜在力を喪失してしまったとはいえない。表面的にみれば、確かに、「ルイスの転換点」と人口ボーナスの消失に関係する「民工荒（農村から都市への出稼ぎ労働者の不足）」現象の出現、及び非熟練労働者の急速な賃金上昇は、中国における労働集約型産業の比較優位の終結を予示していた。その必然的結果として、第 1 に、雁行型発展モデルに則って労働集約型産業は労働力コストのさらに低い発展途上国に移転され、第 2 に、余剰労働力の減少から労働力移動速度が減退し、資源再配置の効率の源泉は徐々に枯渇していくとされた。しかし、こうした結論は、中国の特殊性に対する十分な理解がないことから得られたものであり、実際、相当長い期間を経ても、少なくても現実的なものとはならなかったのである。

　中国の労働集約型産業が他国へ移転するとする説の根拠は雁行型発展モデルにある。このモデルの形成と完成までにいくつか段階を経てきた。主に赤松、大来、ヴァーノン・W・ラタン（Vernon W. Ruttan）、小島らの貢献によって、すでに産業の国家間移転に関する比較的完備した理論解釈ができあがっている[9]。このモデルは、最初、後発経済国としての日本がいかに比較優位の変化を利用して「輸入-輸入代替-輸出」といった完璧な追いつき追い越し過程を完成したかを描いたものであり、その後、この理論は、広く東アジア経済の発展モデルを理解・解釈するのに用いられた。すなわち、日本が雁行型の先頭に立ち、その後に労働集約型産業の比較優位の順に随って「アジアの四小龍」、ASEANそして中国沿岸部の各省が連なるというものであった。

　さらに、この雁行型モデルの拡張版では、次のことが含意されていた。第 1は、異なる国家及び地域の比較優位の相対変化に基づいて、産業は国家及び地

---

9 ）この雁行型発展モデル成立の経緯、歴史実態の分析・運用などに関して、次の文献
　　を参考されたい。Kiyoshi Kojima, The "Flying Geese" Model of Asian Economic
　　Development: Origin, Theoretical Extensions, and Regional Policy Implications,
　　Journal of Asian Economics, Vol. 11, 2000, pp. 375-401.

146

域の間を移転するという本来の意味をなお留めていること、第2は、雁行型に基づく産業移転は、製品のライフサイクルに関連する特徴によって決定され、そのため比較優位の変化との関連が隠れてしまっていること、第3は、解釈の範囲は対外直接投資モデルにまで拡大され、対外投資活動も同様な論理によって国家及び地域間において行われるとされていること、第4は、国家及び地域の発展段階・資源賦与・歴史遺産等といった大きな差異が雁行型発展モデルにおける産業の相互継起に関係するキーポイントであると認識されていることである。

　この理論と経験によると、労働力コストが持続的に上昇する状況下にある中国の労働集約型産業が他国に移転することは、論理的であり、事実、すでになされている。しかし、中国の巨大な経済規模と国土面積、及び国内各地域間における発展水準や資源賦与という大きな差異を考慮すれば、農業と非農業における労働の限界生産力が同等になるまで、つまり「商業化」点に至るまで、農業労働力は外部に向って流出する余地があるといえる[10]。そのため、資源再配置の効率はたえず生みだされ、それが経済成長を推進していくのである。したがって、労働集約型産業の地域間移動は、国内の各地域間においていっそう多く生じ、東部地域から中・西部地域へと移動するのである。それ故、少なくとも今後10年〜20年は、たとえ初めてのことであるとしても、人口ボーナスはなお成長の潜在力を掘り起こすことができるのである。

　中国の経済発展における地域間の巨大な差異は問わないとしても、人口構造の転換過程における差異を指摘するだけで、上述の論断の有力な根拠となる。出生率の低下は社会経済の発展の結果でもあるので、中国の各地域間における発展段階の差異は、中・西部地域の人口構造の転換を相対的に遅れた段階にしている。とはいえ、人口移動の要因があるため、この3地域の年齢構成上の変化を人口構造の転換過程における差異として示すことができない。例えば、

10) Gustav Ranis and John C. H. Fei, A Theory of Economic Development, American Economic Review, Vol. 51, No. 4, 1961, pp. 533-565.

2010年の「第6回国勢調査」によれば、全国平均の自然増加率（出生率－死亡率）は0.505％であったのに比べて、東部地域は0.468％、中部地域は0.473％、西部地域は0.678％であった。

　しかしながら、人口移動の要因から、上記の3地域の年齢構成上の差異は、人口構造の転換上の差異としてしか現れない。例えば、2017年の6ヵ月間以上戸籍地を離れた農民工1.72億人のうち、中・西部地域と東北地域は全体の72.6％を占め、そのうち省を超えて移動した農民工の比率は、中部地域で51.1％、西部地域で36.3％を占め、大部分が東部地域へと移動していったのである。

　居住人口定義によると、都市に6ヵ月以上居住する「外来人」は、通常、統計上では、労働力流入地の居住人口に入れられる。外出（出稼ぎ）農民工の95.3％は50歳以下であることから、この人口移動は、機械的に東部地域の労働年齢人口比率を上昇させ、逆に、中・西部地域の比率を下降させる。このため、近年の人口統計は中・西部地域の扶養人口比率における優位を示していないのである。もちろん、以前はそうではなかった。2000年の「第5回国勢調査」の居住人口定義では、1年以上居住する「外来人」を労働力流入地の居住人口にしており、しかも当時の農民工の規模は比較的小さかったので、居住人口は人口戸籍登録地の原則に基づく人口にほぼ近似していた。この「第5回国勢調査」のデータによって各地域をみると、中・西部地域の人口扶養比率は東部よりも低いのである。全国平均の人口扶養比率は10.15％、東部地域は10.90％、中部地域は9.76％、西部地域は9.53％であった。図7－1にみるように、全国各省・自治区・直轄市の人口扶養比率を東部・中部・西部の3地域に分けてみると、その差異がよく分かる。

　農民工は東部地域に出稼ぎに出ているが、戸籍はなお中・西部地域にあるという状況は、どういうことを意味しているであろうか。第1は、現行の戸籍制度に基づけば、農民工は出稼ぎ地において長期的安定的に生活しかつ老後を送ることができないと考えていることである。そのため、通常、年を取ると、帰郷して農業に従事する。それ故、現在の中国の農業労働力（農業に従事する労働

力）あるいは農業余剰労働力は、主に40歳以上の農民で構成されている。第2
は、現在の一部地方の戸籍制度の改革モデルによれば、都市に移住する条件は
緩められているとはいえ、それは本省の農村戸籍を持つ人に限られるため、多
くの中・西部地域の農民工は、通常、沿岸部における戸籍制度の改革の恩恵を
受けることはできない。この制度的障害を打ち破る改革問題については、後に
論じることにするが、ここでは、東部地域へ移動した多くの農民工、及びかの
年配者で、省を超えて移動することが難しく、そのため戸籍登録地の農業労働
力へと戻ってくる農民工は、将来の中・西部地域の産業を担う労働力供給の基
盤であることを確認しておく。

　2016年、中国の１人当たり GDP は8260ドルになった。成長率の減退を考慮
するとしても、2022年前後には、１人当たり GDP は12000ドルほどに至り、
高所得国の門前[11]にまで来ていると期待される。１人当たり所得がたえず増
加し、しだいに高所得国の列に加わっていくようになると、産業構造の調整も
いっそう早まり、さらに資源再配置の効果を獲得して、全要素生産性の向上を

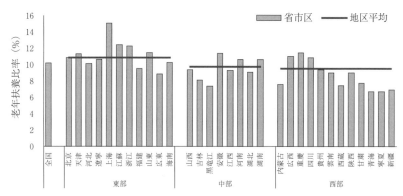

図7-1　東部・中部・西部地域における老年人口扶養率
資料：2000年の「第5回国勢調査」の数値による（国家統計局ウェブサイト、http://www.stats.
　　gov.cn）。

---

11) 経済成長の速度が減退するという場合には、12000ドルに達する時間も幾分遅くな
　　るが、2022年には中国の一人当たり GDP は6000ドルから12000ドルの間にあると
　　期待される。

支えることになる。こうしたことは、農業労働力の比率を継続的に引き下げていくことを意味している。

　国際比較からみても、中国の農業労働力の継続的移動の潜在力は依然として巨大である。世界において、1人当たり GDP が中国の現在の水準から12000ドルの間にある国家のうち、15ヵ国について移動農業労働力の比率を知りうる。2015年のこれらの国家の資料を検討すると、移動農業労働力の平均比率は11.9％である。中国の官報統計の数値と比べてみると、中国の移動農業労働力の比率よりも15ポイントも下回っている。これらの国家は、高所得国へと邁進する中国にとってみれば、追いつき追い越す対象であり、その時間を10年、つまり2015～2025年に設定したとすれば、その間毎年移動農業労働力の比率を1.5ポイントずつ減少させなければならない。そうすれば、非農業分野における安定的な労働力供給が保証され、資源再配置の効率向上が引き続き維持され、中国経済の持続可能な成長が支えられることになる。

　産業の地域的配置は、産業の集積効果のみならず、要素費用によって決定されるだけではなく、企業の生産コストと取引コストの集積効果の影響と密接に関係している。1998～2008年の中国の規模以上（主たる営業収益が500万元以上）製造業の企業データ及び県級以上の財政税収データに基づく研究によれば、2004年までは、産業集積効果が労働集約型産業の地域配置を決定し、その結果、東部地域に多くの企業が集中したとされる。しかし、それ以降、この効果は徐々に低下し、企業の総合経営コストの上昇と要素費用の上昇がしだいに産業配置を決定する主要な影響要因になっていった。このことは、製造業とりわけ労働集約型産業が中・西部地域に移転していくといった趨勢に表現されている[12]。

　2004年に中国経済が「ルイスの転換点」を通過した後、こうした労働集約型

12）Qu Yue, Cai Fang, and Xiaobo Zhang, Have the 'Flying Geese' in Industrial Transformation occurred in China? in Huw McKay and Ligang Song (eds), *Rebalancing and Sustaining Growth in China*, The Australian National University E-Press and Social Sciences Academic Press, 2012.

150

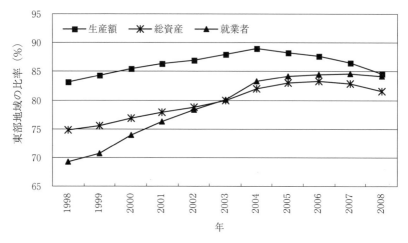

図7-2　労働集約型製造業の東部地域における比重
資料：著者による全国製造業企業調査に基づく数値により算出。

産業は東部地域から中・西部地域（主に中部地域）へと移転しはじめた。例えば、
東部地域の全国労働集約型産業に占める比率は、2004年の最高88.9％から2008
年には84.7％に下落した。毎年１ポイント以上低下したことになる（図7-2参
照）。データ取得上の制限から、「ルイスの転換点」以降のわずか４年間の変化
しかみることができないが、実際には、2008年以降も、こうした産業の移転速
度が持続されただけではなく、いっそう加速されたであろうと推測される。

7.3　創造的破壊のメカニズム

　全要素生産性の含意は、生産関数における各種の確認できる生産要素の生産
に対する貢献度を差し引いた後の、また一部の生産増大に対する貢献度を解釈
することができない、統計上においてのみ示される残差である。その後、経済
学者たちはさらにこの残差から資源再配置の効率の貢献度を差し引き、残った
部分を全要素生産性の「残差」の残差とした。この「残差」の残差を向上させ
る要素は数多くある。例えば、体制・管理・技術革新に関連する多くの要素で
あり、総じていえば、すべての創意と革新によってもたらされる効率の改善で

あり、通常、全要素生産性はこの部分によるものである。

　実際上、この最後の残差部分は、依然として資源配置の効率と表現することができる。計量経済学の観点からすれば、産業構造の高度化は資源再配置の効率の度量指標、すなわち最も効率の良い企業は生存・発展して規模を拡大でき、効率の良くない企業は市場から退出あるいは消滅するということであるから、この「残差」の残差のうちに常にこの資源配置が含まれることになる。この効率向上の源泉はきわめて重要であり、アメリカの研究では、ある業種における企業の進入・退出・拡張・萎縮として表現される資源再配置の生産性向上への貢献度は、3分の1から2分の1に達するとされている[13]。

　こうしてみると、すでに工業化を実現した先進国にとっては、企業間における資源の再配置と技術進歩（革新）によってもたらされる効率の改善が全要素生産性向上の主要な形態となっていることが分かる。何故なら、これらの国家では、第1に、農業・工業・サービス業の間における資源配置はすでに基本的に完成しており、第2に、体制も相対的に安定・成熟し、さらにある場合には理論的にも標準として認定されており、第3に、これらの国家には、もはや他国と比べた顕著な技術格差はないので、後発の優位を利用できないという事情があるからである。したがって、大多数の先進国についていえば、経済成長率は安定的に低位な状態にあるので、その経済成長が困難でかつ緩慢であることが生死存亡をかけた競争のなかで実現される技術進歩の速度を決定するのである。技術革新に依存せずに対外的拡張によって生産の可能性を実現しようとする国家は、いずれも適度な成長率を維持できないということなのである。

　日本は成功裏に中等所得の段階を乗り越え、先進国になった。しかし、生産性駆動型の経済モデルを実現することに失敗した事例であった。1990年代に人

---

13)　次の文献を参照されたい。Lucia Foster, John Haltiwanger, and Chad Syverson, Reallocation, Firm Turnover, and Efficiency: Selection on Profitability? *American Economic Review*, Vol. 98, 2008, pp. 394-425; Lucia Foster, John Haltiwanger, and C. J. Krizan, Aggregate Productivity Growth: Lessons from Microeconomic Evidence, in *New Developments in Productivity Analysis*, NBER/University of Chicago Press, 2001.

口ボーナスが消失すると同時に、日本は高所得の国家になったが、経済成長に
おいては、もはや技術格差を縮小するといった後発の優位に依存することはで
きなかった。こうした発展段階の変化に基づく生産要素賦与構造の変化に対し
て、日本経済がとった反応は、積極的な産業政策と地域政策への関与、及び刺
激的マクロ経済政策を通して、より多くの物質資本の投入すなわち資本深化
（労働者1人当たりの資本ストック量つまり資本装備率が増加し、資本集約度を上昇さ
せること）を実現して、全要素生産性を向上させることであったが、とりわけ
創造的破壊の面では、それは意図どおりにはならなかった。

　最終的結果は次のようであった。日本経済の労働生産性の向上を構成する要
因において、平均的な資本深化の貢献度は1985～1991年の51％から1991～2000
年には94％と大幅に上昇したが、同期間における全要素生産性の貢献度は37％
から-15％へと下落したというのである（図7－3参照）。

　日本の経済学者・林文夫とアメリカの経済学者でノーベル経済学賞を受賞し
たプレスコットの研究によれば、日本経済が1990年代以来徘徊して前に進まな
い原因は、資本市場が企業の利益ある投資に必要な資金を援助できなかったか

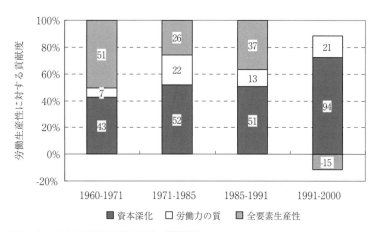

図7－3　日本の労働生産性の源泉（期間別）
資料：Asian Productivity Organization, *APO Productivity Databook 2008*, the Asian
　　Productivity Organization, 1－2-10 Hirakawacho, Chiyoda-ku, Tokyo, Japan, p. 23.

らではなく、全要素生産性が向上しなかったからであるとされ、全要素生産性
がよくならない原因は、政府が低効率の企業や衰退産業に補助金給付等の保護
措置を実施したため、低効率の企業、甚だしきはゾンビ企業が市場から退出で
きず、そのため生産は過剰に陥り、生産性向上の投資が減少したからであると
している[14]。

　シュンペーターによれば、経済発展に本質的なものは創造的破壊である。創
造的破壊の環境がなければ、つまり効率に欠ける企業が消滅し、効率を有する
企業が生存・発展するのでなければ、全要素生産性とりわけミクロレベルでの
生産効率は、経済成長において支配的役割を発揮することはできず、新古典派
の成長環境にさらに接近していくと、持続可能な経済成長を実現できなくなる。
経済の高度成長期、中国の全要素生産性の主要な源泉は、労働力の部門間また
地域間の移動を通して、資源再配置の効率を得ることにあったが、新しい経済
発展段階では、さらにミクロレベルでの生産効率の向上が全要素生産性の重要
な源泉になり、このミクロレベルでの生産効率の向上には、創造的破壊の環境
がとりわけ必要とされる。

　これまで「未富先老（豊かになる前に高齢化する）」という特徴が中国の経済成
長モデルの転換にもたらす特別な挑戦について、数多く論じてきた。しかし、
こうした特徴は同時に中国の経済成長モデルの転換に時間的余裕を与えるもの
でもあるということを指摘しておかなければならない。つまり、中国は、科学
技術上では、いまだ先進国とは巨大な格差があり、資源配置の市場メカニズム
やその他の制度も十全に成熟しておらず、そこには各種の歪みが存在している
が、同時にそのことは、中国の経済発展は依然として後発の優位を備えており、
体制改革・管理効率の向上・新技術の応用等といった分野において、なお大量
に「手の届くところにある果実」を得ることができるということ、そのことか
ら、ミクロレベルでの資源配置による生産効率を顕著に改善することができる

---

14)　Fumio Hayashi, and Edward C. Prescott, The 1990s in Japan: A Lost Decade, *Review*
　　of Economic Dynamics, Vol. 5 , Issue 1, 2002, pp. 206-235.

154

ということを意味している。この転換期に効率向上の源泉を得て、持続可能な成長を維持していくには、まず企業の側としては、各種の革新行為を通して、自己に適合的な効率最大化の管理モデルや技術を選択することである。他方、政府としては、企業のいかなる経済活動にも干渉しないことである。政府がやるべきことは、平等な競争環境を作ることを通して、効率の良くない企業を市場から退出させ、効率のよい企業を生存・発展、拡大させるとともに、資源の有効配置及び新技術の採用に不利な各種制度による障害を除去してやることである。

7.4　慎重に政策の歪みを防止する

全要素生産性の向上を維持することは、いかなる国家にとっても持続的経済成長を通して最終的に高所得の段階に至る必然の道であるとすれば、この任務はすべての国家にとって挑戦に富んだものであるとはいえ、その実践は非常に困難な任務である。制度に歪みがある国家では、全要素生産性の向上を維持することは、極端にいえば、「不可能な任務」である。実際、全要素生産性を向上させる任務がいよいよ切迫してきているとき、往々にして、そのことにとって不利な政策が行われる場合が生じやすい。こうしたことのうちに、なぜ多くの国家では、経済成長は予定よりも早くに減速するのか、また、中所得水準にある国家は、長期にわたって「中所得の罠」をどうして脱出できないのか、さらに、日本は、高所得水準にあっても、なぜ経済停滞に陥ってしまっているのか、ということに対する解答がある。

中国についていえば、全要素生産性を向上させる任務はさらに挑戦的である。「ルイスの転換点」が到来し、人口ボーナスが消失した際、いっそうの発展を望むにも、新しい挑戦に対応する政策を指向するにしても、経済発展の実践において、全要素生産性の向上にとって不利な傾向が潜在的に現れてきている。ここでは、資源再配置の効率とミクロレベルでの生産効率という2つの全要素生産性向上の源泉、及び全要素生産性向上に必要な政策環境の創出という面から、この潜在的な危険性を考察する。

　2000年以来、中・西部地域の工業化は加速し、潜在的に比較優位から乖離していく傾向がある。これに対して、中央政府は、中・西部地域の発展を加速する各種の戦略、例えば、西部開発戦略・東北等旧工業基地振興戦略・中部崛起戦略を実施した。これらの戦略の実施において、中央政府は、インフラ建設・生産能力の建設・社会福祉及び公共サービスに対する補助金等といった各種のプロジェクトを通して、中・西部地域に大規模投資や政府無償給付、及びその他の財政支援を提供して、資源の地域配置構成を大幅に改変した。例えば、中・西部地域の社会全体の固定資産投資の全国に占める比率は、2000年の41.2％から2010年の51.4％に上昇し、また、この地域の国有経済の全国総投資に占める比率は、17.0％から60.9％に上昇した。この種の投資構造は、国有経済の地位をさらに高める結果をもたらすからである。このことは、次のような政府官僚の「説話」から間接的に証明できる。2006年1月、当時の国務院東北振興弁公室の副主任宋暁梧は、「投資環境の改善による東北振興促進の国際シンポジューム」において、「東北旧工業基地を振興する戦略を2年前から実施してきたが、東北三省の国有経済は、国民経済に最も重要な産業に集中し、その支配力と影響力ははっきりと高まっている」と発言した[15]。

　地域発展の格差を縮小しようという政府の努力は、もとより必要なことであり、遅れている地域の追いつき追い越しを推進する産業政策も、適度に現状を乗り越えていくのに必要である。しかし、この地域発展戦略は、最終的には、地域の比較優位から乖離してはならないのである。

　図7-4によって、この原理を説明しよう。図7-4に示すように、地域の比較優位に符合する産業配置は、理論上直線YXによって示される。経済の相対的に遅れた地域は、通常、労働力が相対的に豊かであるという優位を有しているので、そこでの産業は、通常、相対的に労働集約型、あるいは資本集約型の程度が低い産業である。これとは反対に、経済の先進地域では、労働力コスト

---

15)　呼涛，孙英威《振兴东北战略实施两年来国有经济控制力明显提高》，中央政府门户
　　网站，http：//www.gov.cn/jrzg/2006-01/16/content_160944.htm，2006年1月16日。

は高いが資本が豊かで、産業構造は比較的高い資本集約度と技術集約度を備えている。例えば、労働力の豊富度が y' の地域についていえば、その資源賦与に対応する産業の資本集約度は x' である。ところが、地域発展戦略が実施されると、一方では、産業政策は、比較優位の動態変化を予測して、産業選択において適度に現状を乗り越えようとする選択を行い、他方では、遅れた地域のインフラ施設の改善投資を重視し、資本集約度をいくぶん高めようとする。そうすると、資源賦与と産業構造（資本集約度）の関係は曲線 YDX にシフトする。例えば、労働力の豊富度が依然として y' の状態にあるとすれば、その資源賦与に対応する産業の資本集約度は x'' である。

　しかし、この適度に現状を乗り越える程度をどのくらいにするかを把握することはきわめて難しい。一度、必要かつ合理的な限度を超える、つまり図7－4にみるように、産業配置が曲線 YFX にシフトすると、それは地域の比較優位から乖離したことを意味する。図7－4でいえば、同一地域 y' の資源賦与に対応する資本集約度は x''' であり、その地域についていえば、配置された産業類型及び資源賦与に比べて、資本集約度はまちがいなく高すぎ、資源再配置の効率を獲得できるはずはない。

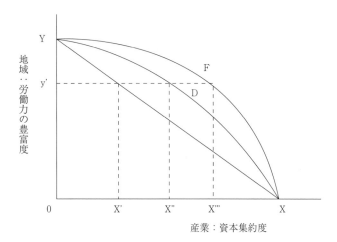

図7－4　地域の比較優位と産業選択

　1 人当たり所得で計量する経済発展の格差のうちには、資源賦与構造の差異
が暗に含まれている。すなわち、経済の先進地域は相対的に豊富な資本要素を
有しており、そのために資本集約型産業に比較優位があるが、相対的に発展の
遅れている地域は、労働力が豊富で労働力コストが低いという比較優位を有す
る。中国では、東部・中部・西部の各地域間には資源賦与構造に差異があり、
それはまちがいなく中・西部地域経済の追いつき追い越しのチャンスになって
いる。しかし、「ルイスの転換点」の到来後、中・西部地域の工業化における
追いつき追い越し傾向は、一般的に認識されていた中・西部地域の比較優位に
符合しなくなり、持続性を維持できないという状態になっている。中・西部地
域の製造業の資本集約度を示す具体的な指標は、資本の対労働比であるが、そ
れは2000年以後、急速な上昇傾向を示している。その速度は沿岸部地域よりも
早く、2003年と2004年の加速度的上昇を経て、資本集約化の絶対水準は、すで
に沿岸部地域を追い抜いている。例えば、2007年の製造業における資本の対労
働比をみると、中部地域は東部地域よりも20.1％、西部地域は25.9％も高い。
つまり、中・西部地域の製造業はより資本集約型となり、重化工業化の水準を
高めたということである。中・西部地域の新投資が比較的先進的な技術と加工
方法を採用したことから、一定の時期に一定の限度内において、有利に全要素
生産性及び労働生産性を向上させ、その速度も賃金水準の上昇速度を上回った
ため、ある時期には、有利に単位当たり労働力コストを減少させたのである[16]。
しかし、人口ボーナスの消失とともに、資本集約度のいっそうの上昇は、収益
逓減現象に遭遇することでもあった。

---

16) このことについては、次の研究を参照されたい。Cai Fang, Dewen Wang and Yue
　　Qu, Flying Geese within Borders: How Dose China Sustain Its Labour-intensive
　　Industries, in Garnaut, Ross, Ligang Song and Wing Thye Woo (eds), *China's New
　　Place in a World in Crisis: Economic, Geopolitical and Environmental Dimensions*,
　　Canberra: ANU E Press, Brookings Institution Press, Social Science Academic Press
　　(China), 2009, pp. 209–232; 蔡昉、王美艳、曲玥《中国工业重新配置与劳动力流动
　　趋势》,《中国工业经济》2009年第 8 期。

　政府主導型の経済成長モデルの継続は、創造的破壊のメカニズム形成に不利
であり、全要素生産性の向上を妨げる。現在の政府主導の経済成長は、主とし
て、政府の投資比率が高すぎること、国有経済が依然として独占的地位にある
ことに現われている。このため、中小企業は参入障害に遇うほか、その他融資
等の面で差別対応を受けるといったことが生じている。例えば、2010年につい
てみると、全固定資産投資総額に占める国有及び国有持株企業の比率は42.3％
であり、規模以上工業企業のうちでは、国有及び国有持株企業の資産総額の比
率は41.8％、総生産額の比率は26.6％、利潤の比率は27.8％、主たる営業の税
金及び付加額の比率は71.7％、就業比率は19.2％であった。

　このような高すぎる国有経済の比率は、必ずしも企業効率の向上を妨げ、国
民経済全体の健全さに影響を与えることを意味するものではないが、国有経済
がより多くの保護を受け、非公有経済を相対的に抑制するといった状況が生じ
るならば、創造的破壊のメカニズムはその役割を発揮することはできない。

　中国の産業政策及び産業組織において、いくつかの産業及び部門が戦略的地
位に位置づけられているため、非公有経済の参入は厳しく制限される。例えば、
軍事・電力・電力配給・石油化学・電話通信・石炭・航空運輸・海運といった
分野では、明確に国有経済が「絶対的統制力」を保有すべきことが要求されて
いる。また、一部の基礎的ないし支柱的産業の分野、そのうちには設備製造・
自動車・ＩＴ・建築・鉄鋼・非鉄金属・化学工業が含まれるが、国有経済は
「比較的強い統制力」を保持すべきとされている。ここでいう異なる程度の
「統制力」（「絶対的統制力」と「比較的強い統制力」）が意味することは、国有資本
による「独資」の保持、絶対的「控股（持ち株支配）」あるいは条件付き「控股」
が要求されるということである[17]。

　こうした分野における独占は、たんに各種の障壁が存在し、自由な参入を妨
げるということを意味するだけではない。効率のよくない企業も退出する必要

17）任芳、劉兵《国資委：国有経済応保持対七个行業的絶対控制力》，中央政府门户网
　　站，http：//www.gov.cn/jrzg/2006 12/18/content_472256.htm，2006年12月18日。

がないということ、つまりゾンビ企業が継続的に存在するということを意味している。それ以外にも、政府は、生産額・税収・雇用の安定に基づく社会の安定を考慮して、いかなる低効率の大型国有企業も経営から退出させる決定をしたくないということになる。しかも、国有企業の独占的経営が行われている状況下では、たとえ効率が低下したとしても、その独占の故に、利益は得られる。こうした国有経済が有する独占的地位について、その本質をいえば、必ずや新技術の応用を妨げることになるということである。

　中国の現在の発展段階において、持続可能な発展を維持するには、加速度的な技術進歩（革新）が必要であり、できるだけ早く企業発展と経済成長を技術進歩で駆動する軌道に導くことである。中国経済のどの分野においても、また各企業の側にとっても、新技術はその促進要因である。だが、最も肝要なことは、新技術採用のインセンティブと技術選択の適応性である。経済学者がまさに指摘するように、世界にはすでに経験・創意・科学知識等が蓄積されている。どの国も、どの企業も、これを獲得することができるのであるから、新技術が全要素生産性の差異を生みだす原因ではなくなっている[18]。独占及び保護が存在する状況下においては、技術活用のインセンティブ不足や技術選択の不適応性等の問題が生じる。技術活用のインセンティブ不足は、同時に合理的な技術選択の適応性に対するインセンティブ不足を意味するので、この2つの問題は、相互に関連し合っているといえる。

　図7-5を用いて、これを説明しよう。各種技術の存在を所与の条件とすれば、技術の活用とは、革新の最先端を追求することではなく、探し求め、購入し、学び、適応させるということに関する革新である。しかし、企業が新技術を使用するかどうか、どの程度までこれら新技術を使用するかということは、新技術使用の限界費用と限界収益の比較によって決定される。つまり、企業は新技術使用の限界収益最大の原則に基づいて決定するということである。図7

---

18) 斯蒂芬・帕伦特、愛德華・普雷斯特《通向富有的屏障》第六章，中国人民大学出版社，2010年を参照。

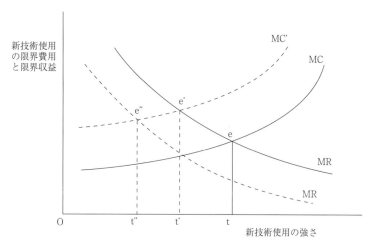

図7-5　独占はいかに技術活用を妨害するか

-5にみるように、限界収益曲線 MR は、逓減の性質を有しており、限界費用
曲線 MC は、逓増の性質を有する。均衡的技術選択は、通常、この2つの線
曲線の交点（図のe点）で示され、企業はtの技術選択を行う。

　廉価で取得した資金・土地及び自然資源に依存し、かつ競争制限的な経営状
況にある国有企業は、より効率的な新技術を使用しない傾向にあり、あるいは
新技術採用の決定原則を捻じ曲げて、技術活用に適応性を欠く選択を行い、低
効率な技術構成を形成する。このことは、企業の政策決定の側からいえば、新
技術使用の限界費用曲線が左上方向にシフトする、あるいは限界収益が左下方
向にシフトする、あるいは両者が同時に発生することを意味し、新技術の使用
を最適水準に至らなくさせてしまう。図7-5で示すと、技術選択はtの水準
にではなく、t′さらにはt″水準にあるということである。その結果、独占的地
位によって利益を得る要因を取り除くと、国有企業の効率は、競争性のより強
い部門で比較的大きな割合を占める非公有企業よりもさらに低くなる。この国
有経済が、効率上、非公有経済よりも低いという判断は、すでに多くの研究に
よって検証されている。例えば、ある研究では、個人企業の平均資本収益率は、

国有全額出資企業に比して、50％以上も高いとされている[19]。他の研究では、1978～2007年の政府データで計算された国有部門の全要素生産性の平均上昇率は1.36％であったが、非国有部門のそれは4.74％であり、前者は後者のわずか28.7％にしか相当しないとされている[20]。

　過度に高い国有企業の比率は、企業の参入と退出を通して形成される優勝劣敗のメカニズムを妨げ、さらに業種内における資源再配置による効率の獲得を不可能にするので、経済全体の全要素生産性の状態は必ず悪くなる。例えば、計量経済学の研究によれば、資源再配置の障碍によって、中国の工業企業は、資源再配置の不正常な状態に置かれ、部門内企業間における資本及び労働の限界生産力に大きな差異が生じているとしている。この研究は、ひとたび、中国の工業企業間の生産要素限界生産力の差異がアメリカの水準にまで縮小したならば、中国の工業の全要素生産性は30％～50％も上昇すると推測している[21]。

7.5　結び

　ロバート・ソロー（Robert Merton Solow）が新古典派成長理論の基礎を打ち立ててから、全要素生産性の向上は、資本収益逓減を打破し、経済成長の持続可能性を維持するのに決定的な役割を果たすということが広く受け入れられ、かつまた、ますます多くの経験研究によって支持されてきた。例えば、経済学者による研究はそれぞれ次のことを明らかにした。すなわち、全要素生産性を用いて、国家間における1人当たり所得水準の格差、旧ソ連等の計画経済崩壊の理由、日本経済の「失われた10年」の意義、及び多くの高度成長国の成長減

19) D. Dollar and Shang-Jin Wei, Das（Wasted）Kapital: Firm Ownership and Investment Efficiency in China, *NBER Working Paper*, 13103, May 2007.

20) L. Brandt and Xiaodong Zhu, Accounting for China's Growth, *Working Paper*, No. 395, Department of Economics, University of Toronto, February 2010, Table A1.

21) Chang-Tai Hsieh and Peter J. Klenow, Misallocation and Manufacturing TFP in China and India, *The Quarterly Journal of Economics*, Vol. CXXIV, Issue 4, November 2009, pp. 1403-1448.

162

速の原因などを説明できるということである[22]。改めていうまでもなく、全要素生産性は、なぜ、あるいくつかの国家は「中所得の罠」に落ち込み、またあるいくつかの国家は「中所得の罠」の挑戦に直面しているのに、別のいくつかの国家は「中所得の罠」の困難を回避あるいはそれから脱出することができるのか、ということを解釈できる一つの重要な要因でもある。

これまで、中国では、二重経済の発展段階に特有な資源再配置という好機を得て、全要素生産性向上の状態はやや満足できるものであった。しかし、まさに中所得段階から高所得段階に移行するに際して、これまでの経済成長を促進した手段は役に立たなくなってしまった。そのため、全要素生産性の新源泉の開発を新たな経済発展モデルの下で行うことが要求されている。経済成長モデルの転換を実現し、全要素生産性の重要な意義、及びその向上方式とメカニズムを十全に把握しなければならないということである。

アメリカの経済学者ポール・ローマー（Paul M. Romer）は、中国が制定・実施した「第12次５ヵ年計画」に対する建議において、正確に次のように指摘した。すなわち、中央政府は、地方政府の経済発展の促進に関する政治的業績の審査にGDPを用いるやり方を改変すべきであり、これに代えて、全要素生産性の改善を以て審査及び評価の方式にすべきである。このため、彼は、特別に経済全体をいくつかの部分に分類して、全要素生産性を示す統計と計算方式を作成すべきである[23]、と提案した。中国の地方政府は、地方経済の発展に対す

22) こうした研究の最も代表的な重要文献は以下のようである。斯蒂芬・帕伦特、愛徳華・普雷斯科特、前掲書；Paul Krugman, op. cit.；Fumio Hayashi and Edward C. Prescott, The 1990s in Japan: A Lost Decade, *Review of Economic Dynamics*, Vol. 5, No. 1, 2002, pp. 206-235; Barry Eichengreen, Donghyun Park, and Kwanho Shin, When Fast Growing Economics Slow Down: International Evidence and Implications for China, NBER Working Paper, No. 16919, 2011, National Bureau of Economic Research, Massachusetts.

23) 保罗・罗默《中国新增长模式最优化探析》, 载林重庚、迈克尔・斯宾塞编著《中国经济中长期发展和转型—国际视角的思考与建议》, 中信出版社, 2011年, 第572-587页を参照。

る強烈な動機を有するだけではなく、中央政府の経済及び社会の発展目標の要
求を遂行する際、強大な力量を発揮して良好な効果をあげなければならないた
め、この建議は、地方政府がいっそう持続可能な経済成長モデルに転換するこ
とを激励かつ誘導するということでは、理論上、きわめて有意義であった。

　歴史的経験からいえば、シンガポールの経験がこのことを証明している。政
府が全要素生産性の重要性、及びその改善の方途を認識するかどうかは、経済
成長モデルの転換にとっても、重要なことなのである。アルウィン・ヤング
（Alwyn Young）とクルーグマンらのシンガポールの成長奇跡に対する疑義と批
評、及び経済学者の東アジア経済成長モデルと全要素生産性をめぐる大論争の
後、シンガポール政府は経済学者の経済成長モデルに対する批評を認めなかっ
たが、「むしろそうした疑義はありうると思っている」という正確な態度を採
り、とりわけ全要素生産性の経済成長の持続可能性に対する重要性をより深く
認識し、全要素生産性を毎年2％上昇させる目標を設定した[24]。おそらくこう
したことから、シンガポールの経済発展は、最終的には、かの経済学者の予言
どおりにはならなかったのであろう。

　農業と非農業間の資源再配置の効率についてであろうと、非農業部門間の資
源配置の効率についてであろうと、企業内部のミクロレベルでの生産効率につ
いてであろうと、中国にはなおも全要素生産性を向上させていく巨大な空間が
ある。しかしながら、全要素生産性向上の顕著な成果を得るには、人的資本に
関する条件と制度環境を確かなものにする必要がある。以後の章節において、
継続的にこういった要素及び必要とされる改革について、分析することにする。

24）Jesus Felipe, op. cit., p. 27, を参照。

第8章　人的資本の蓄積

"一樹一获者，谷也；一樹十获者，木也；一樹百获者，人也"（【春秋】管仲
《管子·权修》）

「一樹一（年）獲なるは穀なり、一樹十（年）獲なるは木なり、一樹百（年）
獲なるは人なり」（【春秋】管仲『管子·権修』）

　中国では、「ルイスの転換点」を経て遂次人口ボーナスは喪失していった。
そうしたなかでは、経済成長を推進する伝統的要素の再編だけではなく、より
長期的にみて有効な、かつ収穫逓減をもたらさない要素の投入がますます重要
になっていく。これこそ顕著に国家総体の人的資本の水準を向上させるという
新たな要求である。これと同時に、この特定の経済発展の転換期には、むしろ
労働力市場は短期的な低技能労働者に対する需要が強まり、それが人的資本の
蓄積へのインセンティブ要因を形成するうえで不利に作用する。これに有効な
対応策を採れないとしたら、中国は人的資本を継続して蓄積できないという問
題に直面するであろう。そして近い将来には、労働力の質がバリューチェーン
を引き上げた後の産業の要求に対応しえずに技術革新型国家を支えるのに必要
な高級人材に欠乏するという事態、及び一部の労働者は労働力市場における脆
弱な集団になるという事態が生じるであろう。
　中国は必ずや産業構造の高度化を経なければならない。これはかつて先進諸
国が経た道でもある。このため、先進諸国の人的資本の蓄積における多くの成
功した経験を参考にすることができる。さらに価値あることは、先進諸国には、
いまなお影響している失敗の教訓があるので、これを前車の轍として学ぶこと
ができるということである。本章においては、経済成長モデルの転換、とりわ

け産業構造の高度化の労働者に対する技能的要求を討論して、国際的経験と教訓をいかに汲みとるか、教育収益率（中国語では、「教育回報率」といい、教育を受けることで得られる収入の増加率である）の低下がもたらす負のインセンティブをいかに回避するか、国家の各教育段階における適切な役割を通して、いかに新たな人的資本の源泉を創造するかを検討する。

8.1　産業構造の高度化と技能ニーズ

　経済発展の一般的法則に従えば、「ルイスの転換点」を超え、「第一次の人口ボーナス」が消失した後、中国は必ず産業構造及び技術構造の急速な高度化を経ることになる。経済発展方式の転換が加速化すれば、最終的には、産業構造には高度化及び最適化傾向が現れ、製品の品質及び付加価値をいっそう向上させる。産業構造高度化の核心は全要素生産性をいよいよ経済成長の主要な源泉にしていくことであるが、高度化の過程とその結果は、労働集約型から資本及び技術集約型への転換、製造業を主とする構造からサービス業を主とする構造への転換を不可避にする。産業構造の高度化の目的が労働生産性とりわけ全要素生産性の向上である以上、その過程において、労働者の人的資本のいっそうの高度化を要求することになる。

　こうしたことから、第1に、中国の製造業はバリューチェーンのハイエンドに登りつめようとする。この過程は、沿岸地域から始まり、最終的には中・西部地域にまで伸び、産業構造全体の高度化を実現する。中国の製造業は、すでに世界の首位にあるが、その付加価値率はわずか26％にすぎず、アメリカ・日本・ドイツに比べると、それぞれ23ポイント、22ポイント、11ポイントも低い。中間投入係数からみれば、先進国の場合、1単位当りの中間投入の新創造価値は、通常、1単位あるいはそれ以上であるが、中国ではわずか0.56単位の新創造価値しかない[1]。ある国の製造業のバリューチェーンにおける位置は、技術・管理・技能といった諸要素によって決定されるのであり、結局のところ、労働者の人的資本の水準向上に密接に関連している。そのため、産業構造高度化の前提は技能の高度化にあるということができる。第2に、中国の産業構造

の高度化は、主に製造業の分野から研究開発や創意及びマーケティング等の生産過程の前後の分野に転換させ、生産性に関連するサービス分野の比重を大幅に高める。この領域では、情報・技術・ブランド・管理・人材といった知識集約の要素に対する需要があり、相対的に労働者のより高い技能と創造力が求められる。

　ここでは、さまざまな業種における労働者の教育水準の状況を通して、業種間における労働力の資源再配置が必要とする最低限の人的資本に対する要求を考察してみる。労働集約型・資本集約型・技術集約型の業種をいかに区分するかということについては多くの議論があるが、ここでは、比較的議論の少ない区分法に基づいて、第二次産業及び第三次産業における労働集約型・資本集約型・技術集約型の業種が労働者の教育水準のどれほどの高度化を求めているか

表8-1　都市における産業別・業種別の教育水準別労働者構成（％、年）

	第二次産業		第三次産業	
	労働集約型	資本集約型	労働集約型	技術集約型
受けた教育水準				
小学以下	17.1	9.4	15.6	1.7
中学卒	63.7	46.9	50.2	11.9
高校卒	16.4	30.3	26.4	29.0
大学卒以上	2.9	13.4	7.9	57.4
平均の教育年限（年）	9.1	10.4	9.6	13.3

注：（1）第二次産業における①労働集約型の業種は、紡織業・紡織服装、靴、帽子製造業・皮革、毛皮、羽毛及びその製品・家具製造業、②資本集約型の業種は、石油化工、コークス及核燃料加工業・化学原料及化学製品製造業・黒色金属精錬・圧延・加工業・有色金属精錬・圧延・加工業・金属製造業・交通運輸設備製造業・電気機械及機材製造業・通信設備、計算機及その他電子設備製造業。（2）第三次産業における①労働集約型の業種は、卸売業・小売業・宿泊業・飲食業・住民サービス等その他サービス業、②技術集約型の業種は、電信その他情報関連サービス・コンピュータサービス業・ソフト開発業・銀行業・証券業・研究実験等関連業・専門技術サービス業・科学技術交流推進関連サービス業。
資料）2005年の1％人口抽出調査による数値に基づく20％サンプルから算出。

1）欧阳君山《制造业是强国之本》,《中华工商时报》2011年9月7日。ここで提示されている数値は旧来のものであり、これ以降状況は大きく改善されている。とはいえ、中国の製造業では依然として、いくぶん低いバリューチェーンに止まっているという判断には変化がない。

を検討する。表 8-1 にみるように、第二次産業における資本集約型の業種の
労働力は、労働集約型の業種の労働力よりも高い教育水準にあるといえる。同
様に、第三次産業における技術集約型の業種の労働力は、労働集約型の業種の
労働力よりも高い教育水準にあるといえる。

　以上のことから次のことが理解される。すなわち、業種別労働者の現在の相
応的な教育水準の推計によれば、労働者が第二次産業における労働集約型の就
業から第二次産業における資本集約型の就業へと移動するには、教育水準を表
示する教育期限を平均して1.3年引き上げる必要があり、また同様に、第二次
産業における労働集約型に就業する労働者が第三次産業における技術集約型に
就業するには、教育水準を表示する教育年限を平均して4.2年引き上げる必要
があるということである。また、この労働者が第三次産業における労働集約型
の就業に移動するだけでも、教育水準を表示する教育期限を0.5年引き上げな
ければならないのである。2017年、出身地を離れた農民工のうち、学校に行か
なかった者の比率は0.7%、小学校卒の学歴者が9.7%、中学校卒の学歴者が
58.8%、高校卒の学歴者が17.3%、専門学校・短大・大学等を卒業した学歴を
有する者が13.5%を占めていた。この教育段階における教育年限の推計から判
断されることは、農民工の平均就学期間はわずかに8.4年にしかならないとい
うことである。

　こうした教育水準は、産業構造の転換が労働者に求める要求にとって、まっ
たく取るに足らないものであるというべきではない。教育水準を向上させるに
は、長期的な蓄積が必要であり、一朝一夕で達成できるものではないからであ
る。例えば、人口統計 1 %のサンプル調査によれば、たとえ義務教育の普及率
の上昇、及び大学の募集定員の拡大といった急激な教育発展が続いているとし
ても、中国の16歳以上人口の教育を受ける年限は、1990〜2000年の間にわずか
6.24年から7.56年に引き上げられたにすぎず、やっとこの10年間で1.32の引
き上げがなされただけである。2005年には、これは7.88年に引き上げられたが、
この 5 年間でも、わずか0.32年の引き上げでしかないのである。その他、国連
開発計画（UNDP）の数値によれば、1990〜2000年、2000〜2010年、2010〜

2017年の３つの期間において、中国人の平均的な教育を受けた年限は、それぞれ1.7年、0.8年、0.5年引き上げられただけであった。

8．2　人的資本の未来志向

　中国の古い諺に「十年樹木、百年樹人（木を育てるには十年、人を育てるには百年を要する）」というものがある。現代の経済学の言葉に翻訳すると、人的資本の蓄積の拡大化速度は、生産過程の拡大化速度よりも大幅に遅れるので、教育・研修・経験等の育成方法を通して、時間をかけて長期的に形成しなければならないということである。人的資本の蓄積は未来を展望するものでなければならない。中国は、改革開放以来、９年制の義務教育の普及、及び大学生の募集定員の拡大を実現し、国民の教育水準を大幅に向上させた。これは人類の発展水準を向上させたということに止まらず、人的資本としての役割を通して、経済成長に大きく貢献した。

　国連開発計画（UNDP）の唱導する「人間開発指数（HDI）」は、１人当たりGDP（購買力平価による計量）・健康水準（出生時平均余命）・教育水準（成人の識字率と初等・中等・高等教育の総就学率）から構成される社会経済の発展を総合的に反映したものである。図８-１は、135の国家のうち、中位の指数にある国家の水準に相対する中国の比率を用いて、中国の教育状況・１人当たり GDP・人間開発指数水準を表示したものである[2]。これによれば、1990年からの20年間、中国の人間開発指数は安定的に上昇している。2000年までの10年間においては、とくに教育の発展の人間開発指数に対する貢献度が著しい。その後の10年間においては、教育発展の貢献度は相対的に低下したが、１人当たり GDPは上昇し、それが人間開発指数の継続的な向上に大きく貢献したことは明らかである[3]。

　2）中位の指数にある国家の水準に相対する中国の比率についていえば、中国の平均余命は安定的に維持されているが、相対的距離の変化はあまり大きくない。図８-１では、その他の指数変化は明示的であったが、この平均余命の変化趨勢はそうではなかったので、この図のうちに表示しなかった。

　労働者の教育水準の向上は、経済成長過程における人的資本投入における変数であり、改革開放期の高度成長における正の貢献要因である。成長会計（Growth Accounting）分析あるいは生産関数分析によって中国の経済成長の各要因の貢献度を分析する研究の多くは、教育年限を一つの説明変数として用いて、理論的予測と一致しかつ統計上においても顕著な結果を得ようとしている。しかし、これらの研究は、さまざまな分析方法を用いるため、人的資本の中国経済の成長に対する貢献度の推計には大きな相違が生じている。例えば、ルイス・クイーズ（Louis Kuijs）の用いた潜在成長率及びその要因の推計から得られた結果は、全要素生産性・人的資本の対労働比・資本の対労働比・雇用増加率といった成長要因における人的資本（人的資本の対労働比）の貢献度は、1978〜1994年は5.2％、1995〜2009年は3.2％であった[4]。この貢献度水準は蔡昉と

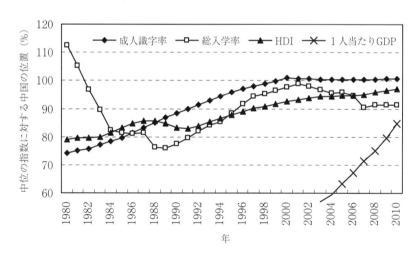

図8−1　人間開発指数及びその構成要素の動向
資料：国連開発計画のウェブサイト（http//www.data.undp.org/content/undp/en/home.html）

3）指摘しておかなければならないことは、図8−1における各指数は、135の国家のうちの中位の国家の水準に相対する中国の水準であるので、このうちから得られるいかなる結論も、こうした比較した数値であることに注意すべきであるということである。

170

趙文が生産関数分析によって推計した結果と比較的近似的であった。すなわち、資本投入・労働投入・労働者の教育年限・人口扶養比率・全要素生産性といった要因における1982～2009年の人的資本（教育年限）の貢献度（率）は4.3％であった[5]。これに対して、ジョン・ホーリー（John Whalley）らの推計した人的資本の貢献度はかなり高い。新古典派の成長会計分析による推計であるが、物質資本の蓄積・労働力・教育年限で計量した人的資本の蓄積・全要素生産性といった要因における1978～2008年の人的資本の貢献度を11.7％とした。さらに、種々の教育水準による異なる生産性を考慮すれば、彼らの推計する人的資本の貢献度は38％という高さにも達する[6]。

　上記のルイス・クイーズとジョン・ホーリーらの研究は、また、次のようにも指摘している。すなわち、人的資本の蓄積は、中国の経済成長に重要な役割を果たしただけではなく、中国の全要素生産性の向上に悪影響を及ぼす現象を相殺するものでもあった。こうしたことから、中国が人口ボーナスの消失に直面した時、つまり農業と非農業の間における資源再配置といった伝統的成長の源泉が弱まってきた時、最大限に人的資本の蓄積を加速させることに努力することが、長期的に持続可能な成長を維持していくためのキーポイントである。

　人的資本の経済成長に対する顕著な貢献度は、いうまでもなく、教育の発展と人的資本の有効な配置を前提とする。そのため、人的資本の蓄積や配置において、ひとたび、問題が生じた場合、その経済成長に対する持続的推進力など語ることができなくなる。成年の「教育年限」は、完璧に労働者の人的資本を表現するものではないが、依然として人的資本の蓄積に関して比較的容易に得られる統計的かつ計量的な指標である。では、いかに教育年限の向上を図るべきであろうか。経済社会の比較的低い発展段階においては、基礎教育の普及を

4) Louis Kuijs, op. cit.

5) Cai fang and Zhao Wen, When Demographic Dividend Disappears: Growth Sustainability of China, Forthcoming, 2012.

6) John Whalley and Xiliang Zhao, The Contribution of Human Capital to China's Economic Growth, *NBER Working Paper*, No. 16592, 2010.

図ることが最も顕著に効果を発揮する手段である。しかし、義務教育が実施され、その普及率が100％に近くなると、継続的に教育年限を増大させるには、さらに高い教育レベルの普及に頼らなければならない。中国教育部の統計数値によれば[7]、2017年の中国の小学入学年齢学童の純入学率は、99.9％に達し、中学校への粗入学率は103.5％、高校への粗入学率は88.3％、それ以上の高等教育機関への粗入学率は45.7％であった。こうしたことから、将来的に教育年限を増大させる有効な方途は、一方では、義務教育の入学率を堅持しつつ、他方では、高校及び大学等への入学率を大幅に上昇させることである。

　中国は、先進国の教育水準、とりわけ義務教育の普及と高等教育の大衆化に追いつき追い越すことを目標として、大きな成績を上げてきた。しかし、近年、教育の継続的発展に不利な要素が数多く生じている。それには伝統的な供給面での制約要因のみならず、需要面での制約要因、及び認識上における誤りの要因も含まれる。ここでは、大学教育の発展を通して社会的に教育年限を増大させ、いっそう高い生産性と革新能力のある人材を育成することに不利になる誤った考え方から検討してみる。

　大学卒業生を代表とする青年たちの就職難、及び高等教育の質的低下という問題がいよいよ目立ちはじめると、社会には、高等教育機関の定員募集の拡大に対する疑問が生じ、甚だしい場合には大学入学の定員拡大を停止すべきではないかという言論までも飛び出している。もちろん、大学教育の質的低下に関するいかなる警告にも耳を傾けなければならないが、こうした観点にみられる、一つの小さいミスを以て肝要な政策を止めさせようとするいかなる意見にも反対する。この面においては、日本の教訓に学ぶ必要がある。日本においては、高度経済成長期、教育の面における追いつき追い越す式のやり方が驚くほどの成果を上げた。例えば、労働年齢人口の1人当たり教育年限の対アメリカ比をみれば、1890年の19.7％は1947年には71.2％にまで増大した。それが1966年に

7）中華人民共和国教育部《2017年全国教育事業発展統計公報》，教育部ホームページ：http://www.moe.edu.cn/jyb_sjzl/sjzl_fztjgb/201807/t20180719_343508.htm

172

は80％を超え、1990年には84.8％にまで至った[8]。周知のように、この全期間、日本は貧しく遅れた農業経済社会から追いついて高度な工業化された豊かな国になった。とはいえ、日本が教育の面においてアメリカの教育に追いつき追い越したのは、1970年代中期以後のことであり、その後のスピードは著しく減速したものであった。日本はすでに教育の高度に発達した経済国家であり、さらに追いかけていく式の発展はかなり難しくなっており、そのスピードが緩慢になるのも当然である。日本の各教育レベルにおけるアメリカとの格差の変化を検討してみれば、中国の教育の発展政策に対するまさに啓発的ともいえる事象をみいだすことができる。日本の著名な経済学者神門善久は、1890〜1990年における日本とアメリカの労働年齢人口の1人当たり教育年限、及びその各教育レベル構成を推計した。この神門教授のデータに基づき、1947〜1990年の日本とアメリカの各教育レベルにおける1人当たり教育年限の格差の変化を考察してみる（図8-2参照）。

この図8-2によれば、1950年代以後、日本の高等教育における追いつき追い超すスピードは徘徊しはじめた。実際には、高等教育の質的低下を心配して、文部省が意識的に高等教育の定員拡張を抑制したという事情もあった。1970年代中期以後、初等教育と中等教育においては、日本はなおアメリカとの格差を継続的に縮小させているが、高等教育における格差は逆に徐々に拡大していった。高等教育に関する労働年齢人口の1人当たり教育年限でいえば、日本の対アメリカ比は、1976年の45.3％から1990年の40.4％に減少し、1965年水準に戻ってしまった。この各教育レベルにおける異なった変化は、日本の労働者のより高級な人材の比率が相対的に低下したことを意味するだけではなく、日本の労働者総体の教育年限がアメリカとの格差を縮小していないことを意味している。日本経済が1970年代中期以後に減速し、1990年以後に停滞したことを論じた際、日本は、なぜヨーロッパやアメリカのように、技術革新の最先端にお

8）Yoshihisa Godo, Estimation of Average Years of Schooling by Levels of Education for Japan and the United States, 1890-1990, Meiji Gakuin University.

いて適度な経済成長を継続的に持続できなかったのかという問題提起をしたが、この教育の発展が相対的に緩慢化したということが、疑いもなく、そのことの重要な要因であることはまちがいない。

　日本の教育発展が西洋国家に対する追いつき追い越すといった形での発展を徹底的に完成しえなかった原因は、日本経済が依拠した成長モデルに関係しているだけではなく、「ルイスの転換点」の以後、経済成長モデルの転換を実現してないということにも関係している。日本経済は、追いつき追い越す過程において、主に欧米諸国の製造業技術を学ぶことや模倣することに依拠してきたため、大規模に若年労働者を育成する中等教育に関していえば、経済成長の必要を満たし、また適確に積極的で顕著な効果を生み出したといえる。特定な発展段階、つまり労働力が豊富で、持続的に農業から非農業へ移動する二重経済の成長期には、そうした経済成長方式によって十分に後発優位を利用することだけが有効な発展戦略であったからである。

　だが、日本経済は1960年前後に「ルイスの転換点」に到達し、労働力不足と

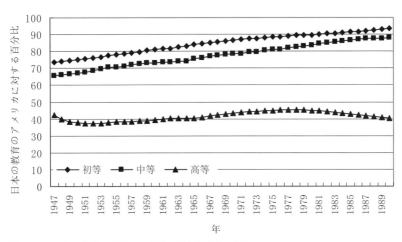

図8-2　日本の教育の「追いつき追い越し」政策の得失

注：原資料の定義から、初等教育は1〜8年次、中等教育は9〜12年次、高等教育は12年次を超える教育をいう。

資料：Yoshihisa Godo, Estimation of Average Years of Schooling by Levels of Education for Japan and the United States, 1890-1990, Meiji Gakuin University.

賃金上昇が常態になった。その後の経済成長は、安価な労働力の地域を超える、また部門間にわたる流動によって、もはや資源再配置の効率を獲得することができなくなり、労働生産性の向上にいよいよ依拠しなければならなくなった。日本がこうしたことに対応してなしえたことは、1960年代に入ってから、主として重化工業への投資比率を高めて、日本経済全体の資本の対労働比を大幅に上昇させたことであった。しかし、これと同時に、技術革新の最先端において、欧米のような革新の継続的突破を果たせなかったので、資本収益逓減現象を避けられなかった。そのため、全要素生産性向上は停滞し、経済成長に対する貢献度は下降していった。総じて、日本は、経済成長方式に対する転換を実現することができなかったため、1990年以後、「失われた20年」に陥ってしまったのである。こうしたなかでは、教育の発展における過ちも当然といえば当然であった。中国はこの教訓から多くを学ぶ必要がある。

　日本は、教育の深化の面において回り道をしたといえるので、高所得国家として高度成長の軌道に入り込んだ際には、教育の発展は、最終的に逆転することもありうるかもしれない。しかし、中国は依然として中所得国の上位に位置しており、なかなかそうもうまくいかない。国連開発計画の数値によれば、2015年の中国の1人当たり教育を受ける期限は13.5年であったが、これは中国が追いつき追い越す対象とした14ヵ国の平均教育年限14.9年と比較すれば、なおも1.4年の格差がある。この格差を短期間のうちに縮小することは、教育の発展法則からして、並大抵のことではない。

8.3　労働力市場の教育インセンティブ

　経済学者は、勤勉に、マクロ的観点から人的資本の経済成長に対する貢献度を推計すると同時に、またミクロ的観点からも大量な人的資本の個人的な教育収益率に関する研究を行ってきた。いくつかの研究は、労働者の教育水準、とりわけ高校と大学の入学水準のよりいっそうの向上が労働者個人と雇用者にもたらす収益についての意義を考究した。こうした研究は、いうまでもなく、中国が直面する問題に対して、現実的な意義を有している。

　家庭と個人の教育収益率についてのある研究によれば[9]、現在の都市及び農村の労働力が受けている教育年限、つまり都市労働力は9.4年、農村労働力は6.8年を12年に引き上げる、すなわち高校卒までの教育を完成させるとすれば、都市労働力の教育収益率は17.0％に、農村労働力の教育収益率は21.1％にまで向上させることができる。この教育年限をさらに引き上げて14年、すなわち高等教育の教育年限にしたとすれば、都市労働力の教育収益率は41.2％に、農村労働力の教育収益率は43.3％に向上する。

　別の製造業企業における教育収益率の研究によれば[10]、従業員が受けた教育年限を1年引き上げるごとに労働生産性は17％向上する。従業員の受けた教育年限を学歴に換算して、すべての中学卒以下の従業員からなる構成がすべて高校卒の従業員からなる構成に改善されると仮定すれば、この企業の労働生産性は24％向上される。さらにこの企業の職工がすべて短大や専門学校卒の学歴に改善されたとすれば、労働生産性はさらに66％に向上するとされる。

　労働力市場の成長とともに、労働力資源の配置において市場メカニズムがますます重要な役割を発揮するようになる。このため、経済成長の人的資本に対するより高い要求及び人的資本の個人的教育収益率や社会的教育収益率は、総体として、ある種の労働力市場へのシグナルであり、企業・個人・家庭において人的資本への投資を誘導する。しかし、他の市場の動向と同じように、人的資本の教育収益率は労働力配置と関係しており、市場機能の失調現象が生じる場合もある。

　「ルイスの転換点」の到来は、非熟練労働力の不足と一般労働者の賃金上昇という現象が普遍的に現れることに示される。これに相応して、労働力市場では、非熟練工と熟練工の賃金同一化傾向という現象、例えば、大学卒業生と一般労働者の間での賃金格差、また一般労働者間のさまざまな受けた教育水準に

9）王美艶《普及高中和大衆化高等教育》，載蔡昉主編《中国人口与労動问题緑皮书No. 9》，社会科学文献出版社，2009年。

10）曲玥《人口红利：延续还是替代》，載蔡昉主編《中国人口与劳动问题绿皮书 No. 9》，社会科学文献出版社，2009年。

176

よる賃金格差が縮小していくといった現象として現れる。こうした現象は、本質上、人的資本の教育収益率の相対的低下を表現している。農民工の相対的教育収益率の推計によれば[11]、2001-2010年間に、高卒以上の教育程度を受けた農民工の教育収益率は中卒の農民工の教育収益率の80.4％であったものが57.1％に下落している。高卒教育を受けた農民工の相対的教育収益率は、中卒の農民工の教育収益率の25.9％から16.9％に下降している（図8-3参照）。

　上述した計量経学による研究成果を現実生活において直接観察できる現象として表現すれば、家庭では、子供を引き続きとりわけ高校や大学に進学させようとは思わなくなり、極端な場合、義務教育段階の中学までで十分だと考えることである。とくに貧困な農村家庭では、出稼ぎの賃金水準の上昇は義務教育を完成させる機会コストを大幅に増大させるので、進学をストップさせるというさらに多くの現象が誘導される。中国社会科学院農業政策研究センターによ

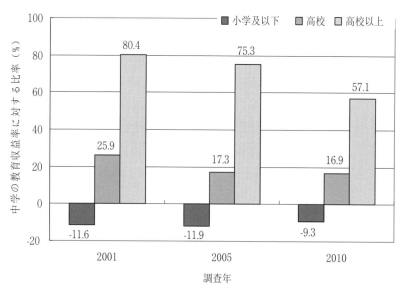

図8-3　農民工の相対的教育収益率の変化
資料：蔡昉，都陽《工資増長，工資趨同与刘易斯转折点》，《経済学动态》2011年第9期。

---

11) 蔡昉，都陽《工資増長，工資趨同与刘易斯转折点》，《経済学动态》2011年第9期。

る貧困農村の調査によれば、2009年 9 月から2010年10月までの 1 年間において、中学 1 年で就学を止める学生の比率は5.7％、中学 2 年で就学を止める学生比率は9.0％、中学 3 年ではそれが10％前後にまで至り、中学全体での就学停止比率は、25％を上回っている[12]。教育費用が免除される義務教育においてこのような状況であるから、機会コストと費用負担がかかる高校教育においては、明らかに農村家庭ではこの就学を拡大させる力はない。

　先に日本の事例として、高等教育の発展が減速していること、さらには停滞さえしていること、こうしたことが将来の持続的な経済成長に潜在的な脅威になっていることを検討した。ここでは、アメリカの事例によって、次世代の労働者が高校までの教育を完成させないとしたら、さらに極端な場合として義務教育を完成させないとしたら、労働力市場にいかなる結果をもたらすかを検討してみよう。

　まずはアメリカの現在の状態、つまり雇用拡大をともなわない景気回復（ジョブレスリカバリー）が継続し、ある場合には失業率が増加さえしている状態から論じよう。アメリカのこうしたジョブレスリカバリーは1991年に初めて現れ、以後、いくつかの経済危機の際には、経済が回復しているのに失業状況は回復しないという事態が生じた。このジョブレスリカバリーには多くの解釈が可能である。例えば、アメリカの実体経済の衰退がその重要な原因の一つであるという解釈もできるが、労働者の技能は産業構造の変化にうまく対応できないということも一つの重要な原因である。

　「知識経済」の急速な発展とともに、コンピュータが一部の中等熟練程度の職場の仕事を代替するような状況が生じ、アメリカの労働力市場は両極化の傾向を示しはじめた。すなわち高熟練程度の職場と末端の低熟練の職場が急速に増大して、中間の熟練を必要とする職場が総体的に減少していった[13]。また、

12）張林秀，罗仁福，易红梅，黄季焜，史耀疆：《贫困地区农村中学生辍学问题值得关注》，《政策研究简报》，2011年第 1 期。

13）David H. Autor, Lawrence F. Katz, and Melissa S. Kearney, The Polarization of the U.S. Labor Market, *NBER Working Paper* No. 11986, 2006.

同時に進展した経済のグローバル化は、グローバルな職域再編をもたらし、末端の低熟練の職場に就業する者と高度な熟練を必要とする職業に就く者に同程度の利益獲得を保証することはなかった。実際、前者は、グローバル化のなかで損失を蒙った[14]。

　これらの低熟練の職域で働く労働者、あるいは低い教育程度しか受けなかった移民の労働者、あるいは若い時に「中学から直接中産階級に移行」のモデルによって損をした労働者、あるいは職業移動に恵まれず、人的資本が長期的に改善されない「錆びついた工業地帯（ラストベルト）」に屯する普通の労働者たち、総じてこうした階層にいるアメリカの労働者たちの人的資本は、産業構造の高度化が要請する新需要に適応することができず、そのため、経済の周期的変動において、不況による就業困難に遭遇しただけではなく、さらに長期的なジョブレスリカバリーに耐えなければならなかった。

　アメリカの労働力市場の両極化によって、収入の格差が拡大し、就業そのものが不安定になったが、これは人的資本に対する政策の誤りから生じたものであった。長期間、アメリカの教育は世界の最先端にあり、後発の国家にとっての目標モデルであった。しかし今日、アメリカは依然として世界最高水準の大学教育を有し、科学技術の革新分野では継続的に指導的地位にいるけれども、多くの青少年は大学に行こうとはせず、さらには高校の入学率も大いに低下して、総体としての人的資本の水準は下落している。例えば、アメリカの25歳以上人口の教育を受けた平均年限は、2000年の13.22年から2010年の12.45年に下降し、それに対応して世界173ヵ国の同一指標の中位の数値に対する比率も低下していった（図8-4参照）。こうした人的資本の状況は必然的に末端の低熟練労働力の堆積を導き、多くの労働者をグローバル産業の分業における被害者にしてしまった。

---

14) Paul Samuelson, Where Ricardo and Mill Rebut and Confirm Arguments of Mainstream Economists Supporting Globalization, *Journal of Economic Perspectives*, Vol. 18, No. 3, 2004, pp. 135-146.

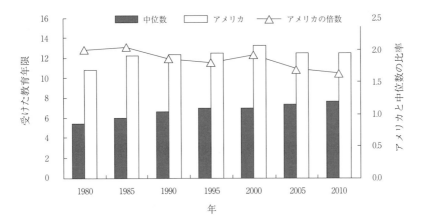

図8-4 アメリカの25歳以上の教育を受けた年限の推移
資料：联合国开发计划署官方网站，http://www.beta.undp.org/content/undp/en/home.html

　中国では、「ルイスの転換点」の到来後、短期的な非熟練労働者の不足現象が生じた。就業機会の増加に直面した彼らの賃金は急激に上昇するという絶好の時期を迎えた。しかし、この「絶好期」は長くは続かなかった。この時期が労働力市場において人的資本形成のインセンティブに不利に作用するとすれば、例えば、さらに多くの就業機会の増加と不断に増大する賃金は、青年たちの勉学や進学の意欲を削ぎ、労働市場へと導くといったことが続くとすれば、こういった労働者群は、最終的に産業構造の高度化といった衝撃に遭遇して、将来の労働力市場における脆弱な集団になってしまうのである。

8．4　教育の提供に対する政府の責任

　たとえ計画経済の時期であっても、その経済発展の水準に対応した教育の発展があり、中国では基礎教育においてめざましい発展が実現され、その後の40年間、人口ボーナスを獲得する人的資本の基礎が打ち固められたのである。改革開放期、中国政府はさらに継続して教育を発展させる努力を積み重ねた。その発展を推進する政策上において最も重要な突破口となったものは次の2つであった。1つは、義務教育法の公布であり、これを契機にして、義務教育は急

速に普及していった。とくに2007年以後、義務教育に関わる学費等の免除が実施されて、9年制の義務教育の就学率は大いに向上した。もう1つは、1999年の短大・専門学校・大学等の高等教育機関における募集人員の拡大であり、それら教育機関の入学率を向上させただけではなく、それが刺激となって高校の入学率をも向上させた。

　疑いもなく、上述した教育の発展における突破口は、中国の高度経済成長の全期間にわたる人的資本の蓄積に有力な保障を提供し、人口ボーナスの開発を促進した。しかしながら、経済発展の新段階においては、長期以来の伝統的な供給要因が依然として教育の発展を制約していただけではなく、多くの新たな状況も生じており、さらに需要の側においても変化が生まれ、それらが一緒になって、人的資本の蓄積が新たに突破しなければならない障害になっていた。

　長期間、中国社会の各界では、教育事業を発展させる要は政府支出がこれを保証することにあるとして、GDPに対する財政の教育支出比率を高めるよう訴えてきた。こうした努力はまさに適確なものであり、政策的意義は大きく、実行しやすいというメリットを有している。いうまでもなく、公共の教育支出の不足は、教育の発展が直面する重要な制約要因であった。入手可能な数値によってみると、2008年の中国の財政の教育支出の対GDP比率は2.87％であり、アメリカのこの比率5.37％のわずか53.4％にしかならなかった。その他、教育投資の規模は国家の人口年齢構造と関連している。ある国家の教育を受ける年齢人口の総人口に占める比率が高い時は、教育に対するより多くの投資が必要とされることになる。

　教育を受ける年齢人口比率による教育投資の標準化に基づいて、再度、国際比較をしてみると、より科学的に各国の教育投資の水準の差異を知ることができる。アメリカの6歳〜24歳の人口の総人口に占める比率を基準にして、各国の公共教育支出の対GDP比率をみてみると、次のことが明らかになる。中国の現在の総人口中、依然として大きな比率を占めているのは、教育を受ける年齢の人口であり、このため、標準化後の実際の公共の教育支出の対GDP比率は2.4％であり、この比率はアメリカの50％にすぎないということである[15]。

　いうまでもなく、公共の教育支出水準を大幅に引き上げることを一つの目標に掲げたことによって、施策は比較的実行しやすいものになった。長い間の論争と論証を経て、『国家の中長期の教育改革と発展計画綱要（2010-2020）』が作成され、2012年の財政の教育経費支出を対 GDP 比 4 ％に引き上げることが政府の義務的要求として提出された。これは教育への公共投資を顕著に増加させる一助となった。2012年にこの目標が達成されて後、公共の教育支出は終始対 GDP 比 4 ％を下回らない水準を維持してきた。しかし、公共の投資比率のみに目が奪われるあまり、「物を見て内容を見ない」という限界が生じていた。換言すれば、たとえ公共の教育投資が顕著に増加したとしても、資源調達の困難さ、さらに教育自身の発展法則に基づき、いかに資源を配置するかという困難さを理解すべきであるということである。

　教育は、個人が教育収益率を獲得できる人的資本への投資であり、比較的高い個人の収益率を表現するものであるが、個人投資のインセンティブは適度な規模の公共領域にまで至らないという外部性を有しているので、社会的収益率をも表現している。公共の教育支出が最適な分配と使用に至るには、教育の外部性分布の法則に符合しなければならない。教育経済学の研究によれば、教育の社会的収益率は、就学前の教育段階で最高であり、その次が基礎教育段階、比較的高い教育段階、職業教育と訓練養成の教育段階へと連なるとされる[16]。

　しかし、中国の教育支出においては、家庭支出が依然として高比率を有しており、先進国はいうまでもなく、その他国家の水準を明らかに上回っている。例えば、2005年の個人の教育支出の比率は、全教育支出の54.1％にまで達しており、 EU19ヵ国の平均水準よりも45ポイントも高く、メキシコと比べても35.6ポイント、韓国より13.8ポイントも高い[17]。

　図8-5によって、2009年のさまざまな教育段階における学生 1 人当たりの

15）蔡昉，都阳，王德文《我国教育改革和发展战略若干问题研究》，（蔡昉主编《中国人口与劳动问题绿皮书 No. 9 》，社会科学文献出版社，2009年），第10页。

16）James Heckman and Pedro Carneiro, Human Capital Policy, *NBER Working Paper* No. 9495, 2003, を参照。

182

非財政の経費支出、つまり個人と社会による学校運営費及び学費等への支出比率から、家庭の負担を検討してみると、次のことが理解される。第1は、義務教育段階にあっても、非財政の教育支出の比率が高く、小学校と中学校の教育段階では、それぞれ全教育支出の17.9％と18.5％を占めていることである。第2は、幼稚園と高校教育の段階では、非財政の教育支出がとりわけ高く、それぞれ42.6％と44.6％を占めている。これは、この2つの教育段階の社会収益率が高いということに見合っておらず、教育の深化にとっては不利であるということである。第3は、職業教育に関連する中等教育（高等専門学校、職業専門学校）と高等教育（大学等）の段階においては、非財政の支出比率が高く、ある程度合理性を有しているといえるが、絶対的な非財政の負担額は他の段階と比較して大きいということである。例えば、大学教育における学生1人当たりの

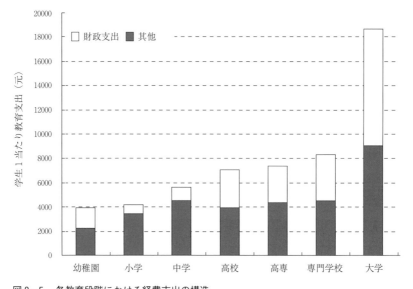

図8-5　各教育段階における経費支出の構造
資料：教育部財務司，国家統計局社会和科技統計司《中国教育経費統計年鑑（2010）》，中国統計出版社.

---

17) 蔡昉，都阳，王徳文《我国教育改革和発展战略若干问题研究》，（蔡昉主编《中国人口与劳动问题绿皮书 No. 9》，社会科学文献出版社，2009年），第10页。

負担額は9612元に膨らんでいる。

　家庭支出の大部分が各種の教育に用いられているといったこうした状況は、家庭における教育費の過重負担をもたらし、家庭における消費を抑制するのみならず、教育に対する負のインセンティブを生み出すことになる。とりわけ低所得の家庭についていえば、教育に対する負担がさらに過重なものとなってくる。このことは、国家がいまだ教育という領域において均等化を実現する公共サービスを提供するという役割を果たしていないということ、つまりいまだ必要な再配分の機能を果たしていないということを意味している。それどころか、逆に貧困者になればなるほど過大な負担をかけるという状況を造成しているのである。人的資本は、個人と家庭が労働市場に参入し、そこから経済発展の成果のどれほど受け取るかということを決定づけるのであるから、教育の不平等は、こういった参入と享受の機会の不平等を継続させ、貧しい者はいよいよ貧しくなり、富める者はますます富んでいくという不平等の状況を何世代も引き継がせていくことになろう。

　教育資源とりわけ公共教育資源の、都市と農村間、豊かな地域と貧困地域間、及び義務教育とより高次な教育段階との間における不平等な配分は、教育の発展にマイナス効果をもたらすことが理解されている。多くの研究者は、都市と農村間の収入の格差に比べると、教育の格差はその数倍にもなるということを指摘している。このため、教育の発展を制約するボトルネック要因、及び教育資源の分配における不均等をもたらす重要な要因を正確に把握し、農村教育の遅れている状況から着手するだけではなく、ライフサイクルの順序に基づいて、関連する人々の教育問題を具体的に考察しなければならないのである。

　農村の子供たちは、教育の最初の段階において、すでに遅れた状態にあった。就学前教育が子供の身体の発育・認知の能力・社会との交流の能力等のすべてに影響を与えるので、この段階の教育の社会収益率は最高である。2006年、OECDの28ヵ国では未就学年齢の児童の平均粗入園率はすでに83.9％にも達している。とくにスペイン等の9ヵ国では、それがすでに100％になっている。これに対しして、中国では、この年齢の児童の粗入園率はわずか50.9％にしか

すぎない[18]。就学前教育の普及率は主に農村において低い状態にある。

　就学前の啓蒙教育テストによれば、ある子供のテスト結果が70点以下であったとすれば、この子供は小学校入学の十分な準備がなされていないと判断される。都市では、小学校入学の準備が十分にされていない児童の比率は約３％であるが、農村での同じようなテストによれば、この十分に準備ができていない児童の比率は57％にも達する。これこそ、絶えず強められている都市と農村間の教育格差の不公平のスタートラインなのである[19]。

　人的資本の蓄積に関連する需要側のインセンティブ要因及び供給側の資源配分要因のいずれもが最も顕著に不利な作用を及ぼしているのは、農民工とともに移動している子女やその留守家族の子女の教育においてである。ある研究者の調査研究と推計によれば[20]、2008年、中国の農村には０歳〜17歳の留守家族の子女は約5800万人おり、そのうち14歳以下の子女は4000万人である。2005年の全国人口の１％抽出調査の数値を利用して、０歳〜17歳の農村から都市に移動してきた人口を「都市流動児童」と定義すると、2005年の「都市流動児童」の人口は2266万人と推計され、そのうち14歳以下の人口は1634万人である[21]。

---

18) 徐卓婷：《対中国普及学前教育的研究与思考》,《社会科学戦線》2010年第11期。教育部は2016年の就学前３年の教育の粗入学率はすでに77.4％に達したとしている。（http://news.163.com/17/0928/14/CVE 7 REN600018AOQ.html）を参照。しかし、この数値は、実際の個別的な観察結果からはいまだ支持を受けていないとされる。

19) 施維：《哪些障碍挡住了农村学生的大学之路》, 三农网, 2009年８月26日, http://www.farmer.com.cn/news/jjsn/200908/t20090826_480926.htm

20) Gao Wenshu, Providing an Education for Left-behind and Migrant Children, in Cai Fang（ed）, *The China Population and Labor Yearbook No. 2: The Sustainability of Economic Growth from the Perspective of Human Resources*, Leiden·Boston: Brill, 2010, pp. 75–91, を参照。

21) Gao Wenshu, Providing an Education for Left-behind and Migrant Children, in Cai Fang（ed）, *The China Population and Labor Yearbook No. 2: The Sustainability of Economic Growth from the Perspective of Human Resources*, Leiden·Boston: Brill, 2010, pp. 75–91, を参照。

　国連児童基金（UNICEF、ユニセフ）は、中国の2015年の全国人口の１％抽出調査の数値を利用して、人口流動の影響を受ける児童の最新状況を紹介している[22]。この報告によれば、「都市流動児童」は約3426万人であり、０歳～17歳人口の12.6％を占める。留守家族の児童は6877万人でその比率は25.4％であり、そのうち農村の留守家族の児童は4051万人、都市の留守家族の児童は2826万人である。このように人口流動の影響を受ける児童総数は1.03億人に上り、全児童人口の38.0％を占め、そのうち義務教育年齢の児童は4418万人で、全義務教育年齢児童の33.6％を占める。

　この２つの児童集団は、父母による世話が疎かにされ、成長期に厳しい心理上及び生理上の問題を抱え、さらに中途退学のために就業が難しいという問題に直面しているだけではなく、教育において、留守家族の児童らには、農村教育の質があまりにも低すぎるという問題、また「都市流動児童」には、入学難とりわけ公立学校への入学が困難であるという問題が生じている場合が多い。こういったことから、次のような２つの問題が生じている。

　第１は、これら２つの児童集団の中等教育（高校水準の教育）における進学率が都市住民の子女に比べてはっきりとした格差を生み出しているという問題である。農村留守家庭の児童及び「都市流動児童」の小学校における在学率は、都市戸籍を持つ児童と比べてみると、とりわけ顕著な格差があるわけではない。しかし、小学校の学業を完成した後の退学率を比べてみると、都市戸籍児童のそれを上回りはじめるのである。そして、さらに高次の教育段階に行くにつれて、彼らの退学率はさらに大きくなり、在学率は低下していくのである。例えば、15歳～17歳の「都市流動児童」の在学率についていえば、男子の場合は都市戸籍児童の56.3％、女子の場合は44.2％にしかならないのである（図8−6参照）。

　第２は、これら２つの児童集団の将来大学に進学する機会が大いに減少して

22）国連児童基金「2015年の中国の児童人口の状況：事実と数値」。
　　http://www.unicef.cn/cn/uploadfile/2017/1009/20171009112641471.pdf

いるという問題である。「都市流動児童」についていえば、父母は都市で仕事をしているが都市戸籍はないため、彼らの子女が大学入学試験に参加するには戸籍のある農村に帰るほかない。農村では、教育水準が低いというだけではなく、もともと合格者（合格定員）が少ないため、農村から大学に入る機会は都市よりもかなり低い。まして農民工の「都市流動児童」や留守家庭の子女に至っては、入学機会はさらに低いといわざるをえない。農村出身の学生の比率は不断に減少を続けているのである。1980年代、大学等における農村出身者の比率は30％以上あったが、近年に至っては、大学生の出身別比率では、都市が82.3％、農村が17.7％となっており、この30年で、農村出身の大学生の比率は、ほぼ半分に落ちているのである[23]。

　重点大学の新入生についていえば、農村出身の学生比率もまた低下傾向にあ

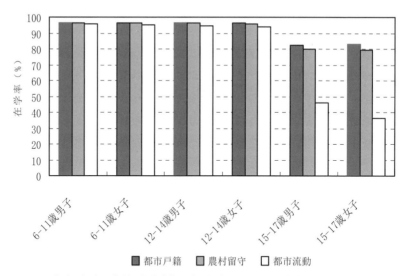

図 8-6　都市の児童・農村の留守家族児童・都市流動児童の在学率比較

資料：Gao Wenshu, Providing an Education for Left-behind and Migrant Children, in Cai Fang (ed), *The China Population and Labor Yearbook No. 2: The Sustainability of Economic Growth from the Perspective of Human Resources*, Leiden·Boston: Brill, 2010, p.80.

23）李龙《农村大学生比重为何少了一半？》,《广州日报》2009年 1 月24日.

る。1978〜1998年の北京大学の新入生のうち、農村出身の学生は約3割を占めていたが、2000年から現在まででは、それが1割ほどにまで減少している。清華大学では、2010年クラスの学生のうち、農村出身者はわずか17％を占めるだけであった。もとより農村人口が減少していることがその一因をなしているのであるが、こうした変化の解釈をこれだけで説明するにはもちろん不十分である。なぜなら、2010年には農村戸籍の受験生が62％を占めていたからである[24]。明らかに、教育資源の不均等な状況は、農村の教育の質の低下を招き、合格者のみならず受験者数の減少をもたらしているのであり、このことこそが最大の理由なのである。

　多くの問題が山積しているが、疑いもなく、教育の発展は、新たに労働者となる人々の人的資本の増量を不断に改善している。しかし、中国の特殊性として、年齢の高い労働者の教育程度は低く、かつ年齢が高くなればなるほどその程度がさらに低くなるという事情がある。労働年齢人口のうち、40歳人口の平均教育年限は、24歳人口のそれよりも1.12年短い。50歳人口の平均教育年限は、40歳人口のそれに比べて1.11年短く、60歳人口の平均教育年限は50歳人口のそれに比べて1.44年短い[25]。

　中国の現在と未来の主要な労働力の供給源としての農民工についていえば、比較的年齢が高い労働者の教育水準は明らかに低い。例えば、2010年、16歳〜30歳の新世代農民工のうち、27.4％が高校教育を受けており、31歳〜40歳の年齢と51歳〜60歳の年齢のうち、高校教育を受けた者は、それぞれ19.9％と18.0％であった。16歳〜30歳の農民工のうち、14.9％が高等専門学校（短大を含む）以上の教育を受けていたが、後者の2つの年齢の者では、こうした教育を受けた比率は、それぞれ5.4％と2.1％にすぎなかった[26]。

24）引自潘暁凌，沈茜蓉，夏倩，劉星，何謙：《穷孩子没有春天？寒门子弟为何离一线高校越来越远》，《南方周末》2011年8月24日，　http://cul.sohu.com/20110824/n317222450_3.shtml

25）王广州，牛建林《我国教育总量结构现状，问题及发展预测》，载蔡昉主编《中国人口与劳动问题绿皮书 No. 9》，北京：社会科学文献出版社，2009年，を参照。

188

人的資本の貯蓄量が比較的低位な状態にある場合、年齢の高い労働者は、産業構造の高度化とともに、ますます労働力市場の技能要求に適合できなくなり、摩擦的失業ないし構造的失業といった困難に遭遇し、就業の困難な集団になっていく。農民工及び都市の就業困難な人々は、往々にして、非正規就業領域に集中し、そうした就業の不安定が在職労働者の労働技能の向上をさらに難しくしている。このため、合理的制度に基づいた技能訓練の強化を通して、現有の労働力の教育水準と技能を向上させることが、将来の経済成長における労働力供給の潜在力を掘り起こすのに必要であるというだけではなく、こうした人々の労働力市場における衝撃に抗しうる力を強化していっそう社会的リスクを減少させていくためにも、必要とされるのである。

8.5 結び

教育は純粋な「公共品」ではないが、個人の利益と社会の利益には差異があるので、市場メカニズムの役割を崇拝するどんな経済学者も、政府がこの教育の領域に介入すべきであり、介入する必要があることを認めている。「ルイスの転換点」に対処しようとしている中国についていえば、市場メカニズムが機能しなくなるようなある特別な事情が現れている。それは当面の労働力市場における教育の相対的収益率が低下しているということである。労働参加率を引き上げて当面の労働力不足を解決することも一つの方法ではあるが、そのことがかえって将来的に必要される人的資本の蓄積を害することになってしまうことになる。

教育は、経済の持続的成長を促進のみならず、人間の全面的発展・所得配分の改善・社会の安定をもたらすことから、広範囲な外部性を備えている。とりわけ、中国の当面の転換段階においては、政府は教育の面で特別に煩雑で重大な役割を行わなければならない。他方、教育の発展は人的資本の収益率から生

26）蔡昉，王美艳：《当中国制造业遇到刘易斯拐点》，《管理＠人》2010年11月刊，总第66期。

じるインセンティブに頼らなければならない。教育の発展は社会・家庭・個人の需要を通して推進され、多くの教育のミクロでのインセンティブを受けることで、さらに増強されるのである。人的資本の蓄積の拡大は、教育部門における工夫を必要とするだけではなく、さらに広範囲な分野からの考察も必要とされる。これまでの研究が明らかにした人的資本の蓄積の緊急性及び人的資本の育成中に直面する重大な挑戦からすれば、次のような領域において、必要な政策調整・制度設定・体制改革を行わなければならない。

　第1は、義務教育を就学前の教育及び高校段階の教育にまで延長させ、高等教育の規模拡大のスピードを維持することである。就学前教育の重点を農村におき、公共サービスの無料化を通して、農村における就学前教育の普及率を大幅に向上させ、都市と農村の格差を顕著に縮小させるのである。義務教育という手段を用いて、高校教育を受けるための個人支出を低減ないし無料化させることで、真の高校教育の普及率を向上させことができるのであり、さらには労働年齢人口の平均教育年限を確実に増加させることができるのである。多くの者の大学進学の機会を拡大して、高等教育の普及化を図ることが、将来、国家が技術革新と生産性の向上によって経済成長を持続していくのに必要な条件であるだけではなく、所得配分を改善し、「社会的包摂の増進」（アジア開発銀行がいう inclusive growth であり、社会と経済の協調的発展・持続可能な発展を図ることであるが、中国では公平性の確保が含意される）を実現していくうえで、必ず通過しなければならない道なのである。

　第2は、労働力市場の制度創設から着手して、各種の職業訓練を強化し、労働者の人的資本の蓄積量を改善することである。中国の職業訓練体系における極めて重要な問題は、在職研修や訓練と労働力市場の関連性が比較的希薄な状況にあるということである。この関連性が比較的希薄な状況にあるということは、研修や訓練を受けた労働力は労働力市場の需要を十分に満たしていないということである。こうした状況では、研修や訓練は何の意味も持たず、最終的には、研修・訓練を受けようという意欲も潰えてしまう。労働市場を分断している戸籍制度と就業の非正規化は、企業が提供する在職研修や訓練の積極性を

削ぎ落し、公共的研修・訓練の適確性や有効性をも喪失させる。安定した規範的な就業は人的資本の収益率に関連する制度のゆがみを矯正することができるので、職業訓練・研修については、供給と需要の両方からその効率改善を図らなければならない。

　第3は、教育体制の改革を通して、さらに教育規模を拡大し、教育の質を改善することである。高等教育の継続的な拡大には、教育体制・学科配置・専門分野の設置・教学方法（カリキュラム）等に対する改革が必要であり、高等教育機関（学校）を労働力市場と社会経済の発展の要求に適合させなければならない。教育体制には、換骨奪胎式の改革が迫られており、その核心は、各レベルや各種の教育を包括した、行きすぎた政府管理の改革にある。政府は、管理・規範の策定と公共教育の資源を均等に配分することに集中し、教育事業にさらに自主的な発展を実現させる十分な空間を与えるべきなのである。

　大学生は、一般的労働力と異なり、高等教育を受けた後、さらに修学した専門知識に磨きをかけ、職能との適合性をとくに重視する。このことが就業の困難をもたらしている理由でもある。加えて、現在、中国は産業構造の転換に直面しており、これまで修めてきた学業と職能との適合性はますます困難になってきている。このため、在学中、一般的に通用する知識や技能を身につけることがますます重要なものとされるので、専門知識の学習内容を学ぶ比重を引き下げ、大学卒業生を多種多様な職業に対応しうる人材に変えていかなければならないのである。

第9章　経済発展の政策

"无欲速，无见小利．欲速则不达，见小利，则大事不成．"（【战国】《论语・
子路》）

「速やかならんことを欲するなかれ。小利をみることなかれ。速やかならん
と欲すれば、則ち達せず。小利をみれば、則ち大事ならず」（【戦国】『論語・
子路』）

「ワシントン・コンセンサス」を提唱したジョン・ウィリアムソン（John
Williamson）は、学術界及び大衆による広範な批判にいくぶん不満を抱いている。
当初から、彼は、発展途上国と体制転換国がいかに経済成長の軌道に乗ったか
に関する確かな共通認識には、とりわけ「マクロ経済の安定性」に関する認識
には、まちがいはないと考えていた[1]。ウィリアムソンに賛同する人も多く、
彼らは、一般に「ワシントン・コンセンサス」を「安定性、私有化、自由化」
として簡単に概括することは事実上の誤読であり、単純化であると認識してい
る[2]。こうしたなか、改革開放期の高度成長における中国のマクロ経済は比較
的安定していたから、中国経済発展の成功こそ「ワシントン・コンセンサス」
を遵守したからにほかならないと考える人もいた[3]。しかし、このような中身
のない空論は、先進国と発展途上国では、また体制の比較的成熟した国家と体
制転換の国家では、マクロ経済の安定的条件が大いに異なっていることを指摘

1）約翰・威廉姆森（John Williamson）《华盛顿共识简史》，载黄平、崔之元主编《中
　国与全球化：华盛顿共识还是北京共识》，社会科学文献出版社，2005年，を参照。

2）迈克尔・斯宾塞《下一次大趋同：多速世界经济增长的未来》，机械工业出版社，
　2011年，第73页。

192

しておらず、中国の経済成長における各種の発展政策が発揮した効果、及びそれに関する経験や教訓に関しても答えようとしていない。さらに、体制転換中の中国経済がいかにマクロ経済の安定を実現したか、将来、経済政策を制定する際にはいかなる原則を遵守すべきかに関しても描き切れていない。

　いうまでもなく、労働要素価格の上昇する条件の下にある特殊な経済転換期における中国の重要な挑戦は、経済成長率の維持と新たな比較優位を模索することである。しかし、政府主導の方式でこのような挑戦に対応するには、さまざまなリスクに遭う可能性がある。なぜなら、政府がその意図を予見可能な計画期間内に確実に実現させるため、往々にして過度に産業政策や地域発展戦略や大規模な投資による刺激などの政策手法を用いることになるからである。その結果、伝統的な経済発展方式を強化して、経済成長における不均衡や不調和状態を悪化させ、成長の持続可能性を維持できなくさせてしまうのである。本章では、こういった政策の潜在的リスクについて検討し、そうした政策の含意を明らかにする。

9.1　不均衡はどこに現れるか

　国際社会で活躍している多くの西洋の経済学者と政治家にとっては、世界経済の再均衡問題を討論することに興味が尽きず、これに触れるたびに、中国の経済成長モデルが不均衡を招いた原因を論証しようとした。彼らにいわせれば、中国の対アメリカ及び対欧州の貿易黒字と資本投資の膨大な規模が世界経済の不均衡を招いた根源であるということになる。

　本来、比較優位の理論では、長期的に労働力が無限に供給される二重経済の発展段階にある中国経済が高度成長と対外開放を開始すれば、その比較優位は必然的に労働集約型製造業の製品に現れ、労働力コストが高く、産業構造の脱

3）姚洋《作为制度创新过程的经济改革》，格致出版社、上海人民出版社，2008年，第1頁。しかし、こうした認識は、病気を治療する際の「処方」と「治療効果」という2つの異なった概念を混同していることから生じたものである。

製造業化過程にある先進国は、こうした産業領域で中国と競争できず、当然、中国との間で貿易の不均衡が生じることになる。例えば、アメリカ経済における高レバレッジ（leverage）、低貯蓄率、及び中間分野（ミドルエンド）における就業の場の喪失後、そうした労働者が技能不足からローエンドの職場あるいは国外へ流出するといった現象は、いうまでもなく国内の経済政策の問題なのである。

　こうしたことは客観的に存在する比較優位の差異から生じた貿易結果であるのに、これまで経済のグローバル化と自由貿易を全面的に鼓吹してきた西洋の経済学者や政治家たちは、中国が為替を操作した結果であるといい、この不均衡構造は中国のせいであるとする。これは非常に不公正で科学的精神に欠けた行為である。こうしたことから、経済のグローバル化に反対する政策が打ち出されようとしているだけではなく、ある場合には、一方的に貿易戦争を仕掛けるといった誰の得にもならない措置を採るような傾向も生じている。

　とはいえ、このグローバル経済の不均衡に関する論争は、逆に一つの啓示を提供してくれる。それは、西洋の政治家たちは自国の国家利益を優先する原則に従って世界経済問題を解釈し、経済学者たちは時と場合に応じて、そうした政治解釈に理論根拠を提供しているにすぎないということである。例えば、一貫してグローバル化の提唱者を自任してきたアメリカの経済学者は、アメリカが唯一のグローバル化の受益者ではないこと、さらに「就業率が回復せず」、所得格差の拡大等のグローバル化の副作用に耐えていることを知って、これまで信仰してきた理論を修正しようとしているからである[4]。

4）ポール・サミュエルソン（Paul Anthony Samuelson）は、かつて熱心にリカードの比較優位説を推奨し、社会科学における屈指の正確かつ重要な理論であると称していたが、数年前には、時代の進展に合わせて、グローバル化は必ずしも貿易の深化を通して各国に均等に利益をもたらすものではないということを明らかにした。Paul Samuelson, Where Ricardo and Mill Rebut and Confirm Arguments of Mainstream Economists Supporting Globalization, Journal of Economic Perspectives, Vol. 18, No. 3, 2004, pp. 135-146, を参照。

194

　実際、中国の政策制定者は、早くから過剰に輸出に頼る経済発展方式は持続可能な発展をもたらさないと認識し、経済成長に対する観点から積極的にそれを調整することに努めてきた。こうして、世界金融危機の発生及びその後の世界経済情勢の変化、また中国経済の比較優位の変化にともなって、世界経済の再均衡に関連する中国経済の成長モデルにも重要な変化が現れた。例えば、人民元の対ドル為替は、1994年から2004年の間、安定的な上昇傾向を示し、2005年以降に顕著に上昇し、アメリカのサブプライム危機が誘発した世界金融危機の爆発以後、中国の輸出成長率は著しく低下し、貿易黒字幅は大きく縮小し、純輸出の中国経済に対する貢献度は大きく低下した。2012年、国際通貨基金（IMF）は、人民元はもはや「過小評価」されていないと公表した[5]。

　とはいえ、中国経済の内部には、不均衡・不調和・非持続可能性が現れている。経済成長は輸出主導であったというよりも、投資主導であった（図9-1参照）。例えば、2009年の GDP 成長率9.4％のうち、資本形成の寄与率は86.42％

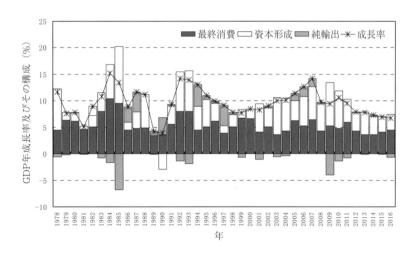

図9-1　GDP 成長率と需要要因の貢献度
資料：《中国統計年鑑》（各年）

5）《IMF 承認人民币汇率接近合理水平》，《参考消息》2012年7月27日を参照。

にも達し、最終消費の寄与率は56.4％であったのに対して、純輸出の寄与率は
むしろ-42.6％にとどまっていた。1990年代中期以降、経済成長をけん引する
需要面では、最終消費が比較的安定し、純輸出と投資需要の寄与率の変動が大
きく、かつ代替関係が形成されていた。輸出が減少して政策が期待する経済成
長目標に十分な貢献を果たせない場合には、投資がこれに代わって経済成長を
けん引する大きな役割を発揮したということである。

　中国では、輸出と投資に過剰に依存する経済成長の構造を転換することが経
済発展方式を転換する重要な項目とされてきた。しかし、中国の「第11次５ヵ
年計画」と「第12次５ヵ年計画」の実行状況からみれば、図９-１にみられる
ように、経済成長の投資に対する依存程度はかえって高まり、最終消費の成長
寄与率は低下している。経済成長が減速してから、消費の貢献率がようやく相
対的に高まったのである。さらに敷衍していえば、中国共産党「第17期全国代
表大会」で確定された経済発展方式の３つの主要項目（「三大任務」）、すなわち
①経済成長の投入主導から生産性向上主導への転換、②輸出と投資の主導から
消費主導への転換、③第二次産業への過度な依存から第二次産業と第三次産業
の調和への転換については、顕著な効果をみいだせなかった。実際、「第11次
５ヵ年計画」と「第12次５ヵ年計画」は、計画指標を十分に完成できなかった
が、これらの多くは経済発展方式の転換と関係するものであった。

　経済発展方式の転換の難しさは、主として政府の経済成長過程への過度な介
入、及び比較的高い経済成長率を維持したいという願望と関係している。換言
すれば、失業率の高止まりや財政減収に対する憂慮から生じる「減速恐怖症」
に対処するための「成長保持」目標が往々にして政府の運用するマクロ経済政
策の手段と結びつけられ、経済発展方式の転換を進めることを難しくしている
ということである。政府がきわめて大きい役割を果たすような経済成長モデル
では、業績を上げられるかどうかは、ある程度まで政府が効果を調整しうる政
策手段、いわゆる政策の「要所（つかみどころ）」に依存することになる。とこ
ろが、経済発展方式の「三大任務」の原点と目標では、その「要所」が大きく
異なっているのである。

　伝統的方式によって経済成長を推進する場合、政府には政策の「要所」が存在した。しかし、新しい発展方式には、こうした伝統的な「要所」そのものが見当たらず、それを掌握できなくなっている。例えば、「成長を保つ」という目標を守る中央政府からすれば、財政政策と貨幣政策を主要手段としたマクロ経済政策・大規模投資を促進する産業政策・産業振興計画・地域発展戦略は、すべて経済成長を維持し推進する有効な「要所」である。だが、発展型あるいは企業家方式を採用する地方政府からすれば、企業（資金）誘致への直接介入や「跑部銭進」（地方政府がコネ等を駆使して中央の各部委員会と接触を図り資金の融通を受けること）、及び融資決定への干渉、甚だしい場合には、人為的に生産要素価格を値下げさせることなども、やはり「成長要求」を完成するための有効な「要所」とされる。こうした手段を用いた結果は、経済成長を必然的にいっそう投入主導・輸出と投資のけん引・第二次産業偏重にさせることになる。まさに政府主導方式である。加えて、さまざまな産業政策の実施の際、政府が主観的に市場の勝者を選択することなどは、革新を主導とする経済成長の効果に大きく影響することはまちがいない。

　理論上は、生産性主導や消費需要主導、及び第二次産業と第三次産業を調和させる経済成長方式も、政策が力点を置くべき「要所」であるといえる。例えば、人的資本の向上・研究開発費の増加・所得配分の改善・都市化の推進などであるが、長期的にみれば、いずれも発展方式の転換を促進する政策である。とはいえ、これらの政策は往々にして比較的長期にわたる持続的な努力を必要とするものであり、その効果も比較的長期間において現れるものである。本来、政府とりわけ地方政府は短期的な業績を追求する傾向にあるものであるとしても、持続的に比較的高い経済成長を維持するという要求は往々にして政府を短期間に効果を上げうる政策手段の採用へと誘導する。その結果、伝統的な発展方式が繰り返され、新たな発展方式への転換を遅らせることになるのである。こうしたことから、経済成長の要素をしっかりと把握しなければならないが、ここでは、これを供給の面と需要の面に分けて検討してみることにする。

9.2　潜在成長率

　中国の二重経済の発展段階には、経済成長に必要な労働力は無限に供給される
という特徴が備わり、それが資本収益率逓減の現象を抑制し、人口ボーナス
によってもたらされる高貯蓄率は高投資率に転化し、十分な生産要素の供給を
保証していた。労働力の農業から非農業への大規模な移動は、効率的な資源再
配置を実現して、労働力を全要素生産性の主要な構成要素とした。ミクロレベ
ルでのインセンティブメカニズムの改善は、技術の効率性を向上させ、外国技
術の学習や外国企業の直接投資を通して、先進国との巨大な技術格差を自身の
技術進歩に転換させることができた。こうして、対外開放と体制改革という条
件のもとで、過去40年間、中国はきわめて高い潜在成長率の恩恵を受け、実際、
それとほぼ同じレベルの経済成長率を実現した。

　しかし、労働年齢人口の増加率の低下ないし増加停止、さらには負の増加に
転じるとともに、農業余剰労働力は大幅に減少し、中国の二重経済の発展の特
徴はしだいに弱まり、ますます新古典派の成長条件の制約を受けるようになっ
た。つまり、労働力不足が生じ、それが資本収益逓減現象をもたらし、農業と
非農業との効率的な資源再配置の余地を縮小させ、将来の経済成長はすでに投
入要素の制約を受けるようになり、全要素生産性の改善の潜在力を減少させて
いった。こうして、潜在成長率は必然的に低下していくことになった。

　多くの研究者は、「成長会計分析（Growth Accounting）」に基づき、1978～
2009年の中国の潜在 GDP 成長率を試算し、2010～2020年の状況の予測を試み、
ほぼ類似した結論を得ている。例えば、ルイス・クイーズ（Louis　Kuijs）の試
算結果が代表的なものであり、中国の1978～1994年の潜在 GDP 成長率は9.9％、
1995～2009年は9.6％、2010～2015年は8.4％、2016～2020年は7.0％であった[6]。
だが、全要素生産性の上昇傾向は不変という仮定の下で、労働年齢人口の絶対

6）Louis Kuijs, China Through 2020 - A Macroeconomic Scenario, *World Bank China Research Working Paper*, No. 9, 2009.

的減少の転換点がより早く到来する可能性及びそれによる就業率の低下と投資
増加率の減少などの要因を考慮して、潜在成長率を試算すると、その下落幅は
さらに大きくなった[7]。潜在 GDP 成長率は、1978〜1994年には10.4％、1995
〜2010年には9.8％であるが、「第12次五ヵ年計画」（2011—2015年）期には7.8％
まで下落し、「第13次五ヵ年計画」（2016—2020年）期にはさらに6.3％に下落す
る（図 9‐2 を参照）。

　中国の人口構成の変化は早く、これまでの予測をはるかに超えていた。それ
は労働力供給のみならず、資本投入や生産性改善等の成長要因にも影響を及ぼ
している。そのため、上述の潜在 GDP 成長率の予測はなお過大評価されてい
ると思われる。これまでの予測では、中国の15歳〜64歳の労働年齢人口は2013
年に増加を停止し、転じて絶対的減少期に入り、人口扶養比率の逆転も同時に
発生するとされていた。しかし、データによれば、長期的に低出生率段階に

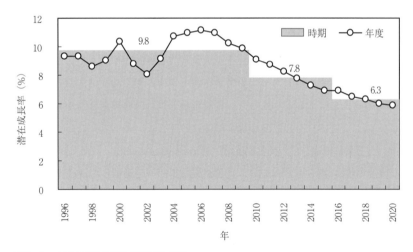

図 9‐2　中国 GDP の潜在成長率の予測
資料：陆旸《中国的潜在产出增长率及其预测》（蔡昉主编《中国人口与劳动问题报告 No.13—人口
　　转变与中国经济再平衡》社会科学文献出版社，2012年）により作成。

---

7 ）陆旸，蔡昉《调整人口政策对中国长期潜在增长率的影响》，《劳动经济研究》2013年，
　　第 1 期.

あったため、中国の15歳〜59歳年齢の人口はすでに2010年から絶対的減少を迎えていた[8]。このため、労働力供給の制約は予測よりもはるかに深刻であるといえる。しかし、多くの予測は、こうしたことに相応する資本収益率逓減現象の深刻さを正確に推計できなかったため、資本供給の潜在力を過大に評価した。より重要なことは、農業余剰労働力の大幅な減少とともに、かつてのように簡単に効率的な資源再配置を実現できなくなっていることである。先進国との技術格差も縮小したので、将来の経済成長を保証する後発優位性は明らかに弱まり、技術進歩もより厳しい困難に直面している。以上のことから、全要素生産性も顕著に減少するにちがいない。

　中国政府の政策当局が低い潜在成長率を受け入れたくないと考えた場合、「要所」に対する外力あるいは市場調整力以外の刺激要因を駆使して、潜在成長率をはるかに超える高成長率を獲得しようと試みる。このような潜在成長率からの人為的乖離策はどのような問題をもたらすであろうか。

　国際的経験からいっても、中国経済がすでに抱えている不調和・不均衡・非持続可能性といった現実からいっても、政策手段を通して全力を挙げて潜在成長率を超える実際成長率を追求するというのは明らかに問題がある。第1は、生産要素価格の歪曲をもたらすということである。人為的な大規模投資の推進は安易な過剰投資を意味し、それが資本要素の相対価格の下方圧力となり、その結果、比較優位な資本集約度の向上を抑え込み、資本収益率逓減現象の深刻化をもたらす。第2は、資源の浪費を招き、すでに現れている生産過剰を深刻化させるということである。市場調整力を度外視した外部からの投資行為は、容易に不合理な資源配置をもたらし、投資効果の低下を招き、生産能力の過剰という結果をもたらす。第3は、不適当な保護を招来するということである。経営に失敗して市場から退出すべき企業、ひいては業界に補助金等の優遇を与え、政府が直接倒産防止に関与することになり、いかにそれが雇用・GDP・

8）中国発展研究基金会《中国発展報告 2011/12: 実現人口，経済和社会的協調発展》
　　第十章，中国発展出版社，2012年.

税収の増加を名義とするものであっても、遅れた企業を保護し、競争メカニズムを損ない、ゾンビ企業を育て上げるだけである。

　こうしたことから、逆に人為的手段を用いて高い潜在成長率を維持しようとすることを放棄すれば、伝統的政策手段を過度に使用せずに済むので、政府の経済成長過程に対する関与は減少し、さまざまな歪み・浪費・保護を回避することができ、よりよくバブル経済を防止できることになる。ここから導き出される結論は、潜在成長率の変化に応じて、経済成長率を適切に減少させることが経済発展方式の転換にとって有益かつきわめて重要であるということである。

　2011年から始まった「第12次5ヵ年計画」は、GDP成長率の予想期待指標を平均7.0％と定め、その前の「第11次5ヵ年計画」の目標よりも0.5ポイント引き下げた。「第13次5ヵ年計画」では、さらに進めてこれを6.5％にした。「中国共産党第19回全国代表大会」を通過した「中国共産党章程修正案」では、これまでの「より好く、より早く発展させる」という表現が「さらに質を高め、さらに効率的に、さらに公平に、さらに持続可能な発展」という表現に改正されたが、このことは、中央政府が適切に経済成長率の予想期待値を引き下げることが経済発展方式の転換を加速するのに有利であると認識したことを意味している。

　しかし、こうした重大な調整を可能にさせたのは、労働力市場の需給関係の変化、及び財政の連続増収や超過収入という趨勢があったからだけではない。それは政策決定者の自信の表れでもあった。こうした自信を保持していくには、潜在成長率は超えるべき性質のものではないという認識を強化する必要があるうえに、雇用拡大や財政の合理的増加の新方途をみつけ出すことも必要とされる。そうでなければ、突発的事態が起こった時に初志を放棄しかねないことになるからである。

9.3　転換期到来の現象

　発展途上国では、通常、産業政策が発展政策の核心をなしている。産業政策は、政府による特定産業や特定地域経済に対する選択的支援政策であるから、

本来、新古典派経済学の批判や「ワシントン・コンセンサス」に誘導されて、そうした政策実践は跡形もなく消失してしまうはずなのに、決してそうはなっていない。また、早期の東アジアの経済の興隆においても、ブリックス国家等の新興経済の発展経験においても、産業政策が確実に失敗したとされる証明はない[9]。ここでは、中国の高度経済成長の有益な経験の一つとして、こうした政策が適切な産業と地域に対して効果的に実施されたということを指摘しておきたい。

　他方、ある国家では、また特定な時期において、産業政策が実施された際、ある場合には、常時みられるようなことでもあったといいうるが、価格の歪みや競争抑制、及び「勝者選定」等の欠陥が確実に存在した。

　いうまでもなく、産業政策に対する評価は単純肯定も単純否定も妥当ではない。取るべき態度は、国情を理解し経験を総括し、どんなとき、どこで、どのように政策手段を使用すれば、産業政策の成功率が高まるか、またどんな場合に、産業施策が失敗しやすいかについて、十分に認識することである。

　ある国家が「ルイスの転換点」に到達し、さらに人口ボーナスが消失して、労働集約型産業の比較優位が徐々に失われる状況に直面した際、投資者と企業は必然的にこれに対して必要な反応と調整を行うが、相応した転換の成功や失敗の結果については、自ら受け入れなければならない。例えば、彼らは、比較優位の方向に合わせて投資部門と地域を変更し、新しい競争力の形成を追い求める。通常、比較優位が変化した状況におけるミクロレベルでの調整は苦痛かつリスクも巨大であり、正確な投資方向を選ぶか、誤った投資方向を選ぶかによって、投資者と企業は淘汰される。投資者と企業にこうした追求を続けるよう激励するには、「創造的破壊」という環境を作る必要がある。つまり、敗者を退出させ、成功者を生存・発展、強大にする環境を作ることであるが、同時に適切なリスクの補償と分担のメカニズムを形成して、投資者に革新リスクを

9）Jayati Ghosh, The Continuing Need for Industrial Policy, *Frontline*, Vol. 29, Issue 9, May, 2012.

恐れずにそれを受け入れ、また甘受するよう導くのである。こうした「創造的破壊」とリスクに対するインセンティブメカニズムがない場合には、比較優位を求める社会的なリスク投資はかなり低下する。個々の投資者と企業にはやる気が失われ、比較優位を求める努力は表層的なものになり、外部活動となってしまい、政府が代替もしくは介入するのが当然の成り行きとなる。こうしたことも、多くの国家が特定の発展段階において、なぜさまざまな産業政策の実施にいかに熱中したかの理由である。とくに、政府は、労働力コストが上昇する状況下において、資本の対労働比を向上させる意図を産業政策の実施のうちに含めるからである。

　政府は、比較優位の変化が激しい時期には、直接投資活動に介入し、潜在的に競争優位にある部門や地域等に新たな成長点を探し求めるが、そうしたことは、追いつき追い越し型国家においては、ある特別な経済発展段階の転換時期によくみられる現象である。まさに中国でみられたように、こうした政府の関与は一連の戦略と政策のなかに現れた。第1は、種々な産業振興計画の実施や戦略的新興産業リストの確定等の産業政策、及び地域発展戦略等の長期的発展政策において、政府は、投資領域への関与や直接投資等によって、その意図を実現させたことである。第2は、マクロ経済の周期的変動現象に対応する際、政府は、経済刺激方策といったマクロ経済政策の発動を通して、自ら確定した優先領域に投資を誘導あるいは直接投資したことである。第3は、企業・部門・産業に対する補助金供与等の保護的政策を通して、政府は、自らの投資と支援の意図を実現したことである。実際には、上記3種の政策手段は、相互に配合・補完・協調して実行された。例えば、世界金融危機による中国経済への不利な影響に対応して、経済成長率を確保するため、中国政府は、2009年に続々と重要産業に対する調整と振興の計画を発動し、最終的に、紡織業・鉄鋼業・自動車・船舶業・設備製造業・電子情報産業・軽工業・石油化学産業・物流業・有色金属業の「十大産業振興計画」を実施した。この産業振興計画は、周期的変動に対応する短期的マクロ経済政策を長期の産業政策及び地域発展戦略と緊密に結びつけたものであった。同様に、経済成長率を確保するための措

置として、政府は、高い科学技術力を持つ戦略的新興産業を確定することに着手したが、その意図は、これら産業を先導産業及び支柱産業に育成することにあった。2010年、この政策が発動され、重点的にエコ環境保護産業・次世代情報技術産業・バイオ産業・ハイテク設備製造産業・新エネルギー産業・新材料産業・新エネ自動車産業等の育成・発展が確定した。

　総体的にいえば、政府の意図は、投資規模が大きく、建設周期が長く、技術上潜在能力がある等の特徴を持つ新興産業を支援しようということにあった。これが確定されれば、その投資と建設に大勢が群がってくることは明らかである。歴史的経験からして、追いつき追い越し型の発展途上国の企業は、比較優位が予測されると、いつも特定な資本と技術集約度の高い産業の発展を追いつき追い越しの手段とするのである。林毅夫は、多くの企業と投資者の判断が一致する状況においては、投資方向に「潮が押し寄せる現象」が形成されると指摘している[10]。

　無数な投資者が理性的に無限の選択を行うという条件の下では、企業や投資者は誤った選択の結果に対する責任は自らが負うのだから、多様化とリスクが隣り合わせにある状態において、比較優位を選択するということは、普遍的に「潮が押し寄せる現象」をもたらすものではない。比較優位に変化が生じる発展段階においては、選択された新たな産業構造が正解であるかどうかは、誰が選択の主体であるかということと密接に関係している。個別的な投資者や企業のリスク投資行為は、案件の選択において過ちを犯すかもしれないが、まさにこうした独立した個別的なリスクこそが、総体として産業構造調整の成功率が最大であることを保証しているのである。

　政府のみが投資活動に関与する状況においては、政府及びそれが誘導する投資規模は大きくなるだけではなく、各種の特恵のみならずさらには補助金が付加され、その誘導性と産業関連により、こうした投資の影響力はいっそう増大し、投資は同じ方向と同一地域に導かれていく。選択を誤れば、マクロ経済の

---

10)　林毅夫《潮涌现象与发展中国宏观经济理论的重新构建》,《经济研究》2007年第1期。

不安定性などの悪い結果がもたらされる。つまり、一度政府が支援政策によって関与すれば、投資の「潮が押し寄せる現象」が生じるが、それで終わらず、この「潮が押し寄せる現象」に関係するさまざまなマクロ経済のリスクや不安定性がさらに経済成長の不均衡を拡大させるのである。それは次のようなものである。

第1は、こうした投資行為は、大規模な信用貸付を誘発し、貨幣供給量の増大を刺激し、流動性の過剰を助長するというものである。実際、シュンペーターの「イノベーション活動」が描いたように、大勢の人々による革新活動の旺盛時における信用貸付の推進作用については指摘するまでもない[11]。中国では、21世紀に入って、広義の貨幣供給量（M_2）はいよいよ経済規模（GDP）を超えて急成長した（図9-3参照）。こうした傾向は、金融危機に対応して実施された「一切をひっくるめた」投資計画の際に、突出的に現れたものであり、この刺激的投資を代表的事例として、「潮が押し寄せる現象」にともなう投資行為がもたらした問題を説明できる[12]。

速すぎる貨幣供給量の増加は、もとより国内投資に対して積極的な促進作用があり、成長を維持する効果を発揮するが、こうした大規模な投資活動は、潜在的に経済を加熱する作用があり、特に金融危機に対応する刺激効果が発生した後、大量な貸付金が建設・生産・流通部門に集中し、生産能力の過剰やインフレを昂進させ、延いてはバブル経済をもたらす。ひとたびマクロ経済政策が引き締め方向に向かうと、一部の生産環節では資金不足が感受されるか、あるいは債務連鎖の断絶や不良債権が形成されるか、あるいは架空経済領域における「資金難」が現れる。この「一切をひっくるめた」投資規模が大きくなれば

---

11) 约瑟夫・熊彼特《经济发展理论—对于利润，资本，信贷和经济周期的考察》，南务印书馆，1990年.

12) 多くの研究者たちは、2009～2010年に中国政府が行った「一切をひっくるめた」投資計画のマイナス効果について論議した。このことについては、Nicholas Lardy, Sustaining China's Economic Growth after the Global Financial Crisis, Peterson Institute for International Economics, Washington, D. C., pp. 11-13, を参照。

なるほど、投資活動が集中すればするほど、政府は経済加熱の圧力を感じ、イ
ンフレ抑制のための引き締め政策を強化しようとするが、その強化期間はいよ
いよ長引き、行政手段の使用頻度もますます多くなる。引き締められたマクロ
経済政策という条件下では、まず中小企業が矢面に立ち、資金獲得がきわめて
困難になり、資金コストも大幅に高騰する。新しい比較優位と競争力を必要と
するこの段階では、産業構造の調整は主として中小企業のリスクをともなう投
資活動に頼ることになるので、金融支援も必要とされるが、マクロ経済政策の
循環的変動に対応したこうした支援策は、中小企業の生成・発展・成長にはか
えって不利になる。

　第 2 は、地方政府が介入する投資活動の状況においては、地方政府の債務リ
スクも増大するようになる。大型国有企業を通して各種の建設活動に関与する
度合いが大きくなるにつれて、財政収入規模が比較的小さく、債券発行の権限
を持っていない地方政府は、1990 年代末から、「融資平台（地方政府の資金収集
機構）」を構築し、融資活動に少なからず参加していた。とくに、金融危機に

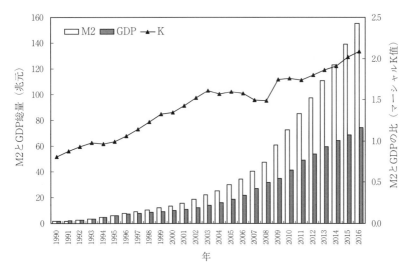

図 9 - 3　広義の貨幣供給量と名目 GDP の成長
資料：国家統計局《中国統計年鑑》（各年）

対応する刺激的投資が増大した際、新しく増加した銀行貸付の多くは、こうした地方政府の「融資平台」に流入した。

　国家審計署（日本の会計検査院に当たる）の報告書によれば、2010年末、地方政府が償還・担保責任、その他責任を負っている債務残高は10.7兆元であるとされる。研究者の推算によると、実際の地方政府の債務総額はさらに多く、2010年末のそれは上記数字の3倍近くの29.6兆元にも達し、同年のGDPの73.9％を占めるという[13]。2013年12月30日、国家審計署は再度全政府の債務監査結果を公表した。2013年6月末、中央政府及び各級政府が償還責任を負っている債務は20.69兆元であり、そのうち、中央政府の債務は9.81兆元、地方政府の債務は10.88兆元であった。こうした政府の負債状況は、一方では、マクロ経済政策に対するある種の束縛傾向を生み出し、財政政策と貨幣政策の調節余地を縮小し、他方では、一度マクロ経済政策による緊縮的な調節措置が発動されると、これらの債務リスクをいよいよ増大させ、いっそうマクロ経済の変動を拡大させることになる。

　中国では、毎年、年末に開催される「中央経済工作会議」において、最も緊迫した挑戦すべき課題が翌年の重点工作にされる。近年来、この重要な工作部局会議において、2015年にはデレバレッジ（債務圧縮）すなわち資産等を売却して負債を減少させる任務が提起され、2016年には「貨幣政策は穏健中立を維持すること」、2017年には「系統的な金融リスクを引き起こさない最低線を厳守し、金融リスクの防止に重点を置く」ことが提起された。こうした政策措置は一定の成功を収めたが、なお企業・政府・民間には、負債リスク過重問題、地方政府の債券発行制限問題、及びデレバレッジ手段の問題等が存在した。

　第3は、こうした投資行為は産業構造の比較優位からの乖離という結果をもたらすということである。貸付規模が急速に拡大すると、とくに中長期貸付の割合は顕著に拡大する。2000〜2012年、全金融機関による貸付のうち、中長期

13）劉海影《地方政府竞争与债务风险》，英国《金融时报》中文网，http：//www.ftchinese.com/story/001043561

貸付の割合は2倍になり、28.1％から56.0％に高まった。ここには、2つの問題が隠されている。1つは、貸付や投資が大規模なプロジェクトに集中する傾向が生じ、中小企業は十分な利益を受けられず、いつも大規模なプロジェクトから排斥されるということである。もう1つは、大規模な長期投資は、最終消費と比較的遠く離れた川上産業、すなわち消費部門から発生した需要が比較的長い期間を経て、ようやく生産能力を形成する産業に集中するという傾向があるので、経済成長の変動の隠れた疾患に容易になりうるということである。

　事実上、長年来、中央政府は幾度も繰り返し禁令を出し、生産能力の過剰や重複建設の問題を解決しようとしてきたが、インフラ整備の先行・地域発展戦略・産業振興・戦略的新興産業発展等の政策実施において、内在的矛盾が存在した。実際、産業政策あるいは地域発展戦略において選定される産業は、往々にして先行的発展の業種であり、まさしく「潮が押し寄せる現象」の発生領域でもある。こうしたことについては多くの学ぶべき教訓があることを知る必要がある。例えば、東北地域等における旧工業基地振興戦略・産業振興計画・戦略的新興産業発展等の計画には、設備製造業のすべてが名を連ね、各級政府が支援する重点産業になり、結局、そうした産業が「潮が押し寄せる」式の投資熱狂点として、発展を主導する部門になっていた。1998〜2008年、全国設備製造業における資産の平均増加率は、他の製造業よりも3.3％ポイントも上回った。このような発展を主導する業種では、生産能力の過剰問題が隠されている場合が少なくない（表9-1参照）。

表9-1　産業政策と生産能力過剰の業種

各種の計画により育成・発展させる業種	経常的に生産能力過剰及び重複建設の業種
紡織・鉄鋼・自動車・船舶・設備製造・電子情報・軽工業・石油化学・物流・有色金属・省エネ環境・次世代情報技術・バイオ・ハイエンド設備製造・新エネルギー・新材料・新エネ自動車	鉄鋼・セメント・平板ガラス・炭化工業・多結晶シリコン・風力電気設備・電解アルミ・造船・人豆圧縮・鉄合金・コークス・銅冶金・自動車・紡織・電力・太陽光発電・太陽光発電設備

　関連研究の結論を踏まえて、こうした産業政策がもたらす生産能力の過剰状態をみてみよう。曲玥は、確立フロンティア生産関数法（stochastic frontier production function）を用いて、2000〜2007年及び2008〜2010年の全国工業企業の生産能力利用率を推計した。これによると、全工業の生産能力利用率は2000年の75％から逐次上昇し、2004年に80.1％に至り、その後、上昇速度は緩まり、2007年以降、総体的に下落傾向をみせたものの、2010年には81.9％にまで達した[14]。政策が支援する産業の生産能力の過剰状況をさらに考察するため、典型的な支援政策のうちから、統計上の標準業種に関連する産業を正確にピックアップしてみると、それらには「十大振興産業」とされる紡織業・鋼鉄業・自動車・船舶業・設備製造業・軽工業・石油化学工業・有色金属業などが含まれている（図9-4参照）。このうち、設備製造業は「東北振興戦略」の重点支援

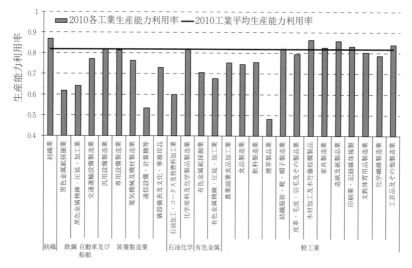

図9-4　振興産業の生産能力利用率

資料：「2000-2007年の規模以上工業企業の数値」及び《中国統計年鑑》における第2分類業種の主要経済指標によって算出。

14）曲玥《大規模投資維持的増長速度—产能过剰研究》，蔡昉主編《中国人口与労动问題报告 No.13—人口转変与中国経済在平衡》，社会科学文献出版社，2012年.

産業である。

　この図 9-4 によれば、2010年の全工業の生産能力利用率の平均水準は82%
弱であるが、政策支援業種のうち、紡織業と一部の軽工業の業種の生産能力利
用率水準はこの工業平均水準を上回った。これら業種は、依然として比較的顕
著な比較優位を有しており、かつ政府の産業政策における支援が直接的ではな
いことから、平均を超える生産能力の利用率を示したのである。これらを除く
と、大多数の業種の生産能力利用率水準は全工業の平均水準よりも低い。突出
しているのは、鋼鉄業の生産能力利用率が70%にも達していないことであり、
有色金属業の業種も70%強に止まっている。自動車・船舶業と設備製造業の生
産能力利用率も、工業平均水準より低い状況にあった。

9.4　さらに多くの刺激的政策は必要か

　経済発展の特定段階、すなわち「ルイスの転換点」を超え、人口ボーナスが
失われた時期には、伝統的経済成長の源泉は徐々に消失していく。技術進歩と
全要素生産性に基づく新しい経済成長の駆動力が迅速な展開をみせなければ、
経済成長は往々にして駆動力不足となり、減速傾向に陥ってしまう。実際、
2012年以来、中国の経済成長率は逐年低下傾向を示しており、政策制定者及び
研究者は、中国経済は以前のような成長率に回復することはないだろうと考え
ていた。

　しかも、経済発展が依然中所得段階にある場合、各種の経済社会問題は、ど
れも継続的な経済成長による1人当たり所得水準の向上に頼るしかないため、
最も生じやすい傾向は、政府による経済の周期的変動に対応する刺激的マクロ
経済政策の常態化であり、いつも反復してこれを運用することで、経済成長を
促進させようとするのである。経済の周期的変動を調整する財政政策と貨幣政
策を発展政策としての産業計画と混合してしまうのが、こうしたことの一つの
表現でもある。もとより、マクロ経済を調整し、経済の均衡を促進するために
周期的政策と長期的産業計画を協調させる意図は正しいものではあるが、拡張
的刺激政策を産業計画推進の手段として用いるとなると、過剰刺激という問題

210

を生み出してしまう。特に産業計画にすでに「潮が押し寄せる現象」の予兆が生じている場合には、この短期的政策と長期計画とのうわべ上の協調などありえず、逆に投資に大勢が群がるという拡張効果が生じてしまい、経済発展には不調和・不均衡・非持続可能性といった問題がより強く現れることになる。

　本質的には、刺激的政策と産業政策とは目標が異なる。多くの状況において、中国政府の産業計画は、比較優位を追求することに着眼して、生産能力の過剰や重複建設を防止し、遅れた生産能力を淘汰すること、及び産業構造を省エネ・少汚染、さらに非資源依存型産業に転換することに力点を置いている。他方、刺激的政策はGDPの成長と就業の安定維持を直接の目標とする。この両者の目標の不一致から、それぞれのインセンティブにおいて相容れない要因が生じ、刺激的政策の実行は最終的に産業政策の初心を捻じ曲げてしまうのである。例えば、金融危機に対応する「一切をひっくるめた」投資計画の実行の際、それらは短期内に実施しなければならないプロジェクトであったため、それまでの多くの産業政策の原則に基づいて否決されていたプロジェクトが改めて取り上げられ、実行されることになった。その結果、深刻な重複建設・生産能力の過剰・「両高一資（高消費エネ、高汚染及び資源多依存）」といったことに戻ってしまった。実際、こうしたことが暴露してしまい、中国のこの時期の産業政策は産業構造の調整に着眼することなく、ただ経済成長を刺激するという顕著な意図が存在するだけになった。

　マクロ経済が落ち込んでいるとき、就業は厳しい衝撃を受け、一般家庭の生計は困難を極めた。そのため、この時期には、シュンペーターのいう「創造的破壊」の方式は用いられず、企業が自生し自滅するのに任せていた。しかし、刺激的政策の過度な使用あるいはその一部措置の常態化は、遅れているものを容易に保護するという効果に陥り、優勝劣敗の機会を失わせてしまった。そうしたことが常態的になった経済情勢においては、遅れた生産能力とみなされる業種や効率の低い企業が経済成長維持という名義の下で大手を振って闊歩し、経済成長を生産性駆動型モデルに転換していくという発展の主路線は忘れ去られてしまったのである。いま一つ、経済の周期的変動に対応する刺激的政策は、

実施の際に思いのままに拡大され、実施期間も延長される。例えば、2008年下半期、金融危機が中国の実体経済に与える衝撃に対応するため、中国政府は、これまでの緊縮的マクロ経済政策の方向性を迅速に転換させ、年末に著名な4兆元という規模の「一切をひっくるめた」刺激計画を発動した。中央政府が1.18兆元の公共投資、地方政府及び社会に付託された投資は、その余の2.82兆元であった。中央政府の資金源は、予算内投資と中央政府基金であり、地方に付託された投資の資金源は、地方政府の予算内投資・中央政府が代替発行する地方政府債券・政策的貸付金・企業の中期債券・銀行貸付金・個人投資であった。当時、中央政府は、「時機を逃さず、真剣に行い、要所をしっかり捉え、成果を確実にする」ことを要求したが、地方政府の投資は強制的な付属投資であったから、企業はさまざまな優遇と激励の政策を享受した。こうしたことから、中央政府の投資は予算法に拘束されて計画の範囲内に保たれたが、地方に付託された投資、及びその産業的連関を通して動いた投資の規模は、最初の計画をはるかに超えた。

　こうしたことに止まらず、刺激的政策は、人為的に実施期間が延長されただけでなく、同時に産業計画にも役立たせるという密接な結合関係を生み出したため、この刺激的投資は断ち切れ難く、止めたくても止められなくなってしまった。もともと4兆元投資の実施期間は開始から2年と定められ、2010年末までには終えるはずであった。しかし、マクロ経済政策が拡張的財政政策と緩和的な貨幣政策に転換した後に、とくに「一切をひっくるめた」投資計画が実施された後、中国のマクロ経済がすぐに大きく回復したことから、さらに継続されることになった。このため、2009年下半期には、これ以前に農民工の大量の里帰りを経験した沿海部地域では「農民工不足」現象が広範囲に出現し、労働力供給関係は、第3四半期、第4四半期に顕著に改善された。2009年には9.1％のGDP成長率が実現され、2010年第1四半期のGDP成長率は11.9％に達し、すでに経済加熱の兆候が現れたが、政府は依然経済の二次下落を恐れ、また建設プロジェクトの多くが長期的であったため、刺激的政策の効果は継続され、2011年になって、顕著な資産バブルとインフレが感じられるようになり、

212

ようやく政策の引き締まりが実現された。

　刺激的政策の反応が過度であり、実施期間が長すぎ、それが常態的に運用されるということは、マクロ経済に不安定要素をもたらすことはいうまでもなく、経済成長に不均衡・不調和・非持続可能性を加重した。しかし、問題は刺激的政策が有効かどうかということにあるのではない。最も根本的な問題は、政府が刺激的手段を運用して経済成長を維持することに慣れてしまうと、特定の経済発展段階における構造的矛盾を解決できないだけではなく、往々にしてその矛盾が周期的変動の現象としてみなされ、改革及び経済発展方式の転換によって根本問題を解決しようとする全体的な進行過程を遅らせてしまうことにある。

　ケインズ主義が形成された時代から、政府主導の拡張的政策に過度に頼るのがよいかどうかについては、激しい論争があり、現在でも、ほぼすべての国家において、このことに関する論争が絶えない。ある特定の国家に存在する経済問題は、究極的には構造的な問題であって、長期間の深刻な変革を通してようやく解決されるものであるのか、それとも周期的な問題であって、マクロ経済政策による刺激によって解決できるものなのか、判断しなければならない。また、それぞれの国家における構造的問題は、すべて悉く異なっているのに、刺激的政策によって対応することを一度選択してしまえば、かえってその手段は常々大同小異になってしまい、よい結果が生まれないことも予想されるのである。

9.5　結び

　潜在成長率が下落する条件下での政策には、多くの選択肢がある。それらは、全力を挙げて潜在成長率を超える実際成長率を実現するか、それとも潜在成長率によって将来の成長率を決めるか、あるいは合理的に潜在成長率を変更するよう努力するかといったものである。それらは、異なる政策手段を用いることになるので、経済成長にもまったく異なる結果がもたされる。

　図9-5によって、潜在成長率の下落に対応する各種の政策選択、及びそれによってもたらされる結果を説明しよう。長期の総供給曲線がS_1の条件にあ

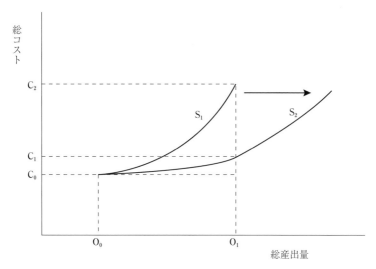

図 9-5　異なる長期総供給曲線の下での成長の代価

る時、生産量を高めようとすれば、総コストも高まる。例えば、生産量水準を
O_0 から O_1 へ拡大すると、総コストは C_0 から大幅に増加して C_2 になる。この
総コスト概念を拡大解釈すれば、それはたんに逓増傾向にある生産投入に関連
する物的コストを指すだけではなく、実際には、マクロ経済の安定性と経済成
長の持続可能性を意味するコストも含まれるとみることができる。例えば、高
インフレ率、資源と環境の代価、さらには高成長を追求する政策がもたす弊害、
つまり生産要素価格の歪み、資源配置効率の低下、生産能力の過剰等といった
ものである。こうしてみると、潜在成長率を超える実際成長率を追求すること
はきわめて危険である。

　分析のなかでよくみられる誤り、あるいはいつも政策を誤らせる傾向は、経
済成長を需要側の要因と供給側の要因を一緒くたにして論じていることである。
潜在成長率についていえば、需要要因はただ実際成長率と潜在成長率との差、
つまり成長率のギャップに影響するだけである。短期的に強い需要がある場合
には、実際成長率は潜在成長率を超えるものになるが、弱い需要の場合には、
実際成長率は潜在成長率の下方に止まる。しかし、経済成長の可能性を決定す

るものは、根本的には、要素供給と生産性要因に制約される潜在成長率である。そのため、潜在成長率が上昇しない状況においては、人為的に需要拡大を図ることが新しい経済の成長点であると考えてしまうが、それは潜在成長率を超える実際成長率を造成する傾向を助長するだけで、歪んだ結果をもたらす。

　とはいえ、供給要因によってもたらされた中国の潜在成長率の下落は、経済成長を牽引する需要要因に対しても、重要な意義を有していた。1つは、比較優位の変化により、経済成長を牽引する輸出の役割がWTO加盟から20年間ほどの成長率水準を継続的に維持できなくなったことである。もう1つは、資本収益逓減現象の出現により、投資のけん引力に継続して頼る経済成長がさらに経済の不均衡を激化させ、急がば回れということになったことである。こうした特定の発展段階においては、産業政策の過度の運用を止め、それが政府機能の喪失を救う最後の「一藁」になるのを避けなければならない。

　潜在成長率は変えることができる。例えば、価格刺激力の増大や体制環境の改善といった条件下では、関連する生産要素の供給を増加させることができる。この他、インセンティブメカニズムの改善も生産性向上に促進効果がある。図9−5の長期総供給曲線がS_1からS_2にシフトすれば、総コストの小さな上昇（C_0からC_1への上昇）のもとで、同様の総生産量の増加（O_0からO_1に移動）が実現される。換言すると、潜在成長率を変えれば、より高い経済成長率を実現できるだけではなく、歪んだ結果やマクロ経済に与える損失も回避することができるのである。

　潜在成長率が下落する条件下では、産業支援政策・地域発展政策・刺激的マクロ政策の助けを借りて、潜在成長率を超える実際成長率を追求することになるが、それは簡単でやり易い政策手段であると同時に、よく実感できることから、政策決定者には受け入れやすく、実施するのも比較的簡単明瞭である。他方、潜在成長率を変える方法は、多領域にわたる全面的な改革に多くを頼ることになる。改革のすぐ「手の届くところにある果実」がすでに摘み尽され、既得権益集団が形成されてしまった状況下では、いっそうの改革はさらなる困難を増すことになり、政策決定者を躊躇させてしまうのである。

　「中所得の罠」の概念を初めて提出した世界銀行の経済学者 H. カラス（Homi Kharas）は、「中所得の罠」を防ぐ改革効果は短期間に現れることはないと指摘している[15]。将来の潜在成長率の向上に向けた改革の長期性に着眼したことは、政策決定者が、常々、耐え切れなくなって、潜在成長率を超えるのに古いやり方を用いることがあるということを示唆している。この古いやり方は、必ずや最終的に長期的な成長の持続可能性を害する結果をもたらすにちがいない。

　このように、改革の深化こそが中国経済の長期的な成長の持続可能性を実現する道であるとはいえ、改革に効果と利益を待望しすぎ、すぐに効果が上がる経済成長を期待してはならない。潜在成長率の下落に直面しているいま、一方では、改革を新たな高さと深さに推進して、長期的な持続的成長のための制度条件を構築し、他方では、十分な心理的準備を行い、より新古典派の成長状態に近づいた比較的低い成長率を受け入れることに慣れ、成長モデルを「手が届くところにある果実」を摘むといったスピード重視型から、生産性向上に立脚した質重視型に転換することが必要である。以下の章において、中国の改革の問題を検討してみよう。

15）霍米・卡拉斯《中国向高収入国家转型—避免中等收入陷阱的因应之道》，林重庚，迈克尔・斯宾塞编著《中国经济中长期发展和转型：国际视角的思考与建议》，中信出版社，2011年，第470-501页。

第10章　クズネッツの転換点

"不患寡而患不均，不患貧而患不安．"（【战国】《论语·季氏》）

「寡なきを患えずして、均しからざるを患う、貧しきを患えずして、安からざるを患う」（【戦国】『論語·季氏』）

「中所得の罠」に対する懸念と関心の多くは、これと関連する所得分配の問題に集中している。所得分配と「中所得の罠」との関係については、次の2つの面からみることができる。1つは、高度経済成長がいったん減速あるいは停滞すると、所得成長もそれに応じて減速あるいは停滞に陥るが、中所得段階では、経験的証拠はないが、経済成長及び所得成長が停滞するなかで、所得分配状況（格差）が改善される場合と、逆に所得格差はさらに悪化するという場合があるということである。もう1つは、経済成長とともに所得格差は拡大するが、それが深刻な段階にまで達し、かつ政策で有効に抑制できないとなると、社会の不安定と社会的結集力の低下を招き、それが経済成長の減速ないし停滞の原因になるということである。

中国は新しい経済発展の段階に到達し、所得分配状況の改善が差し迫る任務となっている。これは多くの居民の切実な期待でもある。同時に、「ルイスの転換点」が到来した際、典型的な二重経済の発展時期に比べ、所得分配の改善に成熟した条件が整い、理論上、所得格差がピークから降下しはじめる「クズネッツの転換点」を期待できる。しかし、所得格差が縮小する転換点は自動的に到来することはない。

本章では、クズネッツの経済成長と所得分配との関係に関するいくつかの新事実を概括し、中国の所得分配の趨勢に対するさまざまな判断を考察し、所得

分配の現状を解釈し、「クズネッツの転換点」の到来のための条件づくりの政
策を提言する。

10. 1　クズネッツ仮説の新たな検証

　クズネッツ（Simon Kuznets）は、その著名な論文「経済成長と所得不平等」
において、次のような問題に回答を与えた[1]。すなわち、経済成長過程におい
て、所得分配の不平等な状況は、悪化するのか、それとも緩和するのか、また
どんな要素が所得の長期的水準や趨勢を決定するのか、等々に関する問題であ
る。このクズネッツ仮説は、所得格差が経済発展水準の上昇とともにまず拡大
し、その後縮小するという趨勢についての考察・解釈、及び経験による検証で
ある。クズネッツ自身の研究は少数の発達した国家の経験に関する不完全な
データに限られていたが、その後、研究はこれを基にして大幅に進展した。

　総じていえば、クズネッツ仮説の拡張と検証文献及び経済発展と所得分配状
況に関する新事実の考察から、次のような結論が得られる。すなわち、クズ
ネッツ仮説の検証結果に基づけば、所得分配の変化に影響を与える要因は多種
あり、またその国の経済体制・発展段階・採用された政策の相違によって、主
導的作用を果たす要因も異なるということである。

　経済成長と所得分配の関係、とりわけクズネッツ仮説の検証に関する文献は
数多くあり、それらはこの仮説を多くの「特徴をある事実」として総括してい
る[2]。しかし、長い間、この分野の研究は、逆U字型曲線に対する検証にこだ
わり、多くの研究者は、クズネッツ仮説の背後にある価値ある思想や分析視角、
及び分析の論理性を見落としてきた。以下では、この仮説を発展途上国、特に
中国の経済発展と改革の特徴と結びつけて、所得分配の現状と趨勢について全

---

1 ）Simon Kuznets, Economic Growth and Income Inequality, *American Economic
　　Review*, Vol. 5, 1955, pp. 1 -28.

2 ）この「特徴ある事実」という術語を用いている文献は、 Montek S. Ahluwalia,
　　Income Distribution and Development. Some Stylized Facts, （*Income Distribution in
　　Developing Countries*, Vol. 66, No. 2, May 1976, pp. 128-135）である。

面的に評論するが、いかなる条件を創出すれば、「クズネッツの転換点」へ到達できるかということに関しては、より深い研究と全面的な理解が必要とされる。

　発展途上国についていえば、クズネッツの分析枠組みの応用、あるいは所得格差が経済成長とともに拡大し、その後縮小するという逆 U 字型の軌跡を示すという仮説を基準にすれば、二重経済の発展段階の変化によって、いかなる要因が貯蓄ないし資産の蓄積がもたらす「マタイ効果（Matthew effect）」を打破しうるのか、また都市と農村の相対的人口比率の変化は、どのようなメカニズムを通して所得分配の変化の趨勢に影響を与えるのかについて、明らかにできる。換言すると、発展途上国の所得分配と経済成長の関係を考察する場合、二重経済の発展段階に関連する基本市場の力量を重視しなければならないということである。つまり、中国がいかに条件を創り、「クズネッツの転換点」を迎えるかを理解するには、中国経済の基本的特徴から出発し、さらに広範囲にわたる考察が必要とされるということである。中国の所得分配の問題を出発点として、いくつかの新しいクズネッツ仮説の検証による新事実から帰納してみよう。新事実の主たるものは、所得分配と経済発展の関係に関する、とくに近年のクズネッツ逆 U 字曲線の解釈及び検証に関する研究成果である。本章での帰納には不十分なところもあるが、中国の所得分配の現状及びその判断に直接かかわる研究成果を選択し概括しようとしていることは、指摘しておきたい。

　クズネッツ仮説の転換点に関する第 1 の新事実は、この転換点と「ルイスの転換点」が発展段階において重なり合っているということである。クズネッツは、工業化と都市化がピークを迎えた後には、これに関連する一連の要素は、都市低所得人口（例えば、農村からの移住者）の相対的所得状況の改善に役立つと推測した。彼が描くこの発展段階は、余剰労働力が著しく減少している段階であり、労働力不足によって賃金が上昇する「ルイスの転換点」と同じである[3]。

　南亮進らの日本の経験に基づく研究によると、農業における余剰労働力の存在によって、国民所得における労働報酬比率の長期的低下傾向と高度経済成長

を説明できるという[4]。これによって、当然、所得格差は拡大したが、日本が「ルイスの転換点」を迎えた時、熟練労働者と非熟練労働者の間での賃金の収斂化が生じ、所得格差は縮小傾向をみせた[5]。また、ある研究が指摘するように、日本の所得集中度の大幅な低下がみられたのは第二次世界大戦中であったが、戦後、とりわけ1960年前後に「ルイスの転換点」を経てから、所得集中度の低下傾向が顕著にみられ、経済発展段階の論理といっそう符合するようになった[6]。

　クズネッツ仮説に関する第２の新事実は、所得分配の改善あるいは悪化は政府の意図と政策、及び関連制度と密接な関係にあるということである。高所得層への貯蓄集中という所得分配額の偏向をいかに除去すべきかを考察した際、クズネッツが指摘したことは、法律の関与と政策決定の作用である。多くの新事実によれば、所得分配の問題は、自由な労働力市場の自然的結果ではなく、政策や制度に影響されているということである。例えば、ポール・クルーグマン（Paul Robin Krugman）は、アメリカの民主党と共和党が政権交替を繰り返す

3）多くの研究者は、クズネッツの分析は二重経済発展の枠組み上に打ち立てられたものであることに注意を払っている。このことについては、以下の文献を参照されたい。 Joseph Deutsch and Jacques Silber, The Kuznets Curve and the Impact of Various Income Sources on the Link between Inequality and Development, *Working Papers*, No. 2001-03, Department of Economics, Bar-Ilan University, 2001.

4）Ryoshin Minami and Akira Ono, Behavior of Income Shares in a Labor Surplus Economy: Japan's Experience. *Economic Development and Culture Change*, Vol. 29, No. 2, 1981, pp. 309-324.

5）Ryoshin Minami, Turning Point in the Japanese Economy, presented at the Workshop in the Project of Institute of Asian Cultures Tokyo University "The Discussion on the Changes in East Asia Labor Market Based on Lewisian Turning Point Theory", Tokyo, 18th-19th, July, 2010.

6）Chiaki Moriguchi and Emmanuel Saez, The Evolution of Income Concentration in Japan, 1886-2005: Evidence from Income Tax Statistics. The Review of Economics and Statistics, Vol. 90, No. 4, 2009, pp. 713-734.

なか、所得分配に対するそれぞれの党の異なる政策と実際の不平等の程度との関係を回顧して、どのような所得分配政策を採るかということが重要であり、その政策が所得分配の結果に与えた影響は非常に顕著であると結論づけている[7]。労働力市場の制度に関しては、さまざまな観点があるが、この分野での議論は、主としてこれらの制度が労働力市場の活性化やインセンティブメカニズムを弱めるかどうかの問題に集中している。労働力市場の制度と所得分配状況との関係については、学界では多くの共通認識がある。先進国と発展途上国における経験の研究によれば、比較的完全な労働力市場の制度は所得不平等を解消する顕著な効果があるとされている[8]。

　クズネッツ仮説に関する第3の新事実は、所得分配状況は産業・技術構造の特徴及びその変化に影響を受けるということである。クズネッツ自身は、技術進歩がもたらす産業チャンスやサービス業の発展による所得分配構造の改変の可能性を指摘し、逆U字曲線の補助的論拠とした。急速な科学技術の発展と経済のグローバル化が進展している現在、より多くの観察と検証がこの問題の証拠を豊富にしている。しかし、アメリカの経済学者コーエン（Tyler Cowen）が指摘するように、技術進歩のペースが落ち、かつ新しい技術の多くが「公共財」ではなく、「私的財」の性格を帯び、少数の人々だけが利益を得る分野に限られてくると、技術進歩は一般住民の所得増加に貢献できなくなる[9]。これと似た状況として、資産所得が主導的産業構造の主体となった場合も、所得分

7）保罗・克鲁格曼《美国怎么了？一个自由主义者的良知》中信出版社，2008年。

8）R. Freeman, Labour Institutions Around the World, chapter 34 of P. Blyton et al. (eds), *The SAGE Handbook of Industrial Relations*, London: Sage, 2008; R. Freeman, Labour Regulations, Unions, and Social Protection in Developing Countries: Market Distortion or Efficient Institutions?, in D. Rodrik and M. Rosenzweig (eds), *Handbook of Development Economics 5*, Amsterdam: Elsevier.

9）Tyler Cowen, *The Great Stagnation: How America Ate All the Low-Hanging Fruit of Modern History, Got Sick, and Will (Eventually) Feel Better*, New York: Dutton, pp. 20 –22.

配の改善には寄与できない。

　サミュエルソン（Paul Samuelson）は、グローバル化は必ずしも貿易関係を深めた各国に均等に利益を与えるものではないことを証明した。国内においても、労働力は同質でないため、低技能あるいは低位な教育水準の集団は、国際分業の要求に合わせて技能を更新できず、グローバル化による被害者となりうる[10]。いうまでもなく、これは人的資源の蓄積の特徴と直接関係しており、労働者集団の技術力がグローバル化によってもたらされる国内産業構造の変化に適応できていないことを意味している。例えば、アメリカの労働力市場に現れた二極化傾向は、一定の技術力を必要とする中間層の労働者の就業を減少させ、低所得家庭の教育インセンティブを弱めた。このため、下層の労働者の教育水準は産業構造の変化に適応できなくなり、貿易部門に関連する多くの職場が外部に流出し、この分野の人々は新しい国際分業から排除され、最終的にアメリカ社会全体の所得格差を拡大し、またそれが政治的に民意を分断する基礎となった。

　クズネッツ仮説に関する第4の新事実は、所得再分配政策を実行することに関心を置きすぎ、経済成長に有利に働く多くの要因としての経済及び社会の政策を無視したことである。所得再分配政策は、所得格差を縮小する効果からいえば、経済成長を図る効果よりはるかに小さい。例えば、ラテンアメリカ諸国におけるポピュリズムの経済政策は、成長と再分配だけを重視して、インフレや財政赤字のリスクといった外部制約、及び経済当事者がいかに積極的に非市場政策に対応するかということを無視したため、最終的には所得再分配に役立つことをなしえず、多くの場合、やはり災難という結果をもたらした[11]。その後、2010年前まで、多くのラテンアメリカ諸国の経済的パフォーマンスは良好で、同時にまた所得分配にも顕著な改善がみられ、ジニ係数も大幅に低下した。

10）Paul Samuelson, Where Ricardo and Mill Rebut and Confirm Arguments of Mainstream Economists Supporting Globalization, *Journal of Economic Perspectives*, Vol. 18, No. 3, 2004, pp. 135-146.

11）Rudiger Dornbusch and Sebastian Edwards, Macroeconomic Populism in Latin America, *NBER Working Paper*, No. 2986, 1989.

　もう1つの事例は、いわゆる「メッゾジョルノ現象」である。イタリアは、南部メッゾジョルノ地域の発展が長期的に北部より遅れている問題を解決する際、政府無償給付と賃金均等化を主要手段とする所得再分配政策を行った。しかしこれによって、発展している地域や遅れている地域の中央政府への依存が助長され、資源は非生産なレントシーキング（Rent seeking）活動に誘導され、かえって生産性の格差を縮小する個人投資が抑制された。その結果、遅れている地域の競争力と労働力市場の活性化はさらに低下し、生産性の収斂化は実現されず、逆に地域発展の格差を拡大し、低所得集団も真の利益を得られなかった。統一後のドイツもまた、かつて東部と西部の地域格差を縮小するという非常に困難な任務に直面した。それが再び「メッゾジョルノ」と同じ失敗を繰り返すことになると懸念されたが、最終的には、ドイツの地域政策は個人投資をよりいっそう激励することに重点を置いたため、また制度面では労働市場の活性化に注意し、レントシーキング活動を防止することに努めたため、全体的には「メッゾジョルノ」の失敗を免れることができた[12]。

10.　2　経済成長による所得分配効果

　中国の問題に戻ろう。中国経済の成長の絶頂期、すなわち1980年代から2011年までのGDP成長率が毎年10％近くを維持していた時期、中国経済は典型的なルイスがいう二重経済の発展の特徴を呈していた。こうした経済発展過程は、中国史上前例のない経済改革と対外開放をともない、中国経済と社会体制に重大な変化をもたらし、経済のグローバル化に深く溶け込む過程でもあった。このことから、中国における労働力の農業から非農業への大規模な移動は、二重経済の発展に共通する特徴と同時に、経済のグローバル化を背景にした多くの体制転換の特徴をも有していたといえる。そのため、各種の力量（要因）がさ

---

12) Andrea Boltho, Wendy Carlin, and Pasquale Scaramozzino, Will East Germany Become a New Mezzogiorno? *Journal of Comparative Economics*, 24(3), 1997, pp. 241 -264.

まざまな形で所得分配の効果に影響を及ぼしているが、総体としていえば、真
実の所得分配状況さえみいだせれば、いかなる要因が所得格差を拡大する主導
的な位置にあるかを把握できる。

　第1の要因は、農民工が農業所得より高い賃金払いの職場を得て、全体的に
農村の貧困水準を引き下げたことである。これによって都市と農村の所得格差
が縮小しなかったとしても、都市と農村の格差の拡大を抑制する効果は発揮さ
れた。土地の均等配分を制度的基礎とする農家請負制は、より高い所得とより
よい生活を自発的に選択する労働力の流動を保証したので、賃金率は変わらな
いとしても、労働力流動の規模拡大は、農家所得を著しく増加させた。労働力
流動の農家に対する所得増加の効果は、以下の3つの面に現れた。その1は、
労働力流動による貧困減少効果である。多くの貧困農家が貧困である理由は、
就業の場が十分になかったことにあった。これまでの研究によれば、農村にお
ける非農業への就業機会は、往々にして顕著な技能を持っているか、家庭がそ
の背景に影響力を持っている人たちによって獲得され、大多数の貧困農家はこ
うしたこととは無縁であった。そのため、出稼ぎに出ることがより高い所得を
得られる好機を意味した。ある研究によれば、貧困農家は労働力の外部流出と
いう方途によって、農家当たり純収入を8.5％～13.1％増加させることができ
た[13]。しかし、労働力と人的資源に不足する貧困農家は、往々にして移住障害
を克服できない苦境に遭遇し、労働力流動から十分な利益を得られなかった。
その2は、賃金収入の農家収入の増加に対する貢献である。国家統計局の統計
基準によれば、農家の純収入の源泉は、賃金収入・家庭経営純収入・財産収
入・転移収入の4つに区分される。出稼ぎ機会の増加は農家の賃金収入を著し
く増加させ、賃金収入の農家収入に対する比率は増大し、農家収入の増加の主
要な源泉となった。統計によれば、農家の賃金収入の割合は、1990年の20.2％
から2010年の41.1％へと増大し、2010年の農家純収入の増加分に対する賃金収

---

13) Yang Du, Albert Park, and Sangui Wang, Migration and Rural Poverty in China, *Journal of Comparative Economics*, Vol. 33, No. 4 , 2005, pp. 688–709.

入の寄与率は48.3％であった。その３は、住民調査から漏れる出稼ぎ収入である。住民調査が農村と都市で独立して別々に行われるため、家族単位で都市へ移住した農村家族と出稼ぎの農村家族を都市住民から除くことは難しく、また長期的な出稼ぎは農村常住人口とされないので、農村住民からも除外される。『中国統計年鑑』によれば、地域外での居住期間が６ヵ月以上であるとしても、その収入は主に実家に持ち帰られるので、経済状況が本籍と一体化している出稼ぎ労働者は、農家の常住人口とみなされる。しかし、一年中地域外に出て（親戚訪問や看病等を含まない）、かつ安定的な職業と住居を持つ場合には、農家の常住人口に算入されないので、これら出稼ぎ労働者の収入は農家収入に反映されない。そのため、こうした農民工の賃金収入は相当低く評価される。

　第２の要因は、労働力が無限に供給されたことである。この特徴は、長期的には、都市に来た農民工の賃金上昇を阻止し、戸籍制度も彼らを都市労働力市場の周辺部分に留め、都市労働力市場の二元構造を形成する。労働力市場の成長とともに、ミクロレベルでのインセンティブメカニズムは、労働者の人的資本と努力の程度を識別し、賃金格差をいくぶん拡大する。また、労働力市場には依然として差別要因が存在し、それによって農民工が合理的で十分な労働報酬を獲得するのを阻害する。例えば、2001年の事例では、農民工の時給は地元労働者より39.6％も低く、この賃金格差のうち、63.9％は人的資本等に係わる個人的特質による差別であり、36.1％は戸籍身分による蔑視であった[14]。その他、農民工と地元労働者の賃金差別でいえば、農民工に対する蔑視のほか、地元労働者に対する保護もある。例えば、計量経済学分析を行ったジョン・ナイト（John Knight）とソン・リナ（宋麗娜）によれば、農民工の限界労働生産性は賃金率の3.86倍であるのに対して、地元労働者の限界労働生産性は賃金率の80.5％でしかなかった[15]。

　第３の要因は、市場化改革の多くの取り組みが非国有経済の発展を推進し、

14) Cai Fang, Yang Du, and Meiyan Wang, Labor Market Institutions and Social Protection Mechanism, Background Report for the World Bank, 2011.

経済構成の多様化とともに、経営資源及び資産の市場化と資本化をも推し進め、経営収入と財産収入が住民所得の重要な源泉となったことである。財産収入の増加には二重の効果があった。1つは、住民収入の増加の重要な源泉としての効果であり、もう1つは、所得格差を拡大する効果であった。機能性分配仮説によれば、資産収入の分配額の拡大は所得格差の拡大をもたらす効果がある。サンプル調査によると、2002年の全国住民の財産のジニ係数は0.550であり、収入のジニ係数の0.454より高い[16]。中国の体制転換の特徴はこの収入構成の差異を強化したことにある。資源と資産の分配に厳密な規範はなく、不透明・不公正の問題が存在し、そのために高度な集中化傾向が形成されている。

　第4の要因は、政府の貧困を減らし、貧困を援助し、所得格差を縮小する政策措置が世界的に注目される成果を生み出したことである。国家的な貧困援助政策、地域間格差縮小に関する地域発展戦略、都市と農村の最低限生活保障制度、基本的公共サービスの均等化戦略、及び各種の関連プロジェクト等によって、貧困人口は大幅に減少し、安全網が効果的にカバーされるようになった。貧困線標準統計によれば、農村の貧困人口は2000年末の9422万人から2010年末の2688万人に減少し、これに相応して、貧困発生率は10.2％から2.8％に下落した。農村の社会養老年金保険・医療保険・最低生活保障制度等の被覆率は大幅に向上した[17]。

　2011年、中央政府は、国家貧困援助基準を大幅に引き上げて、2009年より92％高い2300元（2010年を不変価格）にした。この新基準の提示によって、全国の貧困人口（あるいはこの範囲に含まれる人々）は、2010年の2688万人から1.28億人に拡大した。購買力平価による国際基準からいえば、この新たな貧困援助基

---

15) John Knight and Lina Song, *Towards a Labour Market in China*, Oxford University Press, 2005, p. 108.

16) 赵人伟，丁赛《中国居民财产分布研究》（戴李实、史泰丽、别雍・古斯塔夫森《中国居民收入分配研究Ⅲ》，北京师范大学出版社，2008年，第274）。

17) 中华人民共和国国务院新闻办公室《中国农村扶贫开发的新进展》白皮书，2011年，新华网，http://news.Xinhuanet.com/2011-11/16/c_111171617.htp.

準は一人当たり１日1.8ドルに相当するものであり、世界銀行が2008年に定めた１日1.25ドルの国際貧困基準を上回っている。この新基準の制定によって、農村の貧困人口は継続的に減少していった。李克強総理は、2018年の全国人民代表大会の『政府報告』において、2012～2017年の６年間に総計6800万余人の農村の貧困人口を貧困から脱出させたと指摘したが、これは新基準で算出した貧困率が10.2％から3.1％に減少したことを意味する。

　しかし、政策措置による所得格差縮小に対する効果については、意見の相違がある。多くの一般的に知られる所得不平等の指標にみられるように、都市と農村及び東部・中部・西部の地域間の所得格差、部門間の賃金差異、さらに住民所得の格差等における不平等な状況は、長期的には明らかに拡大傾向にあり、社会的に大きな関心を引き起こしている。

　2004年以来、労働力不足現象の普遍化とこれによってもたらされる賃金水準の大幅な持続的上昇とともに、中国は「ルイスの転換点」を越えた。クズネッツの予想では、この経済発展の新段階において、所得配分状況を改善する各種の力量（要因）が集中する傾向が現われる。つまり、経済発展の論理からすれば、「ルイスの転換点」の到来に次いで、「クズネッツの転換点」の到来がもたらされるのである。「ルイスの転換点」の到来は、農民工賃金の持続的上昇として現れる。この農民工賃金の上昇には、いくつかの含意がある。第１は、長期間の都市への農民工の流入が都市労働力供給の主要な源泉となり、人口年齢の構成変化が労働力供給に新しい変化をもたらし、農民工の供給がもはや無条件に労働力市場の需要を満たすだけではなく、その際の賃金上昇は農村の余剰労働力の減少を意味し、農村における農業と非農業の賃金上昇をも必然的にもたらす。第２は、都市住民労働者に比べて、農民工の教育水準は低く、多くは非熟練労働に従事するため、農民工の賃金上昇は非熟練労働力の不足を意味する。実際、異なる就業者間で賃金の同一化傾向が生じ、労働力市場の一つの現象として注目されている。第３は、農民工のなかでも教育水準が低い労働者の賃金上昇が速く、熟練労働者と非熟練労働者の賃金の同一化傾向がみられ、少なくとも就業者間における所得格差は縮小されている。

　以上のことから、「ルイスの転換点」は、都市と農村の所得格差の縮小に役立っているといえる。現在の研究では、タイル指数（Theil Index）によって、サンプル地域の全国住民の所得格差を都市内部の所得格差・農村内部の所得格差・都市と農村の所得格差にグループ化することができる。こうしたグループ化に分解した研究によれば、全体の所得格差における都市と農村の所得格差の寄与率は40%〜60%である[18]。このため、都市と農村の所得格差が実質的に縮小されれば、他の要素を不変とした場合、全体の所得不平等の程度は縮小する、もしくはその拡大傾向は顕著に抑制される。その他、2004年の政府の所得配分状況改善政策の顕著な拡大が「ルイスの転換点」とうまい具合に一致した。それ以来、政府は所得格差を縮小する政策措置を打ち出したが、そのうち、次のようなものを評価できる。①労働契約法等の一連の労働法規の制定である。これらは労働力市場の制度整備を推進した。地方政府は競って最低賃金水準を引き上げ、一般労働者の賃金をさらに上昇に導いた。②農業税及び一連の農業に関連する負担を廃止し、逐年、農民の食糧生産に対する補助金を増加した。これによって、農業収益が顕著に増加しただけではなく、農業労働力の移動機会コストも引き上げられ、彼らの労働力市場における交渉力の改善に役立った。③農村最低生活保障制度、新型農村合作医療制度、新型農村社会養老保障制度等の基本的公共サービスの都市と農村の均等化政策の実行である。④地方政府を主体とする戸籍制度の改革が試みられ、都市と農村の一体化が推進され、農民工の就業と定住の制度的制限が引き下げられた。

10.3　所得分配に関する現状把握

　純粋にクズネッツの仮説に基づき、また日本などの東アジア経済の歴史的経

---

18) Ravi Kanbur and Xiaobo Zhang, Fifty Years of Regional Inequality in China: A Journey through Central Planning, Reform, and Openness. *United Nations University WIDER Discussion Paper,* No. 2004/50, 2004; Guanghua Wan, Understanding Regional Poverty and Inequality Trends in China: Methodological Issues and Empirical Findings. *Review of Income and Wealth*, Series 53, No. 1, March 2007. を参照。

験を参照すれば、「クズネッツの転換点」は遅かれ早かれ「ルイスの転換点」
と重なり合う。中国はすでに「ルイスの転換点」を越えたので、所得格差の縮
小傾向も現れるはずである。研究者及びウォッチャーらは、各自が把握してい
るデータに基づき、異なる方法によって、さまざまな結論を導いている。その
代表的な研究をいくつか紹介しよう。

　多くの研究者は、所得分配状況の改善傾向に注目して、不完全な統計からそ
のことに関連する証拠の発掘を試みている。高文書らは、現在の都市住民所得
統計に欠陥があることから、先進地域の浙江省と西部地域の陝西省を取り上げ、
統計局の個表データと自ら抽出した住民サンプル調査を用いて、都市と農村の
遺漏した農民工収入を改めて推計した。その結果、官庁統計では、住民サンプ
ルとその定義に問題があることから、都市住民の可処分所得平均値は13.6％と
過大評価され、また農村住民の純収入平均値は13.3％と過小評価されたため、
都市と農村の所得格差の平均が31.2％と過大評価されたと指摘した[19]。

　こうした遺漏は労働力の移動と関係する現象であり、「ルイスの転換点」の
前後には、この現象が最も顕著に現れる。この統計上の欠陥が修正されれば、
都市と農村の所得格差は縮小傾向を示し、さらに全体の所得不平等の状況は改
善される。2005年の人口１％のサンプリング調査の研究によれば、農民工収入
を農村住民所得に組み込むと、各種の不平等指標が算出する所得格差は多かれ
少なかれ縮小する。データに制限があるので、所得格差の拡大傾向がこれに
よって逆転するかどうかは、いまだ証明されていない[20]。

　ある研究者は、次のようなシミュレーション結果を提出した。すなわち、戸
籍制度に代表される労働力移動に対する弊害が除去されれば、現存の所得不平
等はすべて消滅するというものである[21]。明らかなことは、戸籍制度は現在で
も根本的に改革されていない。しかし、人口登録の形式からだけ考察するので

19）高文书，赵文，程杰《农村劳动力流动对城乡居民收入差距统计的影响》，蔡昉主编
　　《中国人口与劳动问题报告 No.12—"十二"时期挑战：人口、就业和收入分配》，社
　　会科学文献出版社，2011年，第228-242页。

はなく、戸籍制度の弊害は、労働力流動と都市の基本的公共サービスにおける排他性という２つの内容であることから考察すれば、経済改革つまり市場の成長過程とともに、戸籍制度の改革効果は非常に顕著であることが理解できる[22]。それ故、労働力流動を阻害する制度的弊害がたえず除去され、一定の進展があると確認できるのであれば、論理的には、所得格差の縮小傾向が期待される。

　経済協力開発機構（OECD）の経済学者らは、中国のデータの特徴を考慮し、新しい方法と指標を用い、とくに農民工をサンプルに加えて再推計した結果、労働力流動の障害の除去と農村最低生活保障制度等の政策が効果を発揮しているとし、中国の所得格差は縮小傾向にあると結論づけている[23]。彼らは、引き続き中国のジニ係数を再計算し、2002年のジニ係数は0.492であり、それが2004年にピーク値に達し、その後、徐々に低下して、2010年には0.464に至ったとした。また、彼らの研究では、賃金格差、住民グループ別所得比、及び省別所得格差等の指標においても、転換の兆しが示されたとしている[24]。

　また、中国は「クズネッツの転換」の傾向を呈しているか否かを実証しようとした研究者もいる。李実は、都市と農村の住民調査の収入データと人口サンプリング調査データを用い、時系列と横断面の２方向から１人当たり所得と所得格差の関係を検証し、総体的にみて、クズネッツが想定した逆Ｕ字型の関係はみられないとした[25]。しかし、この検証はクズネッツ仮説を否定したので

20）Cai Fang, Du Yang and Wang Meiyan, Rural Labor Migration and Poverty Reduction in China, *Working Paper Series*, No. 7, 2011, International Poverty Reduction Center in China, Beijing.

21）John Whalley and Shuming Zhang, Inequality Change in China and（*Hukou*）Labour Mobility Restrictions. *NBER Working Papers*, No. 10683, 2004.

22）Cai Fang, The *Hukou* Reform and Unification of Rural-urban Social Welfare. *China & World Economy*, Vol. 19, No. 3, 2011, pp. 33-48.

23）Richard Herd, A Pause in the Growth of Inequality in China? *Economics Department Working Papers*, No. 748, OECD, Paris, 2010.

24）Richard Herd, Recent Movements in Inequality: A Preliminary Overview, presented at the CASS Forum on Inequality, 6 January 2012, Beijing.

はなく、この検証では中国がすでに「クズネッツの転換点」に到達したという証拠をみつけられなかったというだけである。これは意外なことではない。理論的には、「クズネッツの転換点」は「ルイスの転換点」の結果であると考えられるので、前者の転換点は後者の転換点の後に現れる可能性が高い。李実の研究が使用したデータは2005年までであるため、「クズネッツの転換点」をみつけられなかったのも当然である。また、李実は、農村住民・都市住民・全国住民の所得をそれぞれ検証した際、都市の所得分配状況が「クズネッツの転換点」により近いことを発見した。「ルイスの転換点」の主要な特徴として、労働力不足と一般労働者の賃金上昇はまず都市において発生するので、都市が先に「クズネッツの転換点」に到達するのは論理的である。

中国の所得格差がなお拡大しているとして示される重要な証拠は、所得不平等指標のジニ係数が上昇傾向にあることにあるとされる。世界銀行の計算によれば、全国のジニ係数は1981年の0.31から2001年の0.447に上昇した[26]。連続性のある調査データ（CHIPS）によって計算された全国住民所得のジニ係数は、2002年に0.455に達し、さらに2007年には0.478に上昇した[27]。

その他、国民所得分配における住民所得や労働報酬の占有率が傾向的に低下していることが広く注目されている。白重恩らは、資金流量表分析に基づいて、初回分配においても再配分においても、国民所得のなかの住民所得比率や労働報酬比率は1990年代中期以来、著しい低下傾向をみせているとしている[28]。

王暁魯もまた、調査と推計を通して、中国の都市住民所得のうちには、通常の統計に現れない膨大な隠れ所得があり、2008年のその総額は9.26兆元にも達しているとしている[29]。王暁魯のこの推計によれば、2011年の都市住民の実際

25）李实《经济增长与收入分配》, 载蔡昉主编《中国经济转型30年（1978～2008）》, 社会科学出版社 , 2009年, 第233-259页。

26）Martin Ravallion and Shaohua Chen, China's（Uneven）Progress Against Poverty, Word Bank *Policy Research Paper* 3408, 2004, Development Research Group, Word Bank, Washington, D. C..

27）Richard Herd, op. cit.

の１人当たり可処分所得は官庁統計の約3.19倍に達し、かつこの隠れ所得の80％以上は所得上位者20％の住民のものであるとされる。こういった所得の大部分は、不法所得あるいは合法と違法の間にあるグレーゾーンにある所得であり、通常、グレー所得といわれるものである。王暁魯は、2005年と2008年の２回の調査によって、このグレー所得が拡大傾向にあることを指摘した。この巨額な隠れ所得を極端に不平等な方法で各グループの住民所得に振り分けると、所得の不平等度はさらに大きくなる。

　一般的な観察においても、専門的研究においても、国際標準に照らして、中国の所得の不平等度はかなり高いことが認められている。しかし、所得分配状況が持続的に悪化しているか、改善傾向を呈しているかに関する判断、また、いかなる要因が所得分配状況の変化を主導しているかに関しては、研究者の間でも見解が大きく分かれている。学術上の論争に関していえば、通常、同調か批判かの態度が表明される。もとより、批判の表明はいかなる科学的研究にとっても起点であるが、見解の相違を強調するため、異なった視角と方法から、いっそう鮮明に自己の見解を主張し、そうすることで、広汎に社会的注目を引こうとする。しかし、同調表明の方法の場合は、さまざまな観点や視角を結び付けて、より全面的な判断を行おうとするので、判断を深化させるには有利である。換言すれば、いかに対立した判断であろうとも、ある特定の範囲内においては、いずれも合理的な判断を有しているが、必要なことは、この特定の範囲内の合理的判断をみつけ出し、さまざまな研究が提供している対立的な証拠を借用して、それぞれの研究が有する限度を補填することなのである。

　以下において、各種の観点と証拠を総合的に考察して、小異は捨て見解の一致をするところを求め、中国における所得分配の現状を全面的に認識しうる枠組みを構築して、この問題に関するいくつかの認識上の疑問に答えようと思う。

28）白重恩，钱震杰《谁在挤占居民的收入—中国国民收入分配格局分析》，《中国社会科学》，2009年第５期。

29）王暁魯《灰色收入与国民收入分配》（宋晓梧，李实，石小敏，赖德胜主编《中国收入分配：探究与争论》，中国经济出版社，2011年）。

10. 4　所得格差の変化に対する解釈

　所得分配の問題は多方面から考察することができる。国民経済勘定の面から
は、生産要素の分配額の状況とその変化、地域及び部門における経済総額の分
布状況とその変化を考察できる。個人所得の面からは、地域間及び都市と農村
における全ての住民所得の分布状況、賃金の差異、財産収入の差異、及び初回
分配の結果と再分配の効果などをそれぞれ区別して考察できる。全体的な所得
不平等状況は、以上の各種の格差の総合的な反映である。

　しかし、ある種の意義からいえば、現在、研究者が関わっている所得格差の
論争において、各種の証拠として提出されるデータがすべて同じというわけで
はない。かつまたデータには制約があることから、それに基づく指標や測定方
法にも相違がある。こうしたことから、議論が完全にかみ合っているとはいえ
ない。結局のところ、問題は住民所得の不平等状態にあるというところに行き
つく。つまり、住民所得の考察が研究の基点であるということである。

　国家統計局のデータにより、まず都市住民の所得水準と分配状況からみてみ
よう。情報をさらに豊富にするために、彼らの消費水準の状況を加味してみる
（図10-1参照）。第1に注目されることは、都市住民所得の増加率が非常に大き
いことである。不変価格で計算すると、1997～2010年の都市住民の1人当たり
可処分所得の年平均増加率は9.1％であり、その消費支出についていえば、年
平均の増加率は7.3％である。第2に注目されることは、都市住民の所得格差
は拡大傾向をみせた後、すでに縮小の兆しを示していることである。ここでは、
都市住民の可処分所得と消費支出の差異に関する2つの指標を算出した。すな
わち、1人当たり所得の10区分における最上位10％と最下位10％との比率（図
中の収入比1と消費比1）及び最上位10％と全国平均値との比率（図中の収入比2
と消費比2）である。これらは、所得格差を反映する指標であるが、図10-1に
みるように、2005年を境にして、その前までの上昇傾向とその後の下落傾向を
みてとれる。

　ここには転換の形跡がはっきりと示されているが、この都市の所得格差が拡

大から縮小へ転換する形跡については、世論及び多くの研究者の賛同を得られていない。例えば、社会学者による2006年、2008年、2011年の社会問題総合ランキングによると、過大な所得格差や貧富の分化が一貫して大衆の注目する社会問題の第3位に位置し、この調査を受けた人々のそれぞれ32.4％、28.0％、31.6％がこの問題に関心を示した[30]。もちろん、社会の所得分配状況への感受性に影響を与える要因は数多くあり、異なる所得層の人々はまた異なる満足度を示す。所得不平等度が高い状況においては、現れたばかりの転換の形跡は人々の満足度を上げるわけではない。

　一般的にいえば、都市住民所得は3つの主要源泉に区分できる。賃金収入・財産あるいは資産収入・移転収入である。この3収入の増加と構成状況が住民所得水準とその分布状況に影響している。しかし、中国は二重経済の転換と体制転換が重なり合った二重の転換段階にあるため、住民の所得源泉は複雑で、

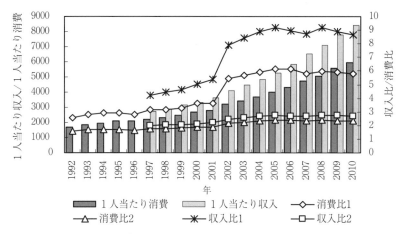

図10-1　都市における1人当たり所得とその消費の分配状況
資料：《中国統計年鑑》（各年）

30）中国社会科学院"中国社会状況综合调查"课题组《2011年中国民生及城市化调查报告》、汝信，陆学艺、李培林主编《2012年中国社会形势分析与预测》、社会科学文献出版社，2012年，第120页。

所得獲得の方式もさまざまである。そのため、これらを各構成部分に区分する
となると、明確にそれらを振り分けることができない。

　多くの農民工の収入の大部分が現行統計制度から遺漏しているのと同様、都
市住民の所得も大幅に低く評価されており、しかもこの低く評価された部分は
各所得グループ間に均等に分布しているわけではない。とりわけ就業の労働報
酬と合法的経営所得以外の多くの隠れ所得の源泉は他人に知られたくないもの
ばかりである。

　第1に、こうした収入源泉は大幅かつ急速に増加する傾向にある。中国の経
済改革の方向は市場経済体制の構築にあるので、長期間、収入をもたらさな
かった各種の自然資源や資産残高の使用効率を高めるため、多くの領域で各種
の方式を通して体制転換が実施された。それらは、国有経済の再編下における
大量な資産の民営化であり、鉱物資源等の自然資源の個人あるいは集団への所
有移転であり、土地開発における土地収益権の個人あるいは企業への所有変更
であった。こうした過程を経て、所得が形成されていったが、甚だしい場合に
は長期に持続的所得をもたらす各種資源及び資産が分割配分され、個人あるい
は集団の所有となり、個人所得を形成していった。

　第2に、このような資源と資産の配分に対する監督は十分に行き届かず、多
くの操作には規範がなく、不透明で、甚だしい場合には規律違反や違法も多く
みられたため、その後に生み出された収益はグレー所得とみなしうるもので
あった。このような資源とそれから生じる収益の多くは、土地譲渡・国有資産
譲渡・公共建設の入札・直接ないし間接的な投資活動等によるものであったが、
そのうちには、不平等・不合理、さらには違法占有した各種資源からの所得、
例えば、情報独占・国有資産・土地・鉱物資源等からもたらされた収益、ある
いは脱税、違法・規律違反といった不正経営による収益等が含まれ、これらは
明らかに隠蔽された所得であった。調査によると、所得が高い人々ほど事実ど
おりに所得を報告したがらないとされ、所得が最上位10％の所得グループの実
際収入を報告したがらない比率は70％にも達するとされる[31]。さらにこうした
所得を得た人々の住居は最も容易に住民調査から遺漏されやすく、故意にそれ

を避けようと思えばできるものである。

　この他にも、これらの持続的な収益をもたらす活動は、明らかに独占権や特別許可権を獲得するレントシーキングであり、不透明・非公開・不公正が存在するため、資源配分過程においても、大量な違法取引が行われ、多くの違法収益が生み出されている。こうしたグレー所得の規模とその拡大傾向は、資源配分と占有方式を有効な法律の監督下に置くことができるかどうかによって決まる。実質的監督が効果を発揮し、このレントシーキングが阻止されるまで、グレー所得は増加するだけである。

　第3に、上述した過程からもたらされる収益は、特権及びレントシーキングとあいまって発生したものであるので、その分配もおのずから極端に不平等な方式で行われ、それが所得格差を拡大する大きな要因となっている。すでに王暁魯の推計として紹介したように、この各種の隠れ所得あるいはグレー所得の膨大な規模と極端な集中が所得格差の拡大に重大な影響を及ぼしていることはまちがいない。

　住民サンプリング調査によれば、サンプル家庭の収入は主に労働所得と合法的に得られた財産収入と移転収入である。しかし、学者らが推算したグレー所得は住民調査の収入外のものであるため、王暁魯が推算したグレー所得を住民所得区分のうちに加えて、所得配分状況がどのような変化を呈するか観察してみる。必要な合理的仮説に基づいて、以下のような処理方法を用いて、象徴的でありかつありうる状態を提示した。

　まず、統計上における都市住民の1人当たり所得を基準にして、すべてのグレー所得をそれぞれの増加率に基づいて、年ごとに各グループに振り分けた。ここでは、主として、最高の10％グループと最低の10％グループを用いることにした。これによれば、2008年までは、それぞれのグループのグレー所得の比率は、王暁魯の調査数値と同じであり、この同じ増加率を用いて2010年の数値を推計した。同様な方法によって、1978年の不変価格で計算した都市住民の1

31）王暁魯《我国灰色収入与居民収入差距》,《比較》2007年総第31輯。

人当たり可処分所得を推計した。こうした推計の目的は、グレー所得を再分配
した後の状況変化をみることにあり、いずれのグループの所得水準が際立って
高い水準にあるかということを問題にしないので、こうした仮説は合理的であ
るといえる。さらに最上位10％のグループの所得と最低10％のグループの所得
を比較して算出した比率と統計上の所得から算出された比率とを比較してみた
（図10-2参照）。

　ここで注意しなければならないことは、統計上から算出された1人当たり可
処分所得の数値は正確であり、王暁魯が推計したグレー所得の具体的な数値水
準に賛同する必要はないということである。つまり、上述の推計は、次の2つ
を説明することに意義があるということである。第1は、資源と資産配分がき
わめて不透明で、規範がなく、不平等に行われている状況では、巨額な隠れ所
得が存在し、かつ実際の所得分配状況に影響しているということであり、第2
は、この遺漏したグレー所得を公表の統計所得のうちに組み入れると、所得分
配の不平等度は大幅に拡大し、縮小傾向を示さないということである。図10-

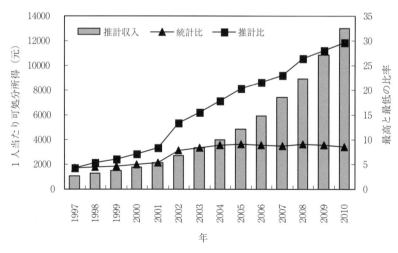

図10-2　統計上の所得と調査所得の間の格差の変化

資料：国家統計局：《中国統計年鑑2011》；王暁梧《灰色収入与国民収入分配》（宋暁梧，李実，
　　　石小敏，頼徳胜主編《中国収入分配：探究与争论》，中国経済出版社，2011年所収）.

2 にみられるように、統計上から得られる所得の格差にはある程度の緩和化が
みられるが、隠れ収入を含む全所得の格差においては、持続的な拡大傾向が現
われている。このことは、特殊な体制転換という異常現象を除去して考えれば、
労働所得を主とする都市住民 1 人当たりの可処分所得の格差は縮小傾向を示し、
「クズネッツの転換点」とともに「ルイスの転換点」が到来しているという理
論的予測に合致するということを意味しているのである。

　しかし、中国の体制転換という特殊要因を考慮して、都市住民の実際所得の
大きな部分が資産あるいは財産収入によるものであり、かつこの部分の所得分
配の不平等度が深刻で、所得格差が高い水準に止まるとすれば、「クズネッツ
の転換点」が本当に到来するかどうかについては疑問が生じる。一般に人々や
社会が感じている分配の不公平は、まさしくこういった巨額な、しかも機会の
不平等による所得についてのものである。理論予測は失効していないが、これ
まで、なお複雑な現実において直接それは検証できていない。

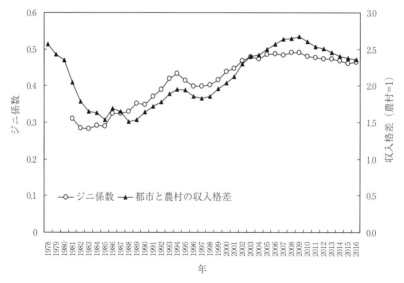

図10-3　中国における「クズネッツの転換点」の到来
資料：国家統計局网站：http://www.stats.gov.cn/

　ところで、国家統計局のデータによれば、不変価格で計算された都市住民と農村住民の所得格差（両者の所得比率）は、2009年の最高の2.67倍から2016年には2.36倍へと11.6％縮小した。全国の住民所得のジニ係数は、2008年の最高0.491から2016年の0.465へと5.3％下降した（図10-3参照）。こうしたこれまでの格差縮小の傾向が今後も持続するかどうか確定的できないとしても、「クズネッツの転換点」の到来は論理的に検証できるし、実際においても検証できる。

10.5　結び

　経済学は「経世済民」の学問であるから、理論上でも経験上でも、対立している見解を融合させ、より豊富な情報を得ることが重要であり、物事を感情的に処理したり、自ら一派を成すために盲目的に際限なき論争に陥ることなどあってはならない。理論から出発して「クズネッツの転換点」が到来したと考え、現実のなかに存在する深刻な不平等やそれによってもたらされる社会的反応や経済的結果を無視することは、明らかに机上の空論であり、その研究が導き出す政策の適確性を引き下げることになる。他方、所得格差の存在する現実のみをみて、その問題の根本に触れないのであれば、その研究の政策的意義もまた粗末なものであることを免れない。ひどい場合には、所得格差の拡大を単純に誇張してしまい、政策を誤って「木に縁りて魚を求む」の方向に導き、適確性を欠いた効果のないものにしてしまうのである。例えば、所得格差の継続的拡大の主要な原因が資源や資産の配分の不平等にあることを明示できないとしたら、政策を賃金均等化の軌道へと導き、労働報酬を主とする経常所得の再分配に頼りすぎることになり、不合理に大量に資源を占有する集団あるいは人々を放置することになり、中所得者層を傷つけてしまう。同時に、政策の意義が失われ、政策それ自体が資源配分の深刻な不平等によってもたらされる弊害やより大きな潜在的リスクを軽視することになりかねない。中国の所得分配状況の継続的悪化を主導する要因は、資産及び財産収入の深刻な不平等にあることを認識するに至れば、政策の方向性は比較的明確になり、所得分配政策はこれまで軽視されてきた領域に方向転換することになる。

　所得不平等の問題を解決するには、増加・蓄積・収入源の３つの角度から着手すべきである。第１に、既存の所得分配状況を作り上げた増加分を解決するには、土地・鉱物資源の開発過程において、それが法律に依拠していたか、規範手続きを経ていたか、制度上権力の介入を遮断していたかを考慮しなければならない。農村の集団所有の土地の農地から非農地への転換過程での農民利益の剥奪を防止するため、早急に請負農地と宅地の権利を確定し、農民利益のいかなる侵害も厳禁しなければならない。国有経済の再編を継続して行い、国有資産が個人や集団へ流失するのを防ぐため、所有権を明確かつ厳格に確定し、所有権移転を規範化する必要がある。資源分配権を有する政府官僚に対する監督を強化し、反腐敗及び腐敗防止力を強化し、最大限に官僚幹部個人による資源配分権を除去する等が根本的解決策である。

　第２に、すでに不合理に形成された個人及び集団の資産残高に対しては、徴税手段を利用して過大所得の調節を考慮すべきである。所得分配を調節する遺産相続税や不動産税等の徴税は早急に実行すべきである。同時に、企業従業員の株式保有を激励し推進することも資産占有の平等化には一定の効果がある。

　第３に、資源占有の不平等から得られた収入源の問題を解決するため、法律手段による調節を考慮すべきである。税収構造の調整は重要な調節手段である。現在の中国の税制構造の特徴は、間接税の比率が高すぎ、直接税の比率が低すぎる。また税制が累進的性格を有していないため、所得分配を調節する効果を発揮できない。とりわけ、政府は、低所得者による個人所得税の課税最低額の引き上げ要求に押され、また特殊な収入源に狙いを定めることができないことから、徴税の重心をたえず中所得者層及び給与所得者層の中高所得者に向けるだけになっている。そのため、所得不平等の問題を適宜に処理して解決することができないでいる。

　要するに、所得分配状況に影響する原因は単一で不変なものではないので、今日の主因は、将来には他の要因に取って代わるかもしれない。全体的解決の要となる要因をしっかりと把握した後、「クズネッツの転換点」の到来に有利な条件を創出するため、長期的に効果のある制度を構築すべきである。このた

めにも、再度、クズネッツ仮説とそれに関連する新事実について考えてみよう。

　第1は、労働力市場の変化は所得分配の改善にとって非常に重要であるということである。農村の余剰労働力が絶えず吸収され、「ルイスの転換点」が到来し、賃金収入の格差を縮小する基本条件が創られた。就業の増加・就業機会の均等・労働参加率の向上は、終始、所得配分を改善する重要な方法であった。しかし、「クズネッツの転換点」が自然に発生しないと同じように、賃金格差の最終的な実質的縮小には、労働法規を包含する一連の労働市場制度の構築、例えば、最低賃金・労働組合・賃金の集団交渉といった制度の構築や改善が必要とされる。

　第2は、所得分配と国民生活の改善に関する政策が今後も格差縮小に重要な効果を発揮するにちがいないということである。2004年以来、中国政府が国民生活に関する政策をとくに重視してきたことは、すでに良好な効果を生み出している。しかし、これらの政策の効果もかなりの程度資源再配分における不平等現象によって相殺されている。そのため、所得分配を改善する政策は、効果のある実質的な調整を行わなければならない。つまり、継続的に結果平等の各政策を実施すると同時に、既得権益集団による所得分配政策への影響を除去することを考慮し、資源の配分・占有・使用に対する権力の干渉を排除し、機会平等を実現しなければならない。これには、政策決定のメカニズムにおける改革が必要であり、より科学的・民主的・公正透明なものにしなければならない。

　第3は、より包摂性のある均等な教育の発展が所得格差を縮小させ、貧困の世代間継承を防止する根本的な方策であるということである。中国の経済社会発展の将来に必要な人材育成に関心を寄せることは、その全体的な拡大形勢を保ち、全国民の素養と労働技能を向上させるのみならず、さらに公平と平等をいっそう重視して、都市と農村、地域間、さまざまな利益集団に存在する教育機会の不平等問題を解決することにつながる。グローバル化と技術進歩は潜在的に低技能労働者を排除する傾向があるので、全体的な教育水準を向上させ、すべての労働者にその人的資源の持続的な向上を保証することは、こうした排除現象を防止する最も有効な方法である。

　第4は、所得分配を改善しようとする場合、経済成長と再分配政策とのバランスに関心を払うことに努めなければならない。中国の所得格差はあまりにも大きく、基本的公共サービスはあまりにも貧弱なことから、一定の期間、一定の限度内において、政府は大幅に公共サービスの再配分に力を入れなければならない。とりわけ基本的公共サービスの均等化には、より積極的より主導的な役割を発揮する必要がある。実際、所得格差が小さい先進国における調和的な所得分配構造は、主に再分配後に形成されたものである。例えば、2008年の日本の初回分配におけるジニ係数は0.522であったが、再分配後には0.376に下落し、その改善幅は29.3％にも及ぶという[32]。

　しかしながら、パイの分配効果は根本的にはパイの大きさによるものであるため、経済成長の適度な速度を保つことも避けられない重要な目標となる。所得再分配政策を実施する際、法律規定に基づいて、高所得を有効に調節し、中所得者層を育成し、低所得者の生活状況を改善し、同時に、政策の任意性を排除して、労働就業・合理的消費・蓄積と投資の積極性を損なわないようにしなければならない。

---

32)　孫章偉《日本基尼系数与再分配制度研究》,《現代日本経済》2013年第2期.

第11章　労働力市場の制度

"君子不器"（【战国】《论语·为政》）

「君子は器ならず」（【戦国】『論語・為政』）

　交易の主体は異なるものであるので、労働力市場は一般商品及びその他の生産要素の市場と全く同じやり方で対応しなければならないということはない。換言すれば、労働力市場では、労働力の交易（雇用と被雇用）の在り方、及び労働力価格（賃金）の形成の在り方は、純粋に市場メカニズムによって決定されるのではなく、労働力の需給関係と労働力の市場制度という２つの要因によって決定されるということである。しかし、成熟した市場経済体制に近づいてくると、労働力市場では、必要な規制を必要とするといった特殊性がますます顕著になってきて、労働力市場の制度構築をいよいよ強く求めるのである。

　多くの経験研究が示すように、労働力が無限に供給される条件下では、労働力市場の制度は、よりよく執行されず、ある程度「過度規制」になり、労働者の利益を保護するという意図を貫徹できないかもしれない。また、就業拡大の障壁になるかもしれない。これに対して、成熟した市場条件下では、制度が適切であるかどうかという難しい選択に迫られるとしても、総体からいえば、労働力市場の制度は不可欠のものであることはいうまでもない。

　「ルイスの転換点」を経過し、中所得国の上位の段階にある中国では、労働力市場は、典型的な二重経済の条件下の労働力が無限に供給されるという特徴からしだいに離れていき、いよいよ新古典派の労働力市場の特徴を備えるものになっている。あるいは、正確には、中国の労働力市場は、二重経済モデルから新古典派モデルへと転換する過程にあるということができる。労働力市場の

制度構築は、この重大な転換に際して、喫緊の制度要求である。本章において
は、まず中国の労働力市場の段階的特徴を指摘し、次いで実際に現われた深刻
な問題と国際経験とを結合して、労働力市場の制度建設の必要性と緊迫性を論
じ、政策建議を行う。

11. 1　二重経済から新古典派経済への転換

　中国の労働力市場を評価する場合、往々にして現実に認識が追いついていな
い。例えば、1990年代末、中国で就業制度の改革が急速に進展して新規に大量
の労働力が非正規労働力として労働市場に流入したが、正規就業の統計数値に
囚われていた人々は、中国の経済成長は「雇用なき成長（jobless growth）」と認
識した[1]。また、中国経済の成長は、労働力市場の融通性あるいは低水準規制
によるものだと認識する多くの人々もおり、インドの政府筋では、これを有益
な経験として積極的に学ぶべきであると認識したこともあったが、その時には、
かえって中国の労働法規の制定や労働力市場の規制は飛躍的なやり方で強化さ
れていたのである[2]。いまでも、多くの人々は、相変わらず伝統観念を抱き続
け、広汎に存在する労働力の不足現象を無視し、中国の労働力供給は尽きるこ
とがない、いくらでも存在すると頑なに思い込んでいるか、あるいは「民工
荒」（農村から都市への出稼ぎ労働者の不足現象）あるいは「働き手募集難」の現
象と「就業難」の現象が並存することに右往左往しているか、いずれかである。

　中国の労働力市場の発展と就業状況との関連を明確にするには、伝統的観念
を取り払い、正確な認識を持つことが必要であり、そのカギは中国の労働力市
場の現実の発展段階の特徴を理解することにある。すなわち労働力が無限に供
給されるという特徴を持つ二重経済の労働力市場モデルから新古典派経済に象
徴される労働力市場モデルにまさに転換しようとしていることである。このモ

1）Thomas G. Rawski, What's Happening to China's GDP Statistics? *China Economic Review*, Vol.12, No. 4 , December, 2001, pp.298–302.

2）Ministry of Finance of India, *Economic Survey, 2005–06*, New Delhi, Ministry of Finance, 2006, p.209, を参照。

244

デルの転換過程において、単純にルイス式の開発経済学の枠組み、あるいは新
古典派経済学の枠組みを利用して、中国の労働力市場の特質を理解しようとし
ても、それは十分な理解とはほど遠いものである。あるいは、現在の中国の労
働力市場の現象には、二重経済の条件下における多くの特徴をみいだせるだけ
ではなく、新古典派経済に特有の特徴とも関連しているといってもよい。

　二重経済モデルから新古典派モデルへの転換は漸進的であり、2つのモデル
間の区分もはっきりとつけにくいものであるが、分析を進めていく便宜上、
「ルイスの転換点」を一つの分岐点として、これ以前の労働力市場を典型的な
二重経済の特徴を有しているもの、これ以後の労働力市場をいよいよ新古典派
経済の特質を有するものとして用いることにする。こうした2つの特徴を併存
させているのがこの転換段階の特殊性であり、そのことが一連の労働の就業問
題を生み出し、認識上における困惑と政策上における選択のジレンマを生じさ
せているのである。

　このため、新古典派モデルの労働力市場とルイスの労働力市場（つまり二重
経済の労働力市場）とを対比し、この両者の分析枠組みを参考にして、当面の労
働力市場の現象と直面する挑戦を総合的に把握してみようと思う（表11-1参照）。
両類型の対比を通すことによって、当面の中国の労働市場の特徴が純粋な二重
経済の構造のものではないということを理解できるだけではなく、同時にまた、
典型的な新古典派モデルのものでもないということを理解できる。この他、中

表11-1　労働力市場のルイス類型と新古典派類型の特徴比較

	ルイス類型		新古典派類型
賃金決定	平均労働生産力を分かち合う生存のための賃金	VS	労働の限界生産力に基づき、主に市場の需給関係に依拠して形成される
市場状況	制度障碍の存在、供給は需要を上回り、市場での清算ができない		労働力市場を通して賃金が変動する、理論上、需給の差異によって清算される
就業問題	農業における就業不足と都市企業の過剰人員		周期的失業、構造的失業、摩擦的失業の現出
制度特徴	比較的少ない規制と保護、変化の方向は遂次労働力市場の拘束を解除		労働力市場の機能を基礎にして、賃金および労働条件を大衆団交で決定
政府責任	就業の拡大を促進、及び就業の制度的障害を取り除く		マクロ経済政策と労働力市場政策を以て、周期的及び自然的失業に対処する

国が計画経済から市場経済に転換したということも、この時期の労働力市場に特有の烙印を押している。こういった転換状況にあって、中国の就業問題は特殊な挑戦を受けているということができるのである。

　まず、賃金の決定からみてみよう。ルイスモデルで描かれる二重経済構造下では、労働力は無限に供給され、農業における労働の限界生産力は極端に低下する。理論上からいえば、農業労働者は、家庭あるいは共同体の各階層において、労働の生産物を平均に分かち合う。収入は、生存水準の賃金で決定されるのであって、市場によって決定されるのではない。このモデルは、中国においては、次のように現れた。農業に従事する者の収入は非農業従事者の賃金水準にはるかに及ばず、出稼ぎに出た労働力の賃金は労働力供給の数量的制約を受けて、長期にわたって上昇しなかった。戸籍制度等の体制的要因によって、農民工の賃金はその労働の限界生産力で決定されなかった。

　他方、都市の従業者は長期間就業上の保護を受け、1990年代末に従業員の大規模な失業が生じたなかにあっても、幸いにもリストラされなかった従業員の賃金はむしろ上昇した。「ルイスの転換点」以前の労働力市場の計量研究によれば、農民工が得た賃金は、その労働の限界生産力のわずかに25.9％にすぎず、都市出身従業員の賃金は、その労働の限界生産力の1.24倍であった[3]。

　新古典派モデルでは、理論上、労働者の賃金は、労働の限界生産力に基づき、市場メカニズムと労働力市場の制度によって決定される。農村における余剰労働力が減少し、労働力不足が普遍的に現れるようになると、各種の産業及び各業種では、資本が労働に代替する傾向が現われ、労働生産性は顕著に向上する。中国の労働力市場においても、こうした新古典派的な性格がいよいよはっきりしてきて、突出した表現として、労働の限界生産力の向上が賃金の上昇をもたらした。例えば、2000～2007年の期間、製造業の平均労働生産性は3.22倍になり、労働の限界生産力は2.66倍になった[4]。農業においても、同様な傾向が現

---

3) John Knight and Lina Song, *Towards a Labour Market in China*, Oxford University Press, 2005, p.108.

246

れている。稲作を例にとると、2007～2013年の平均の労働の限界生産力は1991
～2006年のそれの1.6倍になった[5]。これにともなって、農業と非農業の労働者
の賃金は、いずれも2004年以降、大幅に持続的に上昇し、同一化傾向をみせは
じめた。

　次に、労働力市場の需給バランス状況を考察しよう。ルイスモデルでは、労
働力が無限に供給されるという特徴と同時に、労働力の部門間移転や地域間移
転は制度障害を受けており、労働力の需給関係は、賃金水準の調節を通してバ
ランスがとられるということはない。そのため、長期的に二重経済構造が維持
され、労働力の供給がいつも需要を上回っているという状態が継続される。こ
れに対して、新古典派モデルでは、理論上あるいは傾向として、労働力市場は
労働力の移動と賃金の調節を通して需給バランスをとるようになる。例えば、
市場経済が発達した国では、労働力の流動の結果、産業間、業種間、地域間に
おける労働の限界生産力の差異が小さくなり、賃金の差異も比較的小さなもの
となる。

　しかし、二重経済の労働力市場と新古典派の労働力市場の中間状態にあって
は、両者の明確な区分があるということはなく、労働力市場は依然として二重
経済の特徴が支配的地位を占めているため、人口構造の転換の段階において、
労働年齢人口の増加率が経済成長をけん引する労働力需要の増加率を明らかに
上回ることになる。中国の労働力市場では、「ルイスの転換点」が到来するま
で、長期にわたって固定的な賃金でたえず就業が生み出されるという情況に
あった。しかし、この「転換点」以後、労働力不足の状況が現れ、一般労働者
の賃金は持続的に上昇しはじめ、市場に必要なシグナルを送り、企業に対して、
要素投入の構造的調整及び労働参加率の変化をもたらしていった。

　こうした転換は、都市の登記失業率と調査失業率の変化（図11-1参照）をみ

4）蔡昉，王美艷、曲玥《中国工業重新配置与労動力流動趨勢》（《中国工業経済》2009
　年第8期）。
5）蔡昉，王美艷《従窮人経済到規模経済——発展階段変化対中国農業提出的挑戦》
　（《経済研究》2016年第5期，第14-26頁）。

比べ、改革開放からこれまでの労働力市場の変化の動向を顧みることで、よく
理解される。1980年代以前、国民経済は、文化大革命中に受けた経済的困難か
らの回復期にあり、加えて山村に送られた知識青年が都市に戻ってくるという
時期で、都市では比較的高い失業率が生じていた。改革、とりわけ都市体制の
改革によって、経済は急速に成長しはじめ、登記失業率は低位な水準にまで下
降していった。1990年代後期に至るまでは、国有企業で「人減らしによる効率
化改革」が進行し、また東南アジアにおける金融危機とマクロ経済の低迷が重
なり、就業に大きな衝撃を与えていた。この期間の労働力の需給関係について
いえば、農村における労働力の余剰と都市の企業における「人あまり状態」と
いうもので、失業率は上昇することもなく、経済変動も失業率の変化に反映さ
れることはなかった。

　改革が「鉄飯碗（食い逸れのない親方五星紅旗）」状況を打ち壊していたなかの
1997年、都市では、大規模な失業と人員整理（リストラ）の現象が現れた。当

図11-1　都市の登記失業率の変化
資料：国家統計局《中国統計年鑑》, Cai Fang, *China's Economic Growth Prospects: From Demographic Dividend To Reform Dividend*, Cheltenham, UK・Northampton, MA, USA: Edward Elgar Publishing Limited, 2016.

時、失業保険制度が不備であったため、リストラされた従業員たちの主たる生活保障は、企業に設置された政府と企業が共同出資する「再就職センター」によって解決された。こうしたことから、大量にリストラされる退職者が出ても、登記失業率にはこれが反映されなかった。あるいは、当時の実際の失業状況は、登記失業率に反映されるほど厳しいものではなかったといえるかもしれない。例えば、推計によれば、2000年には失業率は7.6％にも拡大したが[6]、政府が実施した積極的な就業対策によって、とくに労働力市場の発達が促され、就業状況は徐々に改善され、2002年以降、登記失業率は高度安定状態を保持し、現在まで、4.0〜4.3％の間で小幅に変動するにすぎない状態になっている。これに相応して、調査失業率も下降気味に推移している。

　一歩進めて、これを就業の難しさということからいえば、二重経済構造の最大の問題は、大量の労働力の存在にもかかわらず、就業の場が不足しているということにある。このため、これまで相当長期にわたって、一切の就業政策は、労働力の供給が需要を上回っていることを前提にして制定されてきた。その政策目標は、できる限り多くの就業の場を創出して就業を拡大すること、また労働力の就業に影響を与える制度障害を除去することにあった。いうまでもなく、新古典派モデルの下では、就業の主要な問題は、周期的失業・構造的失業・摩擦的失業に集中した問題になり、これらの問題は、さらなるマクロ政策を通して、労働力市場の制度とその政策によって解決されなければならないのである。

11.2　転換期の就業問題

　成熟した市場経済の国家では、就業圧力は主に次の3種として表現される。第1は、マクロ的経済変動から生じる周期的失業であり、第2は、労働者の技能と産業構造の変化から個人に対する需要の不適合性がもたらす構造的失業、第3は、労働者の求職期間が長期間になることからもたらされる摩擦的失業で

6) Cai Fang, The Consistency of China's Statistics on Employment: Stylized Facts and Implications for Public Policies, *The Chinese Economy*, Vol. 37, No. 5, 2004, pp.74-89.

ある。このうち、構造的失業と摩擦的失業は常時発生する失業の形態であり、安定的であり固定的であることから、自然的失業と称される。

　労働力がますます市場を通して配置され、マクロ経済が典型的な意味での周期的変動を呈するようになってきた中国では、伝統的な「隠れた失業形態」のほかに、周期的失業や自然的失業といった失業形態も現われるようになった。推計によれば、1995〜2002年の期間、都市の調査失業率のうち、ほぼ60〜80%がマクロ経済の変動の影響を受けた自然的失業率だとみなされている[7]。

　ルイスの二重経済理論によれば、労働力の無限供給という特徴を有する二重経済にあっては、農村には余剰労働力が長期にわたって存在し続け、非農業の産業的拡大によってのみ逐次移転されるだけであった。推計によれば、1980年代中から1990年代末にかけて、中国の農村の余剰労働力は全農村労働力の30〜40%を占めていたとされる[8]。計画経済の遺産として、国有企業と都市集団企業に長期間温存されていた過剰人員も、企業の総従業員の30〜40%を占めていたとされている[9]。こうした就業不足という形で表現される状況は「隠れた失業形態」と称することができる。

　このように、中国に実際に存在する失業現象あるいは就業の困難は、概念化しにくいものであるが、理論上、中国における失業の類型を周期的失業、自然的失業（このうちには摩擦的失業と構造的失業を含む）、「隠れた失業」の３種に区分して、その変化の趨勢について検討してみる。

　改革開放を起点として考えてみると、中国には典型的ではあるが強烈なコントラストの二重経済構造の特徴があり、「隠れた失業」規模はきわめて大きく、

7）蔡昉，都陽，高文书：《就业弹性，自然失业和宏观经济政策——为什么经济增长没有带来显性就业？》（《经济研究》2004年第９期）。

8）Labor, 1978-1989, in Kueh, Y. Y. and R. F. Ash（eds.）*Economic Trends in Chinese Agriculture: The Impact of Post-Mao Reforms*, Chapter 8, New York: Oxford University Press, 1993; Colin Carter, Zhong Funing, and Cai Fang, *China's Ongoing Reform of Agriculture*, San Francisco: 1990 Institute, 1996.

9）张小建主编《中国就业的改革发展》，中国劳动社会保障出版社，2008年，第101页。

250

その比率も極端に高く、種々な形で都市や農村に存在した。これと同時に、労働力市場の機能・政府のサービス水準・人的資本の配置の適合性等といった自然的失業を生み出す要因も存在しており、また、経済変動による周期的失業も存在した。二重経済構造の転換・都市就業制度の改革・国有企業における「大鍋飯」改革の進展によって、「隠れた失業」が減少・衰微していることをより明確に考察するため、ここでは、周期的失業と自然的失業は相対的に安定しているということを前提にする。

　図11-2にみるように、改革の深化・経済発展水準の向上・産業構造の変化とともに、農村の労働力が持続的に移転しはじめ、都市の企業では、過剰な人員の再配置が不断に繰り返され、「隠れた失業」の規模は顕著に縮小し、全失業者に占める比率は大幅に低下していった。この問題については、見解の相違が表明されているが、多くの緻密な研究は、いずれも労働力の部門間及び地域間の大規模な移動を経て、農業における余剰労働力の数量と比率がすでに1980年代と1990年代でははるかに異なる様相を呈していることを明らかにしている[10]。

　2004年以降、「民工荒」が全国規模で発生し、かつそれがいよいよ熾烈になってくるにつれて、一般労働者の賃金は持続的に上昇し、「ルイスの転換点」

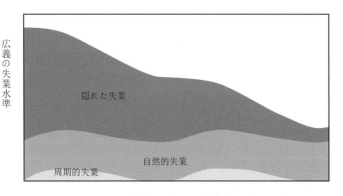

図11-2　「失業」類型の期間別の変化

が到来したことがはっきりと示された。これと同時に、1990年代後半以降、都
市の労働力市場は、累計4000余万人にも上る従業員を整理するという苦渋の調
整を経ることになった。とはいえ、労働力市場がしだいに発展し、経済成長の
速度が高まるにつれて、リストラされた従業員や登記失業者といった現象は、
再就職あるいは退職といった形で解消され、都市の企業にこれまで温存されて
いた過剰人員や「隠れた失業」といった現象は消滅していった。

　ここにおいて、中国の労働市場に現れる主要な矛盾は、ますます自然的失業
と周期的失業に集中してくることになった。しかし、この新古典派モデルの条
件下で出現する同じような労働力市場の現象も、中国の特殊な発展段階では、
多くのそれ自身に特有な特徴を有していた。以下のいくつかの問題、つまり第
1は、どうして農民工の就業の安定性に差が生じるのか、第2は、なぜ大学卒
業生は彼らよりも低い教育程度を受けた労働者に比べてより大きな就業困難に
遭遇するのか、第3は、どうして都市の就業困難な人員は労働力市場において
脆弱な地位に留まっているのか、ということに回答することで、中国が「ルイ
スの転換点」を経た後に直面する就業の難題とその特殊性を示そうと思う。

　農民工の源泉は農村の余剰労働力である。農業労働の生産性が向上するなか
で、条件の整った労働力から率先して出稼ぎに行くが、これらの出稼ぎ労働者
は、年齢や受けた教育水準等の特徴、及び就業の際に直面する制度的制約から、
いくつかの独特な特徴を有していた。第1は、彼らの年齢はほぼ揃って20歳〜
30歳までの人的資本であり、受けた教育程度は中学卒業程度であり、主として
非熟練ないし半熟練の職能に適したものであった。第2は、彼らは比較的高い

---

10)　例えば、Cai Fang and Meiyan Wang, A Counterfactual Analysis on Unlimited Surplus
　　Labor in Rural China, China & World Economy, Vol.16, No.1, 2008, pp.51-65；都阳、
　　王美艳：《中国的就业总量与就业结构：重新估计与讨论》（蔡昉主编《中国人口与劳
　　动问题报告 NO. 12, "十二五"时期挑战：人口，就业和收入分配》，社会科学文献
　　出版社，2011年所収），张晓波、杨进、王生林：《中国经济到了刘易斯转折点了吗？》
　　（蔡昉，杨涛，黄益平主编《中国是否跨越了刘易斯转折点》，社会科学文献出版社，
　　2012年所収）を参照。

労働参加率を示した。なぜなら、彼らは家から離れて後、都市では社会保障や社会保護、及び就業補助等を十分に受けることができなかったから、なんとしても失業するわけにはいかず、比較的低い賃金や比較的劣悪な労働条件の下でも、比較的高い労働参加率を維持していたのである。第3は、労働市場における供給要因としての彼らと労働力市場における需要との間には、地理上の距離・制度的な排斥・情報の不足といったある種の隔壁が存在していたということである。

　大規模な余剰労働力が安定的に農村から都市に流出して非農業に就業したことによって、農業生産のやり方にも相応の調整が行われ、農業はもはや余剰労働力の貯水池ではなくなり、都市の農民工に対する労働力需要も硬直的な特性を示すようになった。こうして、この労働力群体は事実上都市の非農業に就業する主体になったが、労働力市場では、低い程度の社会保護を受けるだけにすぎなかったので、マクロ経済の変動によってもたらされる周期的な労働市場の変動をまともに受ける労働力になっていった。疑いもなく、経済が低迷し、労働力市場にその影響を及ぼすたびに、農民工は真先に周期的失業という打撃を蒙らなければならなかった。景気がよく労働力需要が拡大しているときには、往々にしてまず「民工荒」という状況を作り出したのである。

　世界的な金融危機に遭遇した際に経験したように、農民工はいまだ完全な都市住民の身分を有していないことから、彼らは就業の不安定性に曝されただけではなく、周期的失業にも直面するという脆弱性をも暴露した。2008年と2009年、労働力移動という大きな趨勢を反映して、農民工の出稼ぎ規模が継続的に拡大していたが、就業の変動が生じた場合には、出稼ぎ農民工の総労働日数ははっきりと減少した。例えば、2003～2007年の期間、出稼ぎ農民工の就業日数は持続的に増加していたが、金融危機の衝撃を受けた際、就業日数は2008年と2009年に逆に減少したのである（図11-3参照）。

　大学卒業生の就業難と失業現象はよく似た新生事物である。大学が入学定員の拡大を図るまでは、大学生の「神の寵児」としての地位は、労働力市場においても同様であって、当時、大学生については、すでに伝統的な就業の「計画

分配」方式が行われていなかったが、彼らにはなお普遍的な就業難という問題
は存在していなかった。定員拡大後の卒業生が労働市場に初めて進入してから、
大学生の就業難が普遍的なものとなり、持続的に存在する現象となっていった。
例えば、定員拡大後の一世代が卒業する前の2001年には、公共就業サービス機
構が主に取り扱う労働市場において就職先を探す労働者のうちで、新たに成長
してきた青年失業者の占める比率は16.5％であったが、2002年の初めての定員
拡大時の卒業生が労働市場に出てきたときには、その比率は20.1％にまで増加
した。2011年には、それがさらに増加して23.9％にまでなり、そのうち40.6％
が大学卒業生であった[11]。

　こうした状況は、長期的に存在している青年の就業困難という状況に回帰し
たにすぎないものであった。1990年代初期、都市の失業者のうち青年の占める

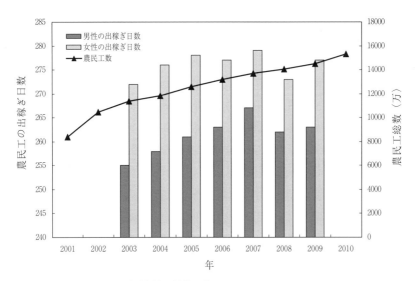

図11-3　農村労働力の出稼ぎ規模と就業日数
　資料：農民工総数は国家統計局及び国家統計局農村社会経済調査司の数値、出稼ぎ機関の数値
　　　　は、武志剛、張恒春《農村労动力外出就业的特点与变化》（蔡昉主編《中国人口与劳动问题
　　　　报告 NO. 12—"十二五"时期挑战：人口、就业和收入分配》, 社会科学文献出版社, 2011年,
　　　　所収)。

11）中国就业网, http://www.lm.gov.cn/DataAnalysis/node_1032.htm を参照。

比率は大きく80％以上を占めていた。だが、90年代中頃から始められた就業制度の改革によって徐々に現れてきた従業員の一時退職の現象は、しだいに40歳以上の従業員を主としたリストラになり、青年の失業者に占める比率は相対的に低下していった。このため、大学生の就業難の現象を考察するにあたっては、これを一般化して青年の就業問題とみなさなければならないのであるが、ただ、こうした青年集団の教育水準は一段階高まったのである。

公共就業サービス機構の情報によれば、労働力の需給に影響を及ぼす世代要因についていえば、例えば、中学校以下の教育水準にある労働者は、比較的高い求人倍率にあるが、この教育水準にある求職者の年齢は一般的に高くなっている。

他方、学歴は確実に労働力の需給関係に影響を及ぼしている。例えば、2011年の職業高校・技工学校・中等職業技術学校等の卒業生は、有利な求人倍率を持っているのに、学歴がより高い学校の卒業生は、1以下の低い求人倍率に直面している（図11-4参照）。他の研究が明らかにしているように、大学卒業生の失業率は平均を上回っている。例えば、2005年の1％抽出人口統計の調査に

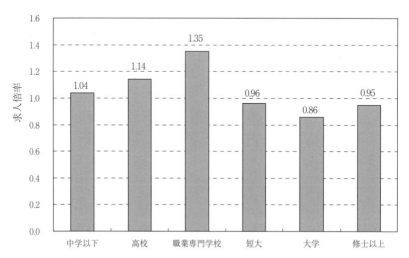

図11-4　労働力市場における需給と求職者の学歴
資料：中国就業網，http://www.lm.gov.cn/DataAnalysis/node_1032.htm

基づく推計によれば、短大及び専門学校の卒業生の調査失業率は8％、大学卒業生のそれは6.1％であり、いずれも5.2％の都市の平均失業率を上回っている[12]。このため、受けた教育水準の特性から就業難問題を検討することも必要であり、合理的でもあるといえる。

　大学卒業生が直面する就業難と高失業率は、もとよりマクロ経済の周期的変動の影響を受けているが、主要なものは構造的・摩擦的といった自然的失業要因から生じたものであった。人的資本の明示的な指標からみれば、大学卒業生（場合によっては、労働力市場に新たに進入してくる他の卒業生も）は、農民工を含むその他の労働者集団よりも教育水準が高く、かつ総体からいえば、正規に就業する機会は農民工や都市の就業困難な集団を上回っている。このため、彼らの就業の安定性は、他の労働者集団よりもはるかに優っているのである。

　しかし、大学生の就業の「元手」は総合的知識と専門的技能であるので、こうした人的資本が労働力市場の需要にマッチするかどうか、個人的希望が労働力市場にうまく適うかどうかによって、彼らが成果を得るかあるいは失業リスクに遭遇するかが決定される。一般的にいえば、労働者の受けた教育程度が高いほど、人的資本の専門性が強いほど、労働力市場の需要に適合的なものとなるには、多くの時間と努力が必要とされるのである。

　中国の状況についていえば、労働力市場における需要は、大学を含む高等教育機関の定員拡大後の専門分野の設置や教学における内容と質の向上に相応するほど強まってはおらず、労働力供給の面からいえば、市場の要求に適う人材を提供する役割はむしろ低下している。また、産業構造の調整の面からいえば、例えば、製造業は高価値チェーンへのシフトを図り、さらに知識集約的なサービス部門へと転換しはじめているが、いまだ多くの大学生に適した就業の場を創造するまでには至っていない。加えて、中国の高等教育機関はようやく精鋭

12）蔡昉，王美艶《就业形势与青年问题》（蔡昉主编《中国人口与劳动问题报告——提升人力资本的教育改革》，社会科学文献出版社，2009年，所収，第29頁，王徳文，蔡昉《城乡青年的教育与就业》（蔡昉主编《中国人口与劳动问题报告——提升人力资本的教育改革》，社会科学文献出版社，2009年，所収，第29頁）。

主義教育の段階から抜け出したばかりであり、卒業生やその父母には、いまだ新たな大衆教育段階に相応する就業期待や期待賃金を受け入れる準備ができていないのである。以上のことが、大学卒業生の就業の場における不適合性を増大させているのである。

　都市における就業困難な労働力は、自然的失業の衝撃を受けやすいもう一つの集団である。この労働者集団の典型的な特徴は、人的資本における「不足」であり、具体的にいえば、主に年齢が高いこと、教育水準が低いこと、身体状態に差があること、技能とりわけその更新能力に劣ること、等々である。こうしたことから、彼らは、かつて都市の就業政策の調整や企業の「人減らしによる効率化改革」の際に、リストラや失業といった衝撃を受けた集団であったのみならず、退職前にいつも就業ないし再就業を迫られる構造的あるいは摩擦的失業という困難に直面する集団であった。

　現在、戸籍上の制約を受け、都市の登記失業人口としてある程度まで統計上に現れる多くの人々は、この就業困難な労働者集団であるが、彼らの就業困難は長期的かつ継続的であることから、日々改善されている就業援助や社会保護を受けることができている。これに対して、労働力市場の周期的変動にさらされる農民工集団は、登記失業統計には現れないので、都市の登記失業率はマクロ的な経済変動を敏感に反映しているとはいえない。実際、研究が明らかにしているように、中国の都市の自然的失業率の水準は4.0〜4.1％にあるとされ[13]、現在の都市の登記失業率は基本的には自然的失業率であるということができる。

　中国が直面する今後の就業難への挑戦は、長期にわたる就業の場の不足の問題であり、ますます多くなってきた上述した3種の失業問題である。こうした二重の問題が就業問題の解決を複雑にしている。例えば、周期的失業に対応する際、成熟した市場経済の国家と同様に、貨幣政策や財政政策によるマクロ的

13）都阳，陆旸《劳动力市场转变条件下的自然失业率变化及其含义》（蔡昉主编《中国人口与劳动问题报告 NO. 12，"十二五"时期挑战：人口，就业和收入分配》，社会科学文献出版社，2011年，所収）。

調整機能を発揮させるマクロ的経済政策の手段を用いて、経済の周期的変動に
対応しなければならないだけでなく、改革を通して労働力市場の分割をなくし、
その周期的失業に対する増幅効果を削減するようにも迫られている。具体的に
は、農民工の都市住民化をいっそう推進し、彼らを都市の失業保険や就業援助
といった公共サービスに取り込んで、彼らの就業の衝撃に対する脆弱性をなく
してやることである。

　産業構造の調整が加速されるにつれて、新しい就業機会が不断に創造され、
同時に一部の伝統的な職場は当然消失していった。転職せざるをえなかった労
働者の技能が新しい職場の要求に見合わないとしたら、彼らは構造的失業のリ
スクに直面する。中国の労働力市場はいまだ比較的低い発展段階にあり、人的
資本の配置メカニズムはなお健全とはいえない状態にあるので、産業構造の変
化の過程においては、労働者は摩擦なしに転職することができない。このため、
摩擦的失業現象がいつも存在することになるのである。

　この労働力市場の機能と政府の公共サービスに対していっそうの改善要求が
提出され、政府は最善の就業機能の役割を発揮すべきだとされている。つまり、
政府は適確に就業・創業・転職及び在職職業訓練を提供し、労働力市場の規範
化とその機能改善を図り、労働者の能力向上と市場による労働力配置の効率化
といった両面から自然的失業率を低下させる必要があると要求しているのであ
る。

　中国が依然として就業困難な情況に直面しているなかで、農民工・各級教育
段階の卒業生・都市の就業困難者らは、通常、非正規就業という状態にある。
嫌でもそうした労働力市場の制度や社会保障制度といった保護を欠いた非正規
部門あるいは正規部門における非正規業務に就業しなければならなかった。他
方、長期にわたって廉価な労働力に依存することで生存してきた企業は、社会
保険金の支払いをうまくすり抜けるために、また労働力賃金のコスト節約及び
雇用や解雇のための手数料の引き下げのために、労働力市場の制度的欠陥や労
務派遣制度が存在しないという欠陥を利用して、労働力市場における非正規人
員確保に邁進して、労働者の権利や利益を意図的に侵害することを常とした。

11. 3　増大する制度改善の要求

「ルイスの転換点」の到来とともに、労働力市場の制度改革の要求は明らか
に強まっている。一方では、労働力の需給関係に基づいて単純に賃金等の労働
力の待遇を決定するメカニズムはもはや適合的とはいえないので、相応の制度
をこうした関係のなかに導入する必要があった。他方、例えば、戸籍制度に託
けて農民工に差別的待遇を押し付けるといった伝統的制度をよりどころにした
労働者の権利や利益に対する侵害は、労働者にはますます受け入れられなく
なっていた。こうしたことに対する労働者側の個人的ないし集団的な反抗、例
えば、他の職場への移籍・団体交渉・抗議・ストライキなどの行為の発生こそ、
まさに制度改善の要求が強烈かつ日増しに増大していることの表現であった。

　ますます多くなる雇用関係に関連する集団的な事件は、もとよりそうしたこ
との有力な証明ではあるが、こうした事件についての報道は系統的であるとは
いえず、報道に現れる労働争議は、往々にして極端すぎて、典型的、代表的な
ものとはいえなくなっている。このため、ここでは、正式の記録並びに系統的
に発布された労働争議の案件数を通して、制度改善の要求としての統計的証明
とする。

　例えば、図11-5にみるように、2004年以降、受理された及び調停された労
働争議件数は特に増加率が高く、2004〜2010年の労働争議総件数の増加率は年
平均15.2%に達している。この間の2008年に「労働契約法」・「就業促進法」・
「労働争議調停仲裁法」が同時に施行され、それが労働者の権利及び利益意識
を増強させ、法に基づくことの現実性がさらに高められ、かつ労働訴訟費用の
引き下げもあって、労働争議の発生率はこの年及び翌2009年にさらに上昇した。

　しかしながら、労働争議の増加、とりわけこれに関係する集団的事件の頻繁
な発生は、労働関係が以前よりも悪化した結果から生じたのではない。なぜな
ら、そうであるとすれば、以下に指摘する事実を論理的に説明できないからで
ある。

　第1の事実は、2004年以後、中央及び地方政府は、立法・法執行・調整政策

等の手段を用いて、農民工の都市における就業や居住、及び公共サービスの享
受などの政策環境の改善において、積極的かつ実効的な努力を重ねてきたこと
である。制度改革や政策調整はいまだ完成しているとはいえないが、改革開放
期の農村労働力の都市への流入という歴史的発展を理解しているウォッチャー
からすれば、2004年を一つの転換点として、労働力移動に関する政策環境が
「黄金期」に入ったことに賛意を示さないはずがないからである[14]。

　第2の事実は、1990年代末に大規模な企業従業員のリストラや失業といった
現象が生じた際、より広範囲に及ぶ社会保障体系が構築され、就業拡大を優先
原則とするマクロ経済調整が実施され、積極的な再就業援助や就業創出等の公

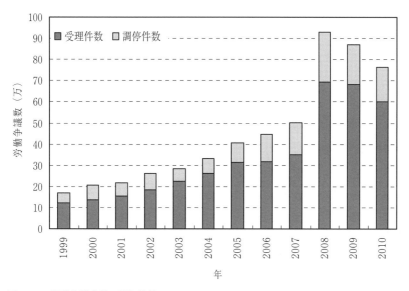

図11-5　労働争議案件の増加趨勢
資料：国家統計局《中国統計年鑑》（暦年）。

---

14) Cai Fang, The Formation and Evolution of China's Migrant Labor Policy, in Zhang,
　　Xiaobo, Shenggen Fan, and Arjan de Haan（eds）*Narratives of Chinese Economic
　　Reforms: How Does China Cross the River?* New Jersey: World Scientific Publishing Co.
　　Pte. Ltd., 2010, pp. 71-90を参照。

260

共的な就業政策が行われ、さらに2008年と2009年の世界的金融危機が就業に与えた衝撃に対応して、こうした政策はいっそう強化され、「積極的な就業政策」と称される一連の適確な措置が採られたことである。

　第3の事実は、農業における余剰労働力の減少に伴い、各産業及び部門に労働力不足現象が普遍的に現われ、かつそれが持続したこと、これに加えて、農業を強化し、農民を優遇するといった「三農」政策の実施によって農業労務の利益を引き上げたことが、一般労働者とりわけ農民工の雇用関係における交渉地位を向上させ、そうしたことによって、各業種における賃金の全面的上昇、熟練労働者と非熟練労働者の賃金の同一化傾向、さらに各種の労働条件の改善等が以前に増して急速に進行したことである。

　ここでは、アルバート・ハーシュマン（Albert O. Hirschman）の「退出・告発・ロイヤルティ」理論[15]によって、なぜ労働争議の高い発生率は労働力市場の制度を要求する表現であるといえるのかの理由を検討してみよう。

　この理論によれば、ある組織（企業であれ、国家であれ、あるいはいかなる形態の集団であろうと）の構成員は、その所属する組織から得られる利益に差がある場合、その組織に対して退出か告発かのいずれかの選択に迫られるという。退出は組織からの離脱である。告発は組織に留まることであるが、とはいえ、憤懣を抱き、不服を訴え、その改変を要求し、組織との関係を修復ないし改善しようとする。この退出と告発は、時と場合によって、独特な予期し難い方式で、相互に作用し合う。要望に反応する機会や批評の機会がより多く与えられるとしたら、退出は少なくなり、逆に過度の抑圧が構成員に持続的に掛けられるとしたら、彼らは退出あるいは組織を離れるといった手段を用いて、その不満を表現することになる。

　しかし、組織に対するロイヤルティは、退出と告発との相互作用において、退出か告発かの選択に影響を与える費用と収益の基準になる。組織に対するロ

─────────────

15) Albert Hirschman, *Exit, Voice, and Loyalty: Responses to Decline in Firms, Organizations, and States*, Cambridge, MA: Harvard University Press, 1970.

イヤルティが比較的高い場合、例えば、政治上の強烈な愛国心、消費者の強い
ブランド嗜好、あるいは従業員の企業の前途有望性への期待などがある場合に
は、退出の可能性はきわめて低くなる。また、退出の選択に人を引きつける魅
力がない場合、例えば、就業機会が少ない、あるいは政治上、財政上から転職
に障壁がある場合には、退出の可能性もまたより小さくなる。

　労働力が無限に供給される条件下では、就業機会はきわめて少なく、労働者
とりわけ都市戸籍身分を保障されていない農民工には、選択の機会はほとんど
ない。これは労働力市場で退出の権利がないのと同じである。したがって、就
業を気に掛ける彼らは、労働報酬や労働条件といった企業の待遇に不満を抱い
た際、通常、勇敢に、進んで告発することなどないので、この時期に現れた労
使の衝突は、通常、個別的な案件にすぎないものとされる。だが、「ルイスの
転換点」に到達すると、労働力市場の需給関係に重大な変化が生じ、労働力供
給はもはや無限の弾力性を持つものではなくなり、労働力需要が継続的に拡大
する状況下において、労働者はさらに多くの就業機会を与えられるようになる。
換言すると、彼らは退出あるいは「逃げるが勝ち」の権利を獲得したとことに
なる。とはいえ、こうした権利を獲得したからといって、この権利を行使する
かどうかについては、実際の状況はより複雑である。第1に、退出の権利が保
証されると、さらに勇敢に文句を言ったり、集団交渉に持ち込んだり、さらに
はストライキといった手段をも含む「告発」の権利を行使しようとする。第2
に、汗と血を注いできたとはいえ、もはや何の未練もない小工場では、通常、
単刀直入に逃げ出すのが上策であるとして、立ち去ってしまう。第3に、知名
度がある大企業では、労働報酬や労働条件には不満ではあるが、ロイヤルティ
のある種の変形ともいえる未練もあるので、告発という手段がいっそう用いら
れるようになる。

　この理論の枠組みを用いて、2010年の顕著な労働争議を考察してみる。この
年の地域別の労働争議の状況をみてみると、全国の労働争議案件の70％以上が
東部地域に集中し、とくに直轄市及び沿海の発達した地域において、労働争議
案件の発生率が最も高くなっている（図11-6参照）。一般的にいって、東部地

262

域には比較的正規の大企業が集中しており、賃金水準も高く、労働待遇や労働
条件に対する監督も相対的にいって厳格である。例えば、東部地域の企業には
「工会（労働組合）」・労使の集団的交渉制度・従業員代表大会制度など、西部地
域や中部地域よりもはるかに高い比率で整備されている。しかし、東部地域で
はかえって労働争議が集中的に発生しているのである。このことは、この地域
の労働者は賃金や労働条件の現状に不満を持っていても、なおこの企業に留
まっていたいとして、いっそう告発の手段に訴えているということを意味して
いる。

　その他、多くのミクロの調査数値によれば、企業規模・所有制の類型・労働
者の個人的特性等の要因から分析してみても、似たような結論を得ることがで
きる。つまり労働争議の発生率の高さは、労働関係における劣悪条件とは関係
ないということである[16]。

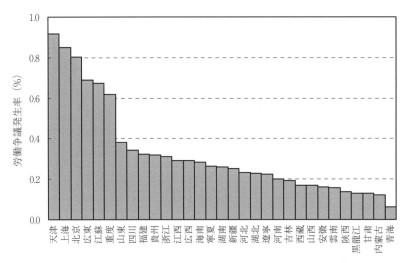

図11-6　2010年の地域別の労働争議案件の発生率
　資料：Cai Fang and Wang Meiyan, Labour Market Changes, Labour Disputes and Social Cohesion
　　in China, OECD Development Centre Working Paper, No. 307, 2012.

16）Cai Fang and Wang Meiyan, Labour Market Changes, Labour Disputes and Social
　　Cohesion in China, OECD Development Centre *Working Paper*, No. 307, 2012. を参照。

当然のことながら、ここでは、労働争議の発生が労働者にとっての賃金や労働協約や労働条件に対する不満と全く関係ないということを証明しようとしているのではない。実際、「ルイスの転換点」の到来のもう1つの明示的な事実は、労働関係における劇的な変化であった。つまり労働力の需給関係における新形勢の発生とともに、労働者の賃金改善や労働条件の待遇改善の要求が高まり、労働者の権利意識が増強されてくるが、企業にはそうしたことへの適応能力がなく、また意識も不足していることから、一つ一つの要求に即した局部的な労使衝突が生じるのである。こうしてみると、中国の目前の各種さまざまな形で表現される労使の衝突は、経済発展段階の変化に対応した法則的な現象であり、必然的に発生するものであり、ある種の「成長のための悩み」ともいうべきもので、回避しようとして回避できるものではないのである。

　欧米国家とアジアの発達国家の経験によれば、労働力市場の制度を樹立する方法を用いないで問題の解決を図ろうとするのは、労使衝突という客観的な存在を無視する、いわゆる「ダチョウの策（一部を隠して全体を隠しているつもりでいる愚策)」である。日本は、第二次世界大戦後、体系的な労働力市場の制度を受け入れ、これによって所得分配を改善し、社会結集力を増進させることができた。これとは対照的に、韓国では、1970年代初めに「ルイスの転換点」を迎えた後、労働力市場の制度に継続的に厳格な制限を加え、労働組合が労働関係の協調に積極的な役割を果たすことを拒絶するということが行われた。この結果、労働者は賃金や労働条件といった待遇に強い不満を抱き、また所得格差を改善することができなかったので、その後、10年もの長きにわたる厳しい社会衝突と政治の不安定を経験しなければならなかった[17]。

11. 4　結び

　これまでのすべての成功経験と失敗教訓は次のことを教えている。すなわち、

---

17) Richard Freeman, Labor Market and Institutions in Economic Development, *AER Papers and Proceedings*, pp. 403-408, 1993.

中所得国から高所得国への転換は、順風満帆でもなければ、凱歌の前進でもなく、とりわけ「ルイスの転換点」に到達した後は、いっそうの「成長のための悩み」が充満しているのである。欧米、日本、韓国等の高所得国になった国家もあれば、もう一方には、ラテンアメリカの多くの国家のように中所得段階で長期に停滞している国家もある。この両者を分かつ重要な分水嶺は、労使関係をそのうちに含む「成長のための悩み」をいかに認識し、いかに処理するかということにある。

　こうした新状況に正確な政策を以て対応し、「中所得の罠」を乗り越えるのに最も重要なことは、経済発展の段階を正確に判断して、この特定の段階に存在する問題に真に向き合い、公正・透明・慎重の精神をもって、世論と大衆の思いを受け止め、広範囲にわたるさまざまな形の社会心理上のわだかまりを除去し、社会保護の力量をさらに強化すると同時に、制度需要と制度供給における強力なインセンティブ・コンパティビリティ（誘因両立性）の好機が到来した時に、労働力市場の制度の基礎を構築することなのである。

　このように、中国が直面している挑戦は、労働力市場の制度構築の必要性と緊急性を直視することであり、主導的にこの制度構築政策を推進し、労使関係の規制と協調を実現して、労使の対立が企業と従業員の政府に対する不満に転嫁しないようにすることである。ここでは、この労働力市場の制度構築に関連する重要問題について、以下の3点の政策的提言を行う。

　第1は、労働関係の立法を確実に推進し、労働関係法規の厳格な執行を図ることであり、こうしたことが労働関係の協調的関係の構築にとって最も重要なことである。2007年に全国人民代表大会常務委員会が「労働契約法」を決議してから、この法律の立法化が、時期に適っているか、また必要であるかについて、これまでさまざまな意見があった。しかし、労働者の権利と利益は保障されなければならないということ、かつより高い経済発展の段階においては、労働者の権利と利益を保護する必要性が十分に満ちていなければならないということが承認されるのであれば、この法の執行以来、労働者の権利意識を向上させ、また金融危機に襲われた時期に積極的な労働者保護の役割を発揮したこと

など、すべてが中国はすでに早急に協調的な労働関係を構築する時期に達していることを表現しており、労働立法が労働力コストを引き上げるといった主張は、もはや労働立法やその執行法を延期させる理由にすべきではないのである。

　第2は、中国はいまだ普遍的に賃金に関する有効な集団交渉体制を構築するに至っていないが、この制度に対する必要性はますます緊迫性を増しているということである。賃金引き上げの根拠は労働生産性の向上にあるとはいっても、労働生産性の向上は自動的に賃金の上昇をもたらすのではない。特に、労働力の需給関係の変化がこうした労働者の報酬と労働生産性の対等関係を保証しない場合もある。こうしたことに関連して、経済発展水準の向上も、必ずしも自動的に所得分配を改善するわけではない。このため、労働生産性の向上と労働者の報酬の引き上げとが同時にもたらされるようにするには、労働力の需給関係の変化を条件として労働生産性の向上を基礎にする必要があるだけではなく、労働力市場の制度を手段として用いる必要もあるのである。

　ある学者たちの間違った指導[18] から、多くの人々は、賃金の集団交渉制度において交渉が成立しなかった場合、直ちにストライキ等の過激な対立状況が生じるのではないかという懸念を抱いた。だが、実際は、集団交渉制度の採用がストライキ等の労使対立を避けられないものにしたのではなく、むしろその制度を採らなかったことが労使の対立矛盾を企業と従業員による政府との対立に転化させたのである。当面の最も緊迫した任務は、遂次、賃金の集団交渉という在り方を作り上げて、手続や段階を踏まえた交渉の基礎を推し進め、できるだけ早急に地域・企業・従業員に対して、この効果を広めていくことにある。

　第3は、中国における労働力市場の制度の特殊な優勢を発揮することである。多くの人々は、「工会（労働組合）」制度等の労働力市場の制度に関する「中国の特色」ということについて、いくぶん懐疑を抱いている。つまり、これらの制度の在り方は、政府が直接参加して設置してその機能を発揮させるものであ

18）張五常《工資集体協商禍害工業発展》，《財経網》2010年6月7日.
　　http://www.caijing.com.cn/2010-06-07/110454430.html。

るから、良好に労働者の権利と利益を保護し、同時にまた雇用主の合法的権利や利益にも注意を払うことができるかどうかを懸念している。まさに歴史的経験が示しているように、世界には二つとして完全に一致する「工会」制度を有する国家は存在しない。労働力市場の制度は、大多数の国家において、苦難に満ちた闘争を経てようやく形成され、成熟していったのである。このため、中国の労働市場の制度、とりわけ「工会」制度と賃金の集団交渉制度については、政府がこれを推進していることに特徴があるのであって、これこそ実際上の中国の大きな制度の優勢といえるのである。

　これまで、中国の現行の制度の枠組みから始めて、賃金や労働条件の集団交渉制度の構築についてまで検討してきた。欧米の状況と比べて、中国はよりよく統制がとれており、積極的成果をより得やすいものになっている。「工会」は労働者の利益を代表し、企業家連合会は雇用主の利益を代表し、政府が指導・協調・交渉のメカニズムを進めている。こうしたことのうちに、中国の特色ある労使関係を包含する労働関係の在り方をみいだしうるのである。

第12章　社会保護のメカニズム

"叶公问政. 子曰：近者悦, 远者来."（【战国】《论语·子路》）
「葉公、政を問う。子曰く、近き者説び、遠き者来る、と」（【戦国】論語·
子路）

　1978年以来の改革開放期には、経済の高度成長、産業構造の変化、及びより
多くの就業機会の創出によって、都市と農村の住民所得が増加したことに多く
の関心が寄せられた。政府も大規模な農村貧困対策プロジェクトを実施し、都
市と農村での就業の拡大を推進すると同時に、労働力市場の規制を強化し、初
歩的な社会保護のメカニズムを構築し、労働力市場での弱者集団に基本的な安
全網（セーフティネット）を提供した。しかし、総体的にいえば、政府のこの時
期における積極的な役割は、主に経済成長を推進することにあったので、社会
の発展を促進するという面では、政府の役割について取り立てていうべきこと
がないわけではないが、経済分野における顕著な成果に比べると、はるかに及
ばないものであった。
　経済発展の本質的な意味は、住民がより質の高い、安心感のある生活を享受
することにあり、その大部分については、簡単に1人当たり所得水準で測定す
ることはできない。政府が提供する各種の公共サービスによる社会の発展水準
の向上をみなければならない。国内外の学者も、中国の指導者も、経済成長の
実績の当然の結果としての社会発展の成果を認めると同時に、社会発展の相対
的停滞、及びこの分野に存在する諸問題、及びそれに関連する社会的リスク[1]
について検討していた。社会発展のうちに存在する問題の多くは、不完全で不
十分な社会保護のメカニズムに反映されていたのである。

　通常、社会保護に含まれる内容[2]に関して、中国に存在する問題を指摘すれば、以下のようになる。第1は、経済成長の成果に比べて社会の発展は相当遅れており、実際の社会保護水準と必要性との間に厳しいアンバランスがもたらされていることである。第2は、公共サービスを提供し、そのことによって社会保護メカニズムを構築するといった政府の役割は、経済発展を推進する役割のようには強力ではなかったということである。第3は、都市と農村の住民では、社会保護を含む公共サービスを受ける権利と機会において、大きな格差が存在しているということである。こうしたことから、社会保護全体の水準がいまだ低位な段階にあることの他に、この分野に存在する問題の核心は、都市と農村の住民の公共サービスの享受に格差があり、この格差が農民や農民工及びその家族に対する社会保護の欠如をもたらしていることにあるのである。

　経済成長が技術進歩と生産性向上によってけん引される段階に入ると、産業構造の調整が不可避的に人口の流動性を拡大し、政府サービスの画一的な提供は、こうしたことにますます対応できなくなっていった。新たな仕事が生まれると同時に、大量に伝統的な仕事が消失していたからである。経済の活力と成長の持続可能性を維持するため、雇用を主とする保護政策は徐々に労働者と住民に対する保護へと転換していった。本章では、公共政策がいかに発展段階の要求に対応しつつ、新しい発展段階が提供する機会を利用して、社会保護を中

1) Assar Lindbeck, Economic-social Interaction in China, *Economics of Transition*, vol. 16 (1), 2008, pp.113-139；温家宝《关于发展社会事业和改善民生的几个问题》(《求是》2010年第7期) を参照。

2) 社会保護は、通常、以下のような系列の政策と制度の設置を指し、政府と社会が主体になって、効率的な労働力市場の発展を通して、人々が直面する就業リスクを減らし、住民の自らの所得と生活水準を保護する能力を向上させ、そうしたことによって貧困の発生率を低減させ、その脆弱性を減少させることである。こうした制度の設置には、主として次のことが含まれる。①就業の安定性と労働者の権利と利益を保護する就業政策及び労働力市場の制度、②住民が失業・疾病・傷害・老齢困窮を受けないように保護する社会保障体系、③特殊な困難を抱える人々や弱者（例えば、児童、「三無」老人、特殊地域の住民）に対する社会支援と福利など。

心としたモデルへの転換を実現するかについて考察する。

12. 1　政府機能（役割）の転換

　貧困な国家と富裕な国家とでは、経済社会政策に差異があり、とりわけ発展
途上国においては都市偏重政策が採用され、傾向的に農業・農村及び農民を差
別的に扱う経済社会政策が採られるが、こうした差異を解釈する際、ある理論
による解釈によれば、政治経済学の視点から、発展途上国では農村住民の人口
は多いが、居住地が分散化しており、集団行動では「ただ乗り」（free rider）現
象が発生しやすいので、政策制定の農村住民に対する影響力はほとんどみられ
ないとし、このため、政策は往々にして都市住民に集中することになるとい
う[3]。他の理論の解釈では、発展途上国の政府は工業化を推進する必要性を重
視して、加速的な発展戦略の手段として都市偏重政策を実施しているとしてい
る[4]。

　以上から分かるように、社会保護における不十分性と不均等性は、政府の財
政的制約だけではなく、政府が供給するインセンティブの問題でもあり、これ
らの問題は経済発展段階の変化によって変化する。このことから、上述した政
策傾向に及ぼす発展段階の影響要因を明らかにすることは、中国の社会保護政
策の変化の趨勢を判断するうえで、有意義であると考える。

　改革開放の過程において、中国政府は経済成長の推進に全力を注いできた。
その効果も顕著であったことから、「開発型政府」の典型とされた[5]。多くの
研究は、地方政府の財政動機に着目して、これを政府行為として解釈した。だ
が、中国に特有な「政府体制」に基づいて「開発型政府」等に関連する仮説を

3）M.Olson, The Exploitation and Subsidization of Agriculture in the Developing and
　Developed Countries, paper presented to the 19th conference of International
　Association of Agricultural Economists, Malaga, Spain, 1985.

4）Anne Krueger, Maurice Schiff, and Alberto Valdes（eds）, *The Political Economy of
　Agricultural Pricing*, 5 vols., Baltimore, Maryland: The Johns Hopkins University
　Press, 1991 and 1992.

展開するならば、中国政府が経済発展を推進するインセンティブをより説得的
に解釈することができるし、さらに経済発展段階が変化した後に現れる社会保
護政策の新動向を解釈することにも役立ち、中国の社会保護の展望に対しても
より確実な判断が可能とされる。

　経済成長によって、労働者の所得が増加し、それが都市及び農村の住民生活
の質の向上をもたらし、さらに労働力市場を成熟させ、就業の拡大につながり、
それがまた労働力市場制度及び社会保障制度の構築を通して、労働者が直面す
る就業と生活のリスクを減少させ、社会保護水準を向上させたとすれば、それ
らは政府がその役割を大いに発揮したことによるものだといえる。中国政府が
推進する経済成長の積極的役割とその効果については、全世界が広く認めてい
る。このような積極的役割が社会発展の分野にまで行き渡るかどうかは、経済
発展の新段階において、一般大衆の社会保護メカニズムに対する要求が満たさ
れるかどうか、それによって社会及び政治の安定がもたらされるどうかに掛っ
ている。

　改革時期における中国政府の経済発展の推進に果たした役割についていえば、
次の2種類の研究がある。1つは、市場経済の条件において政府がどのように
経済的機能を実施すべきかについての研究であり、多くの規範的解釈が行われ
ている。もう1つは、改革過程において政府とりわけ地方政府が実際に果たし
た役割についての研究であり、実証的な論述と概括がなされている。多くの学
者は、中国政府とりわけ地方政府が経済発展過程に深く介入し、ある場合には、
企業や会社の役割をさえ果たしていたことをみいだし、また同時に、その背後
において財政がインセンティブの役割を果たしていたことを明らかにした[6]。

---

5) Önis によれば、「開発型政府」は「開発独裁型国家」とは異なるとされる。前者は、
　　より広範な社会的対話と意思疎通を行うことを目的としている。中国政府は「最大
　　限広範な人民大衆の根本的利益」を起点として、民意の変化に順応した政策を採っ
　　て政府機能を動態的に転換させていくメカニズムを形成してきた。こうしたことは、
　　論理上、確かに「開発型政府」の特徴に符合している。Ziya Öniş, The Logic of the
　　Developmental State, *Comparative Politics*, 1991,vol.24, no. 1 , pp.109-126, を参照。

地方政府は、「財政分権」という条件の下で、地元経済を発展させるという強い動機を有していたので、実効力のある方法を用いて最大限に政府機能を発揮しようとした。一部の学者たちは、こうした現象を「競争型政府」[7]として概括した。

しかし、財政のインセンティブだけで中国政府の経済発展の動機を理解するのは不十分である。最初に改革を行うことが決定されてから、実質的に各種の改革を推進するまで、中国政府は、終始、経済発展と国民の生活水準の向上を改革の合法性の根本的保障とした。こうしたことから、各級政府の経済発展に対する実績の審査、監督、インセンティブ等を計測する十全な制度を作り上げてきた。このような経済発展に関心を集中する政府類型にとっては、公共財の提供や経済活動の直接介入などを含む政府が実施する役割において最も関心を寄せる分野は、地元経済の発展に有利に働く分野である。

こうした政府行為については、多くの批判を受けるが、そうした行為は、地方の経済発展に対して明らかに積極的な役割を果たしたし、その内容も発展段階の変化とともに変化している。例えば、労働力の不足現象が現れる「ルイスの転換点」が到来した後には、経済発展を促進させる中央と地方政府のインセンティブは、この段階に相応した、よりよい公共サービスを提供して社会保護の水準と均等化の程度を向上させるものに転換する。こうしたことから、いままさに中国の特色のある政府機能の転換が実現されつつあるといえるのである。

---

6 ）例えば、 Jean C. Oi, Local State Corporatism, in Oi, Jean C. (ed), *Rural China Takes Off: Institutional Foundations of Economic Reform*, Berkeley, University of California Press, 1999; Andrew Walder, Local Governments As Industrial Firms, *American Journal of Sociology*, 1995, 101(2), Hehui Jin, Yingyi Qian and Barry R. Weingast, Regional Decentralization and Fiscal Incentives: Federalism, Chinese Style, *Journal of Public Economics*, 89, pp.1719-1742, 2005, を参照。

7 ）Carsten Herrmann-Pillath and Xingyuan Feng, Competitive Governments, Fiscal Arrangements, and the Provision of Local Public Infrastructure in China: A Theory-driven Study of Gujiao Municipality, *China Information*, 2004, vol.18, no. 3 , pp.373-428.

　中国の地方政府のこうした特殊な役割を正確に認識した欧米の学者もいる[8]。しかし、中国政府を中央政府と地方政府の2種類に区分するだけでは、中国政府の経済成長と改革における役割を十全に認識・解釈するには不十分であり、とりわけ政府機能の将来の変化の方向を予測することはできない。実際、「開発型政府」の中国における役割のメカニズムは、3つの「政府」間における協調と駆け引きから生じている。

　この3つの「政府」の構成要素は、(1)最高の政策決定に部門としての中央政府―中国共産党中央委員会、全国人民代表大会と国務院であり、これを「中央」と簡称する。(2)政策執行部門としての中央政府機関―各主要管理部門・委員会(総局及び局、辦公室)、これを「部委」と簡称する。(3)地方を管掌する地方政府、とくに省級と市級政府、これを「地方」と簡称する。改革開放期においては、「中央」が改革・発展を総攬し、全局を安定させるという前提のもとで、「地方」と「部委」における財政権と職権をそれぞれ区分し、「開発型政府」としての特徴とその変化をはっきりと示した。

　1994年の「分税制」改革の前までの「財政請負」(税の種類によって中央と地方を区分する財政管理)や財政の「分竈吃飯」(かまどを別にすること、中央と地方がそれぞれ独自の財政権を持つこと)等は、地方政府の財政のインセンティブを強化して、地方経済を発展させる積極性を発揮した。同時に、中央財政の「支払い移転(肩代わり)」能力は大いに縮小され、これに相応するマクロコントロールの欠如がもたらされた。こうしたなか、経済発展水準の地域的格差の拡大にともない、地域間の財政能力の格差縮小や「支払い移転」能力の拡大を求める要求が非常に強くなった。

　1994年に実施した「分税制」の改革はこうした要求に応じたものであった。中央の財政能力を強化し、それらに関連する問題を解決した。長期間にわたって、中央は支払移転を実施し、公共サービスの均等化水準を向上させ、地方政

---

8) Stephen Roach, China's Rebalancing Imperatives: A Giant Step for Globalization, *Morgan Stanley Research*, Morgan Stanley & Co. Incorporated, December 1, 2006.

府の社会保護の不足と欠陥を補い、地域発展戦略の実施を通して、地域間の経済社会発展の均衡水準を向上させてきた。経済成長を政府の主要目的とした時期には、こうした財政体制が必要な地域協調、公共サービス及び社会保護を保障するのに大いに役立ち、その全般的な効果はきわめて大きかったといってよいであろう。

　政府の社会保護分野における役割が不十分にならざるをえない問題を理解するには、体制転換という観点から歴史的に考察する必要がある。計画経済時代には、多くの社会福祉は企業あるいは「単位」（機関・団体あるいはその所属部門）によって提供されていたため、市場経済の条件下における状態とは相反する状態が形成されていた。すなわち、国家が各種の生産政策を制定し、「単位」が小範囲内の社会サービス（その具体的内容は、「終身雇用制」による失業保険の代替・企業による医療費負担や貧困な従業員への生活保護負担等・国家出資の企業年金・企業による社宅の提供や従業員子女に対する託児所の提供、ある場合には義務教育の施設の設置などであった）を提供するというものであった[9]。経済体制の改革とともに、とくに国有企業の社会責任と負担を軽減し、企業自身の経営上の損失及び政策上の損失を整理し、さらに国有経済を活性化させるために、徐々に企業から相応の社会サービスの機能を分離させていった。

　しかし、企業が社会的責任から解放されたからといって、このことは、政府が公共サービスの提供という形で、その社会的責任を完璧に継承したということを意味しなかった。そのため、実際には、社会保護の不足という体制的欠陥を留めることになってしまった（図12-1参照）。こうした欠陥は、制度の継承による問題でもあり、一定の発展段階とも関係している。というのは、この時期は、地方政府が資源を経済発展に集中していたので、社会の発展に用いる資源がわずかしかなかったからである。のみならず、計画経済時期から引き継いできた膨大な「遺産コスト」に直面して、政府の財政能力はこうしたことに対

---

9) Assar Lindbeck, "Economic-social Interaction in China", *Economics of Transition*, 2008, vol.16(1), pp.113-139.

応できなかったからである。

　しかしながら、政府が全力を尽くして経済発展に集中することも、また継続して企業の力を借りて社会的責任を引き受けることも、いずれも、疑いなく、発展段階の特徴に符合した政治経済学上の理性的行為であった。改革初期、中国の指導者は改革が広範な支持を受けられる前提として経済発展を捉え、大きいなパイを作り出すことを通して、大衆に改革の利益を受けさせようとした。この他、社会安定を維持することも大衆から支持され、そうしたことが改革と発展を順調に推し進める重要な役割を果たした。

　このため、一方では、労働力市場の成長過程において、規制緩和による改革方式と労働力市場の規制を制定する改革方式の双方を重視した改革を実施し、他方では、企業とりわけ国有企業に継続して社会的責任を引き受けさせて、労働者に対する社会保護を実施することにした。これらの責任には、①労働組合に貧困労働者の援助を引き受けさせる、②企業が経営困難に遭遇したとき、解雇をできるだけ避けるようにさせる、③現有の労働者が労働力市場の競争を受けないようにして、制度的賃金水準を保持させることであった。

　こうしたことの典型的な事例は、1990年代末に就業不安に陥った際に、国有企業が担った責任の事例である。当時、計画経済時代にはなかった大規模な失業現象が出現した。失業保険制度はなお不完全であり、失業保険に十分な保険

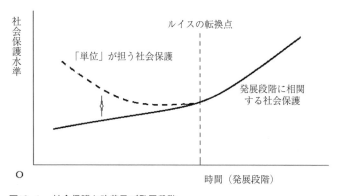

図12-1　社会保護と改革及び発展段階

金が積み立てられてなかったので、中央政府は、企業に対して「失業者再就業サービスセンター」を設立するよう要請し、政府・社会（当時の積み立てた失業保険金）・企業のそれぞれが3分の1の割合で負担し、共同して失業者の生活補助金を賄うことにした。実際は、企業が直接負担した費用は3分の1にも達しなかった（2002年は17.2%）が、企業は引き続き失業者の社会保険、再就業訓練、就業情報の提供等を行い、失業者の再就業のための役割を担った[10]。

図12-1でみたように、「ルイスの転換点」以降、社会保護の水準は、実質的に向上したが、ここでもその決定的な推進力となったものは、政府の財政力の増長ではなく、主に公共サービスの提供というインセンティブと関係する政治経済学の要因であった。ルイスが第二次世界大戦後のヨーロッパの高度経済成長とともに現れた労働力不足を検討した際、それ以降の一連の変化、とりわけ集団交渉等の労働力市場の制度に感慨を覚え、もはや人口過剰という懸念に制約を受けなくなったと指摘した[11]。

上述した中国政府の行為が「開発型政府」と「競争型政府」としての行為であるという理解を前提として、経済発展段階の実質的変化、つまり「ルイスの転換点」を考慮すると、有名な「ティボー・モデル」によって、いっそう政府機能の転換の原理を理解することができる。

「ティボー・モデル」は、居住者の移動という「足による投票」モデルを構築して、地方政府の公共サービスを提供する行為を解釈し、公共サービスの供給と需要における市場の意義を明らかにしようとしたものである[12]。この仮説の含意は、居住者の移動は地方政府が提供する公共サービスに対する特定な需

---

10) Fang Cai, The Consistency of China's Statistics on Employment: Stylized Facts and Implications for Public Policies, *The Chinese Economy*, 2004, vol. 37, no. 5 (September-October), pp.74–89.

11) Arthur Lewis, The Dual Economy Revisited, *The Manchester School of Economic & Social Studies*, 1979, vol. 47, issue 3, pp.211–29.

12) Charles M. Tiebout, A Pure Theory of Local Expenditures, *The Journal of Political Economy*, 1956, vol.64, no. 5 , pp.416–424.

要や選好によって生じるということにある。彼らは、地域あるいはコミュニティが提供する公共サービスの水準に基づいて、自分が居住したい目的地を選択するというのである。逆に、地方政府からすれば、居住者の多くの人々の特定な需要と選好があるとすれば、地方政府は公共サービスの提供という行為の調整を通して、居住者を呼び寄せるかあるいは排除しようとするのである。

「ルイスの転換点」の到来前であれば、労働力の無限供給という特徴が存在するため、労働者は地方政府の公共政策制定の重点的対象にはならない。あるいは、少ない投資資金をいっそう誘致して、全力を挙げてインフラ整備の投資規模を拡大していくが、その際には、彼らに対する関心は、就業機会を増加させるということにしか向けられていない。これと同時に、すでに指摘したように、1994年の「分税制」の改革によって、中央政府にはさらに十分な財力が与えられ、中央政府が社会保護の必要な役割を担うようになったが、とくに1990年代末の就業不安が続いた期間、中央政府は積極的な就業政策を実施して基本的な社会保障体系を構築し、都市住民は安全網にカバーされるようになった。21世紀に入ると、均等に公共サービスを普及させるという政策理念の下に社会保障と社会保護を核心とする公共サービスが急速に農村へも拡大した。

「ルイスの転換点」が到来した後になると、労働力不足が徐々に経済発展を制約するようになり、労働者に対する関心は政府の政策においていよいよ多く直接取り上げられるようになっていった。こうした傾向は地方政府においてより顕著に現れた。2004年以降、沿海地域において労働力不足現象が現れて、それが徐々に全国へ拡大していったが、こうしたなか中央政府の「人民本位」という科学的発展観に呼応して、地方政府は、労働者権益などに関する問題において、しだいに政策に対する自覚と主動性を備えるようになっていった。以前はただ地元の労働者に対する社会保護のみを自らの役割や責務であると考えていたとすれば、今後、地方政府はこのような保護を農民工へといよいよ拡大していくことになるのである。

総体的にいえば、中国の地方政府の行為は、ますますチャールズ・ティボー（Charles Tiebout）が描いたように、公共サービスの内容や水準及び方向性を調

整して、人的資源の吸引力を高めようとしている。これらの公共サービスを提供するというインセンティブも、ますます「ルイスの転換点」の前にあった外からの事業誘致や資金導入の程度にまで達している。こうした発展段階に相応する政府機能の転換には、以下の2つの顕著な特徴と優位性がある。

第1は、この転換は政府機能の転換の正しい方向を示しているということである。結局のところ、根本的な意味では、政府機能は直接経済成長を推進するものではなく、公共サービスを提供し、公共サービスの均等化を促進することなのである。「開発型政府」として、新しい発展段階において、より高い社会保護が要求されるということに直面した場合、発展の持続可能性のために、政府は、より多くの公共サービスを供給するといった手段を用いて、人的資本を吸引し、地方経済を促進して、成長目標を達成するというインセンティブに駆られる。政府の資源は有限であるため、それがより多く社会保護等の公共サービスに向けられることになれば、必然的に経済分野に対する自己の本来の責務を超えた任務が減ることになる。現在、政府にとって不適当な責務が生じる根本的な原因はなお取り除かれてはいないが、地方政府が新型政府の役割の利点を享受できさえすれば、直接経済活動に介入する伝統的な機能は徐々に放棄されることになろう。

第2は、この転換は地方政府の持続可能な発展を維持するという現実的必要に基づいているため、この提供される社会保護の水準も発展段階から内生するものであり、過度な供給あるいは過度な保護の問題を生じさせないということである。ジョン・スチュアート・ミル（John Stuart Mill）は、かつて社会的救助は2つの結果をもたらすと警告したことがある。1つは救助行為そのもの、もう1つは救助への依存である。前者は疑いなく有益な結果であるが、後者はかなり有害であり、その危害の深刻さは、前者の結果の積極的意義を相殺するほどである[13]。多くの経験によれば、この2つの結果のバランスを図ることは重要でありかつ困難なことから、「ミルの難題」とされた。アサール・リンドベック（Assar Lindbeck）は、西洋の福祉国家の経験を現代版の「ミルの難題」であると紹介した。つまり、社会保護の項目において、個人に対する貢献と受

益とをリンクさせることは、もとより上述した依存の問題の解決に寄与するもの、この項目による再分配という役割は大きく減少するのである[14]。

　理論上からいえば、発展段階に適応的な政府のインセンティブは、公共サービスの不足あるいは過度の供給を防止することに役立つ。例えば、中国の地方政府が発展の動機から繰り出す社会保護の強化は、「ミルの難題」を解決するメカニズムを創出する可能性は大きい、あるいは少なくともその範囲と程度において、この「難題」を回避する可能性が高いということができる。しかし、地方政府の場合、より長期的な持続可能な経済成長、及び社会と政治の安定に対する重視度は、中央政府のように死活に係わるほどの問題ではない。換言すれば、より長期的、持続的なマクロ的な問題に対しては、地方政府はソフトな制約を受けるにすぎない、あるいは「ただ乗り」現象であるといえるのである。

　中央政府も社会保護制度の構築を進めるうえで、体制の障害に遭遇している。その運営には「部委」という政府が体制上の問題をなしている。第1に、「部委」が「支払い移転」のなかに繁多な名目の特定移転項目を設置しており、このため地方政府とりわけ中・西部地域の政府があらかじめ安定した公共財政の枠組みを形成するのを不利にしている。第2に、各「部委」が実際には過剰なまでの財権と財力を握っていることから、地方政府は自ら実行すべき役割において力不足となり、公共サービス体系を自ら維持できなくなっている。第3に、社会保護メカニズムの構築において、これに関連する財務上の責任が不明瞭であり、地方の積極性を引き出せないでいる。これらはすべて、体制上において、地方政府の機能が公共サービス供給者へと転換すること、及び地方政府の収支

---

13) John Hoddinott, Safety Nets and Social Protection: Opportunities for Mutual Learning between Asia and Latin America, A Background Paper for the IFPRI and Universidad del Pacífico conference; "Fostering Growth and Reducing Poverty and Hunger in Asia and Latin America: Opportunities for Mutual Learning," Lima, Peru, March 22-24, 2010, から再引用。

14) Assar Lindbeck, Economic-social Interaction in China, *Economics of Transition*, 2008, vol. 16(1), pp.113-139.

方式が公共財政の枠組みへと転換することを阻害している。

　以上のことから理解されることは、発展段階の変化は、政府機能の転換にとって必要条件ではあるが、十分条件ではないということである。実際、こうした転換の推進はこれまできわめて困難であった。根本的に政府機能の転換の問題を解決するには、トップデザインにおける改革の深化に頼るほかないのである。

12. 2　社会保護への転換

　公共政策の展開は、もとより政府の理念のほか、一連の他の要因によって影響される。このことから、一貫性と持続性を同時に維持することが絶えず進化することの特徴をなしている。しかし、経済社会の発展段階の変化は、制度変遷の推進力として、公共政策の変化の方向に重要な影響を及ぼす。中国政府とりわけ地方政府の「ルイスの転換点」の到来に対する政策的反応は、主に以下の方面において現れている。

　第1は、立法がより労働者保護に着眼するようになったことである。改革開放後の最初の『労働法』の発布は1994年であった。当時、労働力が無限に供給されるという典型的な段階にあったので、労働力は深刻な余剰状態にある農業から非農業の就業へと移動し、雇用主にとっても、労働者にとっても、これが最も切実な要求であったため、この法律はきちんと執行されなかった。この法律の執行によって、最初に予期したような損失を蒙る状況は何ら発生しなかったし、むしろ他の発展途上国からは、この法律の執行は、経済発展に有利な活力ある労働力市場の発展にとって積極的な経験であるとみなされた[15]。

　新しい発展段階が労働者保護の必要性を増大させ、2008年には、就業に関連する3つの法律、『労働契約法』・『就業促進法』・『労働争議調解仲裁法』が同時に施行された。これらの法律によって、労働契約の調印・社会保障制度への

---

15) Ministry of Finance of India, *Economic Survey, 2005–06,* New Delhi, Ministry of Finance, 2006, p. 209.

加入・就業差別の禁止・労働関係の調整に関する規定と規範が定められたが、法律発布後、中国経済は世界金融危機の衝撃を受け、地方政府はいくつかの条例の執行を緩和せざるをえなかった。とはいえ、法律による拘束が企業の雇用行為を大幅に規範化させ、労働力市場の制度化水準を向上させていった。

多くのチャイナ・ウォッチャーは、近年の労働争議とりわけ農民工に関係する労働争議の急増を引き合いに出し、労働関係の悪化[16]を証明しようとしている。だが、実際は、こうした労働争議の記録と報道の増加には、ある種の内生的な特徴があった。すなわち、それまでのものと比較すると、少なくとも次の3要因から労働者によるさらに多くの労働訴訟が起こされたのである。第1は、『労働法』の発布と宣伝により、労働者はいっそう法に頼れると感じたことであり、第2は、労働供給関係の変化と政府による社会調和の重視によって、労働争議の仲裁と判決がより労働者側に傾くようになったことであり、第3は、副次的とはいえ有意義な要因として、『労働争議調解仲裁法』が「労働争議仲裁は無料である」と規定したため、訴訟コストが大いに低下されたことである。実際、以上の要因は、「ルイスの転換点」の到来後、政府が政策の方向性を変化させたことの証拠でもある。引き起こされた相応の変化は、一般労働者とりわけ農民工が以前には忍耐的態度をとってきた労働争議を訴訟へと持ち込ませたのである。

第2は、労働力市場の制度の役割が強化されたことである。多くの研究が明らかにしているように、発展段階が異なれば、労働力市場の制度の役割の程度も範囲も異なる。「ルイスの転換点」の到来とともに、賃金及び待遇、就業条件、さらには労働関係が市場に自発的に現れる労働力の供給関係によって決定されるのではなく、労働力市場の制度によって決定されるのである。その代表的な類似的変化は、最低賃金基準の調整頻度と上げ幅の変化の趨勢である。この制度が実施された初期、つまり1990年代の特徴は、基準値は低く、調整も少

---

16) 汝信，陆学艺，李培林主编《2010年中国社会形势分析与预测》社会科学文献出版社，2009年。

なく、通常農民工には適用されなかった。2004年以降、「民工荒」（農村から都市への出稼ぎ労働者の不足現象）が各地で出現したが、それは労働力不足が一般的現象となったことを意味していたので、中央政府は、2004年、各地に対して、少なくとも2年に一度、これを調整して、農民工にも適用するよう要求した。

　各都市の政府は、労働力不足という圧力を感じ、競って最低賃金水準を引き上げている。図12-2にみられるように、年ごとの変動はあるものの、全体的にみると、21世紀に入ってから、最低賃金基準を調整する都市が顕著に増加し、調整の幅も少しばかり拡大した。世界金融危機の2009年には、各都市の最低賃金基準は調整されなかったが、中国経済が比較的早急に金融危機の影響から脱し、経済成長が迅速に回復され、労働力の不足現象が再び出現した後には、最低賃金基準の引き上げスピードも再び早くなった。2010年には、29の省が最低賃金基準を調整し、平均の引き上げ幅は24.1％であった。2011年には、25の省が最低賃金基準を調整し、平均の引き上げ幅は22％であった。「第12次5ヵ年計画」において、中央政府は、最低賃金基準の引き上げ率を年平均13％以上に

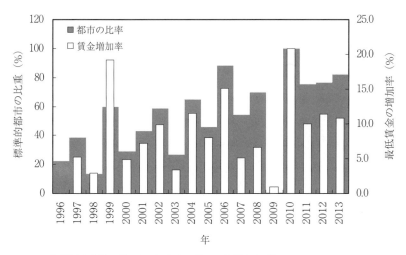

図12-2　最低賃金基準を引き上げた都市の数と平均引き上げ幅

資料：中国社会科学院「人口と労働経済研究所の労动経済研究所」による最低賃金データベースによる。数値は、各都市の「人的資本と社会保障」が公表するデータから集録・整理されたものである。

282

するよう要求した。

　中国の社会保護はすでに過度状態にあり、中国は低福祉国家の段階を超え、世界でも比較的高福祉の国家の列に並んでいると指摘する人もいる[17]。しかし、こうした判断は誤っている。実際、1995〜2013年の間、平均最低賃金基準の年平均実質増加率はわずか8％であり、同期間のGDPの成長率よりも低く、また都市労働者の平均賃金の増加率よりも低い。2013年、287の都市の最低賃金基準をピックアップし、その平均水準を都市の企業等「単位」に就業する者の平均賃金と比較すると、その水準は、国有「単位」の19.2％、集団「単位」の27.5％、その他「単位」の21.2％であった。世界水準と比較するとすれば、到底高い水準にあるとはいえない。

　第3は、社会保障体系がより包摂性を有するようになったことである。1990年代末から21世紀初期にかけて、都市の社会保護の被覆率は大幅に向上した。例えば、都市住民に対する最低生活保障制度の全面的実施、退職者に対する基本年金保険制度の基本的実施、在職労働者に対するその被覆率の向上、都市の従業員と都市住民に対する医療保険制度の実施、失業保険等の社会保険制度の実施などである。

　2004年以降、社会保護制度の重点が農村及び都市の無就業者や非正規就業者へと移行していった。現在、対象を全面的にカバーする制度は、農村最低生活保障制度・新型農村合作医療制度等・新型農村年金保険制度・都市住民社会年金保険制度であり、これら制度の被覆率は大幅に向上した。『労働契約法』と『社会保険法』を貫徹させるため、農民工を積極的に社会年金保険へ参加させる方策が講じられ、さらに2010年からは、農民工を包摂する都市従業員基本年金保険関係への接続と転換を実施している。

　地方政府はよりよい社会保障と社会保護を提供するのにさらに積極的な役割

17）王紹光《中国仍然是低福利国家吗？——比較視角下的中国社会保护"新跃进"》,《人民论坛・学术前沿》2013年11月（下）：

　http://www.rmlt.com.cn/2013/1212/198102_7.shtml（2018年1月10日ダウンロード）。

を発揮した。その第1の表現は、近年、地方政府の基本年金保険への支出が中央政府の支出を上回っていることであり、第2の表現は、いくつかの労働力不足の地域において、地方政府が中央政府による金融危機の時期の社会保険費等の支払延期や減額を容認する緩和政策を利用して、意識的に農民工の社会保険加入支払額を減額し、その被覆率を拡大したことであり、第3の表現は、農民工の子女に対する義務教育が顕著に改善されたことである。中央政府は早くから明確にこの改善を要求していたが、義務教育への支出責任は地方政府にあったため、この問題の最終的解決は、主に労働力の移入を積極的に進める地方政府の積極性に任されていた。第4の表現は、農民工による滞納賃金の追及、労働争議の仲裁、都市戸籍労働者と対等な待遇等の要求に対して、地方政府が農民工を援助する役割を大いに強化したことであり、そうした傾向はいっそう明らかになった。

12.3　戸籍制度の改革

　計画経済から市場経済への転換過程において、労働力移動を阻害する制度障害は絶えず排除され、農村労働力の移動と就業が推進された。これが中国の資源再配分の効率化を実現し、改革開放期における高度経済成長に顕著に貢献した。しかし、労働力の無限な供給や公共サービスの資源不足という条件下では、都市へ移動した農民工と都市住民との間に就業機会や社会福祉の供給をめぐる競争関係が生じ、戸籍制度の改革は完成できず、都市化の進行も徹底的に行われなかった。

　常住人口という概念で統計化された都市化率と非農業戸籍人口の比率の差から、明らかに不徹底な都市化を看取できる（図12-3参照）。2016年の中国の都市化水準は57.4％に達しているが、この比率は、戸籍登録地が都市あるいは農村であるかに関係なく、都市に少なくとも半年以上居住している人口に基づいている。都市において半年以上就業したことのある農民工及びその家族は、明らかにこの都市化率のデータとして計上される。このような統計では、中国の都市化水準は大幅に引き上げられるだけではなく、そのスピードも早くなる。

確かに2016年の常住人口統計による都市化率は57.4％に達したが、全国の非農業戸籍人口による都市化率は41.8％であり、両者の間には15.6ポイントの差がある。中国の特殊な事情から、都市の非農業戸籍の住民のみが政府の提供する都市の基本的公共サービスを十分に享受できる。しかし、都市の常住人口として統計された農民工及びその家族は、都市戸籍人口と同等な社会保障を享受することはできない。例えば、義務教育、住宅の保証等の公共サービスであり、彼らはこれらを享受する同等な権利を獲得していないのである。

　こうした非典型的な都市化は、都市機能の発揮を妨害し、都市化が経済成長と社会発展に対する促進作用を抑制する。具体的にいうと、こうした都市化モデルは都市化プロセスを不安定にさせるということである。周期的経済の要因によってであろうと、自らの最終判断によってであろうと、正式な都市住民の身分を得られない農民工及びその家族は、依然として農村の出身地を自己の最終な居場所、つまり「帰る場所」にしなければならないのである。その他、都市と農村の消費方式の差異から、都市への帰属感を持たない農民工及びその家族は、依然として農村方式で消費や貯蓄を行うため、都市化が促進するサービ

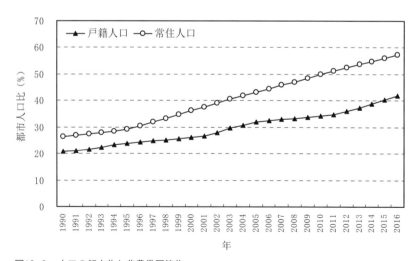

図12-3　人口の都市化と非農業戸籍化
資料：中国社会科学院人口与劳动经济研究所编《中国人口年鉴》，中国人口年鉴社出版，歴年．

ス業の発展や消費需要の拡大という都市化機能を発揮できないでいる。

　中国経済は、「ルイスの転換点」が到来してから人口ボーナスはしだいに消失してゆき、単純に安価な労働力と高貯蓄率に依存してきた経済成長モデルを継続することが困難になり、新しい経済成長の源泉を創造する必要に迫られていた。こうしたなか、中央及び地方政府は、都市化の潜在的貢献を考えて、戸籍制度をよりいっそう改革しようという強烈な動機に駆られている。中央政府、地方政府、移動労働力、都市住民の間に一定の共通認識が形成され、戸籍制度改革はより広範囲、より深いレベルで展開されている。とりわけ2008～2009年の世界金融危機以降、多くの省市において戸籍制度を改革しようという意気込みが強まっている。これまでの類似の改革の表明や実践と比べて、こうした一連の改革には、以下のような新しい特徴がみられる。

　第1は、新しい戸籍制度の改革には内在的な改革動機があったことである。政府の改革インセンティブに関連して、次の2つの傾向はとりわけ強調すべきである。1つは、ますます深刻になった労働力の全面的な不足現象であり、沿海地域ないし中部地域の企業を確実に経営困難に陥れ、ある場合には、一部の地域では操業短縮を余儀なくされるという事態をもたらしていたが、政府はこうした状況に対応しなければならなかった。多くの沿海地域の都市政府は、戸籍制度の改革が安定的に労働力を供給する制度的手段とみなした。もう1つは、政府が都市化を推進するには土地が必要であり、「最も厳格な農地保護制度」下において、唯一可能な土地資源の獲得方法は、農村から移転する家庭が所有する宅地をこの土地資源に置き換えることであった。

　第2は、改革措置がより実行性を有していたことである。21世紀に入って、多くの地域では戸籍制度の改革が宣言され、それが試行された。効果についてはさまざまであるが、この改革分野における地方政府の推進力や臨機に政策を決定する態度をみてとれる。改革が直面したものは、二重経済構造の制度としての戸籍制度であったため、当然、改革にも共通性がみられた。総体的に概括すれば、公共サービスの均等化を改革の目標として、条件を整えながら、推進していくというものであった。

　しかし、各地で実践された具体的方法、及びその効果をみると、ハードルが高すぎて、多数の農民工には越え難いものであったり、また都市に移住した農民工は都市住民と同等な公共サービスを享受できなかったりと、多くの改革は注目されるほどの突破口を開くものではなかった。とはいえ、地方政府は早急な戸籍制度の改革が都市化という経済成長の新しいエンジンになるという意義を確実に認識するようになり、多くの地方でそうしたハードルは大いに引き下げられていった。

　例えば、広東省では、定住の条件を細かく分け、学歴・技能・社会保険費支払・ボランティア参加・献血等とし、これらの項目に点数を付して、定住条件の明確化かつ数値化する「ポイント制」を採用した。他の地域では、これほど系統的に明確な改革案を公表していないが、似たような考え方で定住条件を緩和したケースが一般的である。このように、戸籍制度の改革は、その場その場の任意的なものではなくなり、個人が予期できる手続きとなり、全体的には実質的な進展がみられた。

　結局のところ、異なる地域には異なる動機があり、各地の政府は、それぞれ独自に戸籍制度の改革を推進することができるし、またしなければならないということである。例えば、沿海地域では、人的資源を引き留め、呼び寄せるために、中・西部地域では、内需の潜在力を掘り起すために、また追いつき追い越しを急ぐ地域では、経済発展に必要な資源（土地）のボトルネックを突破するために行うのである。インセンティブが異なると、当然、制度設計や推進方法が異なり、戸籍制度改革の多様性ができ上がる。こうした多様性は分権を特徴とする改革の必然的道であり、またその優位性を表現するものでもある。このため、改革の多様性を認めることが改革の動機・動力を確保して、より高い成功率を得るカギとなる。

　しかし、戸籍制度の改革のこれまでの経験が示しているように、この改革はそう順調には進展していない。実際、現在もっとも注目され、認可されている改革の実験であっても、これらに存在する問題は、将来の都市化が実際に予期した効果に達することができるかどうかということに影響を及ぼすだけではな

く、地方政府と中央政府の共通認識、さらには改革の合法性にも影響を及ぼすのである。

　改革にはインセンティブが必要であり、戸籍制度のような政府主導の改革には、とりわけ政府のインセンティブが重要である。政府の改革インセンティブを認めないと、改革の実質的進展は難しくなる。他方、戸籍制度の改革を推進するには、地方政府は、全般的利益を考慮するだけではなく、同時に、中央政府の基本的要求に従わなければならないのである。

　そのために重要なことは、第1に、都市化を加速する過程において、耕地保有量のレッドラインを突破しないことであり、これが中央と地方の政府の改革におけるインセンティブ　コンパティビリティ（誘因両立性）のキーポイントである。戸籍制度の改革の際、多くの町村が合併して集合住宅を建設し、元の村の土地や宅地を耕地に再生させる事例をよく聞くが、実際には、こうした耕地再生は行われていないという事例が多くあるとされる。こうした問題に対して、中央政府と地方政府の認識が一致せず、インセンティブも相互に許容されていないとしたら、何十の省・直轄市・自治区ないし何百の都市の実際の作業において、中央政府が深刻な情報の非対称におかれ、有効な監督などなされていないことを意味している。こうした事態にあるとすれば、最終的には戸籍制度の改革には、より厳格な中央の統制さらには中央による権力の集中が生じることになるであろう。

　第2に、戸籍制度の改革と同時に、それに相応する労働力市場の制度と社会保護の体系を築き、いかに「都市病」を防ぐかということを、中央政府と農民工を受け入れる地方政府のいっそうの関心事にすることである。「ルイスの転換点」の到来とともに、都市の労働力需要が持続的に拡大し、加えて農業生産の現代化が進展して、農業はもはや余剰労働力の貯水池ではなくなり、実際、すでに都市に移住した農民は農村に戻ることができなくなった。とはいえ、全体的傾向からいえば、農民個人に関していえば、なお都市移住のリスクが存在しており、都市の社会保護体系の構築、及び都市に移住した農民の請負農地と宅地の処置などの問題を統合的に考慮し、「新移民」の貧困と都市周縁のスラ

ム化現象を防止しなければならない。

　第3に、いかに地方政府の改革措置と都市化の全局的状況を相互に協調させるかということが、同様に、戸籍制度の改革の効果に影響するということである。例えば、重慶と成都の戸籍制度の改革の受益者は、主に両市の戸籍を持つ農民であり、広東省が実施した「農民工ポイント制都市定住」方法も、当省の戸籍を持つ農民工のみが対象であり、その改革には、いまだ省外の農民工が対象になっていない。しかし、中国全体からいえば、いかに省を跨いで移動する農民工及びその家族を都市住民にするかということが、戸籍制度の改革が突破しなければならない切実な問題なのである。

　2017年、地元の郷鎮を6ヵ月以上離れた総計1.72億人の農民工のうち、中・西部地域と東北地域の農民工が72.6％を占め、そのうち省を跨ぐ農民工の割合はより高く、その多くは東部地域に移動した。このため、全国各地で、省内戸籍人口に制限した改革策が採られるならば、沿海地域で働く中・西部地域の農民工は、戸籍制度の改革から除外されることになる。

　第4に、農民工の都市住民化に対する財政支出問題の解決が地方政府の戸籍制度の改革を推進する力と速さを制約しているということである。理論上からいえば、潜在的な「新移民」は、より高い就業能力を持つが故に社会保障項目に対するより高い貢献力を有することから、戸籍制度の改革が地方政府の財政支出の純増をもたらすという問題は引き起こされることはないし、ある場合には、「新移民」の社会保険体系への参加は、隠れ負債の補てんに貢献する。特に、戸籍制度の改革が労働力の供給を改善し、資源再配置の効率を向上させるから、経済成長に直接に有利に作用するのである。

　しかし、実際の財政の支出責任からいえば、依然として外部性があり、地方政府と中央政府の間にインセンティブ・コンパティビリティが成立しないという状況が形成されている。例えば、財政支出が外部に流出する状況がある、あるいは短期及び長期の支出責任において利益配分に矛盾がある等々である。戸籍制度の改革がもたらす経済成長に有利な収益には外部性があり、これを一つの都市が排他的に獲得することはできないし、また改革に必要な直接費用は最

終的には地方政府が負担しなければならないのである。このため、再度、権利
規定を見直し、財政責任を整理したうえで、外部効果がある改革の支出につい
ては、中央政府が負担すべきである。

　中央政府は、地方政府が実際に必要とすることから先行的に改革を試み、大
胆にこれを探究することを許可し、奨励するだけではなく、各地の経験と教訓
を総括し、これらを国際的経験、とくに日本や韓国等における都市化の経験と
結合させて、基本的公共サービスの内容及び被覆率水準、農民工の請負土地や
宅地の処理方法、地方的改革と全体的改革の連結性等について、指導意見を提
出して、規範的に戸籍制度の改革を推進すべきである。同時に、中央政府は、
必要な財政の支出責任を引き受け、戸籍制度の改革における地方政府が懸念す
る「ただ乗り」問題を解消しなければならない。

12. 4　結び

　本章の分析から、中国の社会保護の傾向について、以下のように概括するこ
とができる。第1に、持続的成長の源泉を創造・獲得（例えば、労働力市場の環
境を整えて第一次人口ボーナスの潜在力を掘り出すこと、人的資本の累積を強化して第
二次人口ボーナスを獲得すること等であるが）するため、中国政府は、「ルイスの
転換点」以降、「開発型及び競争型」政府としてのインセンティブを労働力の
社会保護の強化という動機に転換させた。

　第2に、「ティボー・モデル」の通り、上述の転換は地方政府の行為に明確
に現れ、先ず地方の公共サービスと社会保護の分野でその突破口が開かれた。
しかし、地方政府の目標と動機の狭隘性を防ぐため、中央政府は、マクロ的誘
導と必要な財政責任を引き受けることを通して、相応の政府機能の転換過程に
参加している。

　第3に、社会保護を強化するという願望は、根本的には、政府が促す発展の
動機から生まれるため、最終的に提供された社会保護は、総体的にいえば、必
要かつ適当な範囲内に限定されるが、相応の制度革新も行われるので、長期的
に政府を悩ませる、社会保護の選択において直面する「ミルの難問」を回避す

ることができる。

　第4に、社会保護の主要な手段はより均等に基本的公共サービスを提供することであり、このような行為は本来の意義からして、政府機能により符合する。実際、こうした転換は、正しい方向の政府機能の転換であり、政府の改革の突破口になるべきである。

　これまで指摘してきたように、地方政府には、「ルイスの転換点」が到来した後、社会保護等の公共サービスを強化しようという強いインセンティブがあり、また、中央政府は、一方では、すでに社会保護のいくつかの項目を実施し、「物事の要点をつかめば、全体が解決される」役割を発揮し、他方では、収益逓減の可能性がある条件下において、さらに社会保護の分野を拡大し、それに照準を合わせたメカニズムを構築しようとしている。すなわち、いかにより最適、正確な資源の用途を選択するかということは、地方政府の積極性と判断力に依存するのである。1994年の「分税制改革」以降に形成された中央と地方の間の「財権」と「事権」の非対称関係が「開発型」の地方政府を農民工に対する公共サービスの改善という大きなインセンティブに駆り立てたが、実質的に戸籍の改革を推進する際には、現行の財・税制度がかえって地方政府の財政を困難に陥らせたのである[18]。

　これと同時に、中国政府の特殊な構成部分である「部委」は、一度は必要な社会保護機能を引き受けたが、現在ではいよいよ悪循環に陥っている。つまり、中央から資源を獲得する過程で、しだいに「部委」が行う機能に財政資源の固定化が生じ、追加資源を獲得して絶えず機能を増大させていくやり方は、各種の項目を分断化するだけではなく[19]、発展段階を飛び越えてしまって、人為的

---

18)「中国共産党第16回全国大会」以来、中共中央は「和諧社会」を構築し、経済と社会の協調的発展を実現するという要求を提出した。地方政府は、これを貫徹する過程において、社会事業の発展に必要な資金は主として地方財政、しかも結局は経済成長による収益であるということを理解した。こうしたことから、地方の「財権」と「事権」の対等問題をうまく処理できない条件下では、社会発展を唱導するということは、なお継続的に地方政府の「GDP動機」を強く刺激することになろう。

に「ミルの難題」を作り出してしまうかもしれないのである。

　このため、一方では、財・税制度の改革を通して、地方政府の財政比率を向上させ、その「財権」と「事権」をより対称的なものにさせ、他方では、中央政府の「事権」に基づく財政の支出責任を強化し、地方政府の負担を軽減することが、社会保護の水準を不断に向上させるカギであり、政府機能の改革の正しい方向とも一致するのである。

　財政の分配関係を主要な内容とする集権化と分権化は、中国の経済体制の調整と改革において、すでにしばしば繰り返されてきたことであり、古人がいうように「天下大勢、分久必合、合久必分」（天下の大勢は、分れて久しくなれば必す合一し、合一して久しくなれば必ず分れる）である。それでも、当然、疑問となることは、ここで提言した「財権」の地方への傾斜は、尽きることなく繰り返される事態の一時にすぎないということなのであろうか。財政の合理的な「事権」と「財権」の区分と整合は、徒労を意味する「シーシュポスの岩」を突破できるのであろうか。

　本章の分析で示したように、適度な社会保護の提供を主たる内容とする「ティボー・モデル」式のインセンティブによって、地方政府を公共サービスの提供という本来の政府機能へ回帰させ、伝統的な経済成長の推進を主要任務とする「開発型」政府機能から脱出させるのである。中央政府は経済社会発展に対する長期的かつ全面的なものに関心を寄せるが、それはまた必然的にその責任の重さを向上させる。結果を予期することはできないが、「両利相権取其重」（両者に利がある場合には、より大きい利益のほうを選ぶ）であり、この方向は歴史上いくども繰り返されてきた分権化とは根本的に異なるものであり、明らかに政府機能の転換の正しい道により符合している。このため、この特定な発展段階において、改めて提起した、中央政府と地方政府との間における、「財

19）中央が実施する財政の移転項目の中には、中央政府と地方政府が共通に認識している次のような問題がある。すなわち「経常的項目の資金は減少傾向にあるが、専門的な特別項目の資金は氾濫している」という問題である。

権」と「事権」の区分を明確にすることを基礎とする財・税体制の改革は、中央政府と地方政府の財政の分権化をめぐる終わりなき駆け引きの循環を終結させることになるであろう。

第13章　改革の全面的な深化

"治世不一道，便国不必法古．汤武之王也，不脩古而兴；殷夏之灭也，不易礼而亡．"【战国】《商君书・更法》)

「世を治るには、道を一にせず、国に便ならば、必ずしも古に法らず。湯・武の王たるや、古を脩めずして興り、殷・夏の滅ぶや、礼を易えずして滅ぶ」(【戦国】『商君書・更法』)

　これまで40数年間、中国は経済のグローバル化をテコにして高度経済成長を実現してきた。低所得国の中位から這い上がって、中所得国の仲間入りを果たし、14億人近くの国民の生活水準は顕著に改善された。こうしたことが実現されたのは、各種の生産力発展の障害となっていた体制を改革できたからである。中国経済はいま高所得国へ移行していく過渡期の段階にあり、高所得国家の水準に接近しているとはいえ、この水準を必ず超えることができるという保証はない。それ故、中国の改革任務はまだまだ未完成であるといわなければならない。

　長期的停滞に陥っている中所得国段階にある諸国家を観察すると、それぞれさまざまな原因を有してはいるが、結局のところ、経済の持続的成長を拘束している要因はすべて体制に係わるものばかりであった。重要な体制上の問題を長期の改革によって突破できなかったので、経済成長は徘徊と停滞に陥り、「中所得の罠」に陥り、そこから抜け出せないでいる。

　中国は、「中所得の罠」という運命を切り抜け、2020年には「小康社会」を全面的に打ち立てるという壮大な目標を実現し、さらに2035年には、基本的に現代化を達成し、21世紀の中葉までに現代化された強国になるという構想を有

294

している。このためには、疑いもなく社会主義的市場経済体制を目標とした改革モデルの構築に邁進する必要がある。本章では、これまでの各章において論じてきた改革の任務を基礎にして、さらに改革の深化が直面する困難と突破口を分析し、いかに中所得段階に特有な挑戦を乗り越えるかに焦点を合わせて、いくつかのキーポイントとなる改革について指摘することにする。

13.1　改革は徘徊しているか

　多くの研究者は、1980年代から90年代に至る疾風迅雷の激しい経済改革を経た後、長期にわたって改革は膠着状態ないしは停滞状態に陥っているとみている。厳しい見方をする者は旧体制に逆戻りしているのではないかとさえしている。こうしたなか、社会学者・孫立平は、現在の状況は転換期における特殊な「過渡的形態」の典型を示しており、既得権益の擁護を主要目的とする混合型体制が形成されているという。彼は、この現象を「転形期の罠」と称している[1]。彼の論述は多くのことに及んでいるが、結局のところ、中国の改革は以前とは異なる状態を徘徊しているということである。

　中国において「改革」という2文字が表現していることは、主として生産力の発展を阻害する各種の経済体制を調整・変革することである。したがって、改革とは、実際上、一種の制度変革、つまり経済活動の当事者（このうちには、政府・生産組織・個人が含まれる）が体制の弊害に直面した時に探し求める変革活動あるいは制度革新である。制度経済学の論理によれば、ある制度変革がもたらす収益がコストを上回る場合、つまり制度変革による純収益がゼロを上回る局面が形成されると、通常、制度変革が生じるとされる。中国の場合、改革の初期、伝統的体制による各種の弊害はすでに重くのしかかり、改め難い状態になっていたことがはっきりしていた。このため、改革がもたらす純収益は巨大であり、改革が多くの分野で雨後の竹の子の如く展開されたのを確認しうる。そこには、次のような2つの重要な特徴があった。

1）孫立平《"中等収入阱"还是"转型陷阱"》,《开放时代》2012年第3期。

　第1の特徴は、「下から上へ」の改革が主導的であったことである。企業ないし個人は、インセンティブ・メカニズムを改善し、経済効率を向上させる体制を構築し、伝統的体制の壁を突き破ろうと模索した。通常、彼らは、自発的に行動し、上級あるいは政府に合法的な支持を求めた。こうした実験的な試みが有効かつ害がないことが証明されるや、政府はこれを承認して押し広げ、党と政府は、「文件」の発出を以てその合法性を確認した。農村における「農家請負制」の展開プロセスはこの典型的な事例であった。最初、これは農村の基層組織、地方政府あるいは幹部個人の黙認の下で開始された。いくつかの貧困地区の少数の農家あるいは集落では、ひそかに「包産到戸（生産請負）」という形が試行され、その後、より上部の政府の認めるところとなり、そのため多くの地方でこれを模倣するものが現れ、いくつかの「中央文件」が遂次これに許可を与えていくといったプロセスを経て、普遍的な農業生産の経営モデルになっていった。これが中国の経済体制改革の発端をなし、最終的に「中華人民共和国憲法」のうちに明記され、長期に変更されない農村の基本的な制度になった。

　第2の特徴は、改革が「パレート改善（Pareto improvement）」の性格を有していたことである。つまり、多くの実施された改革はすべての人々に満遍なくはっきりとした収益をもたらし、他の集団の利益を損なうことがほとんどなかった。このことは、改革の初期、既得権益集団にも利益をもたらしたことを意味する。いかなる改革も既得権益集団の反対を避けることはできず、それによる政治的リスクが生じるものであるが、当時の改革には選択肢が比較的多く、改革の政治的コストやリスクを最大限に低下させることを原則にして、最も迅速に、最も利益をもたらす改革から開始されたのである。

　この他、当時のいわゆる既得権益集団の相当部分は、実際上、所得が比較的低位な一般庶民であったということである。例えば、商品の価格改革を一気に開放するやり方で傷つくかもしれない人々、また低賃金制の下でこれに堪えうる力を持たない人々といった一般庶民を考慮して、価格改革では「双軌制」が実行され、適度に既得権益集団（特権的な既得権益集団は除く）を保護し、改革

と広範な人民大衆の生活水準を向上させるという目的とを一致させたのである。

　改革の進展と社会主義的市場経済体制が徐々に構築されていくなかで、ミクロレベルでのインセンティブ・メカニズムが顕著に改善され、経済効率を阻害していた体制上の要因が取り除かれていった。さらに各経営単位における自主権の確立を認める分権的体制が整備され、ミクロの各環節において不断に体制の改善が進展し、効率に影響を与える体制的要素は随時矯正されていった。しかし、改革がさらに高次の段階に進むにつれて、「パレート改善」の機会は目にみえて減少し、改革はいよいよ既得権益集団と衝突する事態を避けることができなくなっていった。それと同時に、改革の過程それ自体が多くの新たな既得権益集団を形成していた。そのうちのいくつかは、その後、改革の対象となるものでもあったので、改革が停滞あるいは後退したというよりも、改革の困難さがいっそう大きくなったというべきであろう。その原因は、収益逓減の現象が顕著になってきたこと、あるいは「手の届くところにある果実」がますます少なくなってきたことにあり、それは本来的に制度変革が有する法則的な現象であった。

　世論の一部には、これを改革の停滞ないし後退とする見方もあるが、結論としていえば、繰り返し改革が提起され、さらに改革を実行するという共通認識が形成されていることはまちがいない。実際、改革に関する討議はこれまで事実上停止されたことはなく、各種の権威ある「文件」や企画には、各領域の改革を推進する関連部署が頻出している。とはいえ、多くの企画は期日どおりに推進されていないし、その実施には確実に特殊な困難があった。ある場合には、遅々として改革を進展させることができなかった原因は技術的問題ではなかったが、情報が非対称なことからから、どれが本質的な問題であるかを見極めることができなかった。このため、研究を重ね、改革の進展を困難にさせている問題をみつけ、それを理解しなければならないが、それは、改革の遅延を合理化する口実を探し出すためにではなく、不必要な技術的引き延ばしを排除するために、また、さまざまな改革の障害を打破するのに必要な方途をみいだすために、行わなければならないのである。

　経済体制の改革が停頓しているかどうか、あるいはどうしてそれがうまく進展しないのかを具体的に評価するため、経済体制をいくつかの重要な分野に分割して、それぞれを概括してみよう。例えば、リンドベック（Assar Lindbeck）は、中国の経済体制は次の9つの主要かつ重要な分野からなるとする[2]。①企業の所有制の状況、②資産の所有制の状況、③市場経済への依存状況、④経済政策決定の状況、⑤企業のインセンティブ・メカニズムの状況、⑥従業員に対するインセンティブ・メカニズムの状況、⑦企業が直面する競争の程度、⑧従業員が直面する競争の程度、⑨対外開放の程度である。このような観点から改革を考察すれば、中国では、どの分野の改革もすでにかなりの程度進展しているといえるだけでなく、停滞現象をみいだすことなどできない。実際、所有制の多元化状況こそ、上述した分野における改革の進展と動向を総括的に物語っているといえる。

　近年来、広範な討論を巻き起こしている「国進民退（国有経済の進展と民営経済の後退）」という現象についていえば、これが国有企業における現行の経営方式の不適切性についての表明なら、理解できる。1990年代後期から、国有企業については、「抓大放小（大きな企業は国有企業として残し、小さな企業は払い下げる）」という改革が実行され、国有経済の領域は縮小したものの、同時に企業規模は顕著に拡大し、独占的な経営が居座るようになって利益が大幅に増大し、全体として大いに発展させ強化するという目標が実現されたといえる。とはいえ、こうした国有企業が独占的権力と利益を獲得し、かつ各種の特恵と補助金を受けながら、上納利潤の比率はまったく取るに足らないものに止まり、利潤の多くは不動産業のようなうま味のあるものに投資され、民営経済と対等競争をしていないというのであれば、そうした現象がますます突出しているというのであれば、それは世論の関心を引き起こし、まさに「国進民退」現象が進展しているといってもよいであろう。

2）Assar Lindbeck, Economic-social Interaction in China, *Economics of Transition*, Vol. 16(1), 2008, pp.113-139.

298

しかしながら、図13-1において、一定規模以上の工業企業における総生産額・固定資産額・就業人員について、国有及び国有持株企業の占める比率をみると、これまで一貫して下降し続けているのが分かる。このことは、逆に民営経済部門の重要性が継続して高まっていることを意味している。このことから、次のように結論づけることができる。すなわち、経済全体でみれば、所有制の分布・市場経済への依存性・経済政策決定メカニズム・開放の程度・競争の程度等の面において、改革が後退しているとは到底いえないし、改革は停滞など決してしていないということである。

前述したリンドベックの中国の経済体制の分類は網羅的であって、体制それ自身に備わる相互関連性や上位体制の下位体制に対する誘導や制約の役割をみていない。まさに林毅夫が指摘するように、政策・制度・開放度は内生的に決定されるものであり、比較優位の発展戦略を選択するのか、比較優位に反する戦略を選択するのかということによって、経済成長を推進するのに必要な政策及びインセンティブ・メカニズム等の一連の体制が決定されるのである[3]。計画経済は、こうした論理関係（そのうちの比較優位に反する戦略選択）に基づいて形成されていたが、これまでの改革は、ある程度、これと相反する論理で進め

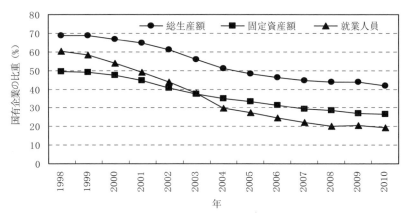

図13-1　国有及び国有持株企業の全工業中に占める比重
資料：国家統計局：《中国統計年鑑》、中国統計出版社、（2011年）。

られた。つまり、ミクロの環節上の目にみえる即効的なものから改革が始められ、そこから逆にさらに高次な改革の任務が提出されたのである[4]。

　まさに初期の改革はこのように経過してきたが、改革の動機とインセンティブ・コンパティビリティ（誘因両立性）には問題はなかった。つまり当事者が制度変遷の利益を直接獲得できるならば、改革は継続的に実施され、改革を進める体制の弊害がすべて取り除かれるまで、止むことなく行われる。こういうことであれば、改革の停滞を懸念する必要もないし、改革のためのトップデザインを必要とすることもない。しかし、現行の上級体制が改革を仕上げるのに力量不足であるか、あるいはさまざまな当事者が改革のインセンティブ・コンパティビリティを共有しないというのであれば、改革にはトップデザインが必要とされるだけではなく、さらに上級体制から改革に着手しなければならないことになる。こうして初めて、制度変革の活力と動力を全開させることができるのである。

　改革は停滞も後退もしていないが、現在進行している改革は、進度と深度からいえば、改革後の10年、さらには20年後の改革のように、人々を満足させた改革を大いに上回っているわけではない。その原因は、以前には、ただ「手に届くところにある果実」を取るだけでよかったのが、新しい発展段階においては、それがすでに制度変革の必要を満足させられなくなってしまっていることにある。中国の経済発展は新たな段階に突入しており、経済成長はこれまでとはまったく異なる維持方式と推進方式を必要としている。改革もまた新たな地平に進入していかなければならない。このため、緊急とされる課題は、改革に関する問題に建設的回答を与えることである。具体的には、新しい段階において、どの領域でどのような改革をなすべきか、新たな改革にはどのような特徴

---

3) Justin Yifu Lin and Yan Wang, China's Integration with the World: Development as a Process of Learning and Industrial Upgrading, in Cai Fang (ed), *Transforming the Chinese Economy, 1978-2008*, Leiden・Boston: Brill, pp. 201-239.

4) Justin Yifu Lin, Fang Cai and Zhou Li, *The China Miracle: Development Strategy and Economic Reform*, Hong Kong: Chinese University Press, revised, 2003.

があるのか、どんな方式で改革を推進していくべきか、等々である。

13. 2　今後の改革の特徴

　今後の中国経済の持続可能な成長を維持する新たな源泉は、当然、経済発展方式の転換を導きだすものでなければならない。したがって、経済体制の改革は経済発展を主軸した方式から早急に転換する必要がある。これまで、各章において、さまざまな分野における改革に必要な事柄を論じてきたので、ここでは、さらに高次の、未来に向けた改革の特徴について概括する。こうした改革の主要な特徴は、もはや経済の当事者たちに即時に具体的な収益をもたらす改革ではなく、中国における経済の持続的発展と社会の長期安定を目指した改革となる。また、制度変革の自発力を解放するには、改革はさらに高次の設計と推進策が必要とされる。さらに中国の発展段階と国際的地位の変化、また直面する国内外の複雑な政治経済状況をも考慮するならば、今後の改革は、トップデザインと総体的企画にいっそう注意を向けたものでなければならない。これまでの改革モデルを継承し、現在の改革の困難を解決していくには、以下の原則に立脚して、改革をより新たな広がりと深みにまで推進していく必要がある。

　第1の原則は、今後の改革は、局部的なものから全面的なものへと展開させなければならないということである。大いに経済体制の改革を推進すると同時に、積極的・安定的に政治体制の改革を促進し、さらに文化体制・社会体制の改革を加速することである。こうした全面的な改革には、より複雑でリスクも大きくなるという特徴があり、また各種の極「左」や極「右」からの干渉をも受けることにもなるので、トップデザインを通して改革の方向を把握し、各項の改革措置を有効に組み合わせた総合性が必要とされる。

　第2の原則は、経済グローバル化により深く参加するという条件下において、中国経済がさらに高次な地点で直面する挑戦に対応するため、改革はより広い、さらに長期な、もっと国際的責任を担うという視野に立つことが必要とされるということである。現在、世界は多くの重大な挑戦に直面している。例えば、人類の生存に関わるような世界規模での温暖化現象等であり、これに対しては、

近視眼的な狭隘な観方を突き破らなければならないように、改革も国家と民族の長期的な利益を踏まえて実現しなければならない。この他にも、中国は人口の最も多い、経済規模が世界第2位の中所得国の上位に位置する国家として、世界経済のなかで中国の発言権はますます重要になり、その影響力も大きくなってきている。こうした中国は、国際政治経済が遭遇するさらに多くの欠陥・摩擦・衝突から逃れることはできないのであるから、こうしたことに適応できる国家の統治モデルは、戦略的に有利な位置に立脚した全面的改革を通して形成されなければならない。

　第3の原則は、中国の改革はすでに難関に挑む時期に突入しており、社会の各利益主体からは改革の分け前を要求する訴えが強く出されているが、さらに徹底した改革を行うには、この現有利益にも手をつけざるをえないということである。これまでの分散的な局部的改革の方針下にあっては、このような既得権益集団は、通常、改革方案の制定者であり、事実上の実施者でもあったので、この利益集団が自らの権力を強化し利益を確保するといった傾向を免れることはできなかった。局部的な改革の一面性を克服しつつ、こうした既得利益集団の改革への干渉を阻止するため、各領域における改革を全体的に調整する必要がある。

　改革は、制度変革による純収益をもたらすものではあるが、改革のコストも収益も通常は同一主体に帰属するものではない。つまり、改革のコストを引き受ける当事者は、改革から直接利益を享受する者であるとは限らないから、改革には最大限の共通認識とインセンティブ・コンパティビリティを共有する必要があり、上層部における政策決定にあっては、改革のコストと収益を相互に分担し合うといった協調が必要とされる。つまり、コストを引き受ける側にそれなりの補償を与える「カルドア・ヒックス改善」[5] の実現が必要とされるということである。

5）Nicholas Kaldor, "Welfare Proposition of Economics and Interpersonal Compensations of Utility," *Economic Journal*, 49, 1939, pp. 549–551.

　トップデザインに基づく全局的な改革は、法治の原則に基づいて実現されなければならない。改革の初期、中国の法律体系はいまだ整備されていなかったので、法治原則に則さない状況がよくみられた。また、当時の改革はある程度まで各種の伝統的理念や現行法規の束縛を絶えず突破する必要に迫られていた。40年の改革開放と民主法制の整備を通して、改革のマクロ的政治環境は大いに改善された。2011年の「全国人民代表大会」の席上、呉邦国委員長は次のように宣言した。中国の国情と現実に立脚し、改革開放と社会主義現代化の建設の必要性に適応し、党と人民の意志を集中的に体現し、憲法を以て統率し、憲法関連法及び民法・商法等多くの法律分門の法律が重要な役割を担い、法律・行政法規・地方的法規等、多層的な法律規範からなる中国の特色ある社会主義法律体系がすでに形成されている。

　今後の改革の目的は、中国の特色ある社会主義市場経済体制を構築することにある。そのためには、法治を基礎にして、立法と法執行を緊密に結合させ、改革の方向性・持続性・不可逆性を保証することである。とりわけ改革がいよいよ既得権益集団にまで及び、ある場合には政府自身が改革の対象になりうるが、その時にも、いかなる個人であれ組織であれ、改革の妨げになるものはこれを打ち破らなければならない。その際、法律を最高の拠り所とすることによって初めてその合法性と権威性を保証することができるのである。経済体制の改革を法治によって統率することは、改革にいっそうの合法性を付与するだけではなく、本質的な局面において制度変革を阻害する上位体制の障害をも明確にできるのであり、こうして改革を進展させる嚆矢をしっかりとつかみ取るのである。

　こうした改革が即時的な経済効率の獲得を目指した初期の改革と異なるところは、経済発展段階の変化を見極め、社会的結集力を強化することにある。たとえ長期的な高度経済成長を経て、人民生活の改善を果しえたとしても、中国がなお社会主義の初級段階にある限り、経済成長が減速するにつれて、人々の生活水準を向上させたいという期待と現実との間にはなおも継続して格差が存在している。所得分配が根本的に改善されるまでは、人々の社会的不公平や貧

富の格差に対する不満もある程度は収まらない。

　長期間、中所得国に留まっていた多くの国家では、社会的結集力の低下や社会不安の増大、甚だしい場合には社会的動揺事件が頻発するという危機を経験してきた。この発展段階では、こうした厳しい現実に直面して、何の役にも立たない空約束をなすのではなく、改革を通してのみ、体制及び機構上において、社会的公平の向上を保証できることを示し、社会的結集力を強化しなければならないのである。

　これまでみてきたように、今後の改革はさらに多くの政府機能の改革になることはまちがいない。政府が経済発展において大きな積極的役割を果たしたことが東アジアの国家及び地域の成功を証明する有益な経験であったし、さらに中国の改革と発展の大きな特色であったが、経済社会の発展が新しい段階に進展するにつれて、政府機能の転換を求める動きがいよいよ強まってきている。まさに著名な「ルイスのパラドックス」が表明しているように、「政府のやることが少なければ、政府の失敗は少なくなり、政府のやることが多ければ、政府の失敗もまた多くなる」[6] のであるが、改革は、政府機能を縮減するのではなく、政府が発揮する機能の領域と方法を転換させ、その役割範囲を改めて確定することなのである。

　総体的にいえば、長い間、中国政府は「やることがあまりにも多すぎた」ことが日増しに体制の障害になってきている。しかし、「やることを少なくする」ことが「多くやること」の埋め合わせをできなければ、高所得段階への移行過程において、それは潜在的な経済リスク・社会リスク・政治リスクになりうるのである。そのため、いっそうの改革を通して、政府の経済活動への直接介入を社会の管理機能の強化に転換させ、十分に均等に基本的な公共サービスを提供するものにしなければならない。また、企業に代わって産業構造と技術構造を選択することを止め、公平競争を促し、優勝劣敗のメカニズムを用いて、企

6）阿瑟・刘易斯《经济增长理论》，上海三联书店、上海人民出版社，1994年，第475-576頁を参照。

業効率と経済全体の生産性向上を実現させるものに方向転換しなければならないのである。

13. 3　改革の重要分野と突破口

　学者や研究者による膨大な研究、社会各界による高い関心や切なる期待、各種の権威ある文件で指摘されている各部署の改革項目、これらは膨大な数に上る。そのなかには、利率の市場化・投融資体制・資本取引の自由化・競争的業種からの国有企業の退出・農地の徴用制度・資源的製品の価格形成メカニズム・戸籍制度の改革・所得分配制度の改革といったことなどが含まれている。総じていえば、こうした諸分野における改革は、すでに共通認識となっており、その方向性もある程度明確になっており、早いものも遅いものもあるが、改革は進行中である。

　ここでは、これら各分野における改革任務は詳述せず、発展段階と密接に関係するものに着眼し、中国が中所得国から高所得国への移行を完成するのにきわめて重要な体制上の問題に関して、改革の目標と手段を包含する改革の構想を提起する。ある意味では、要点をつかむと全体の解決につながる効果をもつ体制改革において突破口がみいだせるならば、上述した改革分野における成果は人々を満足させないという根本問題を除去でき、さらに進んで時期が熟すれば、事は自然に成就されることになるのである。

　現在、中国では、改革の推進にとって有利なことが2点ある。1つは、強力な改革に対する共通認識があるということであり、ある改革に対する共通認識が、上層部から中間層、さらに「草の根」に至るまで徹底されていれば、最大の政治的合法性を得たことになる。もう1つは、なおも「パレート改善」あるいは「カルドア・ヒックス改善」の余地が残されているということである。中国の改革の経験からすれば、いかなる改革であれ、ある集団の利益が改革によって失われる場合、改革の推進は最も困難になる。とりわけ「利益を失う」個人あるいは団体が改革の政策決定に間接的ないし直接的に影響を与えうる立場にある場合、いっそう改革を進めることは難しい。そのため、こうした改革

の分野では、改革の要求を満足させると同時にまた、なるべく現存利益を損なわせないような状況を作ろうとするか、あるいは「カルドア式補償」を行うことにするか、さらには自身の論理に即して改革の推進を持続して突破を図るかして、最終的にこの既得権益という難関を攻め落とすのである。このためには、次の3つの改革を断行する必要がある。

第1の改革は、都市と農村という分断体制を徹底的に破壊することである。二重経済構造は、発展途上国の一つの特徴でもあり、多くの政府が経済発展を推進する政策手段として用いてきたものでもある。中国政府は、計画経済の時期、重工業優先発展という比較優位に反する戦略に基づいて、工業化と経済成長を推し進めた。そのため、生産要素価格を歪曲させるマクロ経済政策の環境を作り出してしまった。また、この戦略意図に即した資源分配と生産の組織化を実施したため、それに相応した高度に集中された計画体制、及び国有経済と人民公社制度を組織的特徴とする体制モデルを作り上げ[7]、こうした制度の下で、「統購統銷（統一購入・統一販売）」政策・人民公社体制・戸籍制度を「三位一体」とする体制モデルが、都市と農村の市場機能を分断させ、都市と農村の利害関係において、都市偏向政策を主導的なものにしてしまったのである。

改革開放後、人民公社体制がまず打破され、続いて農産品の「統購統銷」政策が遂次改革され、戸籍制度もまた相当程度労働力の流動によって突破された。しかし、「三位一体モデル」の下で形成された都市と農村の利害関係の状況は、徹底的に打破されることはなかった。都市と農村の所得格差は依然として存在し、都市住民は比較的高い所得水準の下で、大きな基本的公共サービス、例えば、質の高い基礎教育、高い水準の公共安全保障、各種の社会保険や多くの社会保護の整備などの提供を享受している。この他にも、都市と農村には、交通・通信・インターネットサービス等のインフラ整備において、とてつもない格差が存在している。こうした面における都市と農村の差別は、直ちに生活の

---

7) Justin Yifu Lin, Fang Cai and Zhou Li, *The China Miracle: Development Strategy and Economic Reform*, Hong Kong: Chinese University Press, revised, 2003.

質の格差となって現れているだけでなく、それが農村における人的資本の蓄積をさらに都市よりも遅らせ、農村の貧困を何代にもわたって引き継がせているのである。

　農村における社会発展のこうした厳しい停滞の根本的な解決策は、政府がどのくらいの投資を行うかといった簡単な問題ではない。都市偏向政策がいまなお悪影響を留め、都市と農村の分割体制が根本的に崩壊していないなかで、政府は依然として経済成長を最優先策としている。このため、農村工業及び農村人口の地位は不断に低下し、経済全体の成長の重要な源泉になっていない。「三農問題（農民・農村・農業問題）」も、結局のところ、「与えるもの」と「取るもの」が相殺されて、ゼロサムゲームに終わってしまっている。政府の民生改善に対する決心が固く、財力にも余裕がある場合は、「多くを与え、少なく取る」式の政策を実施する力も大きいが、ここに存在する難解な問題は、経済成長を最優先課題とする状態を継続していくとすれば、農民優待政策や都市と農村の基本的公共サービスの均等化等の政策の基礎は弱体化し、中央政府と地方政府間において、持久的にインセンティブ・コンパティビリティを保持できなくなるということにある。

　中所得段階を乗り越えて「中所得の罠」を避けるには、政府は、経済成長ではなく国家が長期的に安穏であることを最優先課題におき、同時に、体制上都市と農村の一体化した経済社会の発展を実現し、中央政府と地方政府が都市と農村の統一的な発展政策を構想するインセンティブ・コンパティビリティを保持する制度を確定することである。この任務が完成してこそ、初めて経済成長は真に包摂性を有するものとなり、持続可能な成長の動力を保持できるのである。

　第2の改革は、人的資本の蓄積と湧き上がる制度環境を創造することである。中国は、二重経済の発展を開始するまで、人口の都市と農村との地域的分断及び労働力部門における分断によって、大きな損失を蒙っていた。実際、それは人的資本の浪費であった。改革開放を経て、遂次、人口移動と労働力の流動化を阻害する制度的垣根が取り除かれ、一般的な労働力資源の配置及び事業部門

の人事配置における分断が壊されていった。それによって、人口ボーナスは十分に利用され、人的資本は湧き出てくる巨大な推進力であった。中国が高所得国へと突き進む過程において、唯一の持続可能な発展の源泉は人的資本であり、より良好な制度環境があれば、それは解き放たれ、湧き出て不断に流れ続けるのである。とはいえ、多くの角度から観察すると、これに相応した制度環境はいまだ有効に形成されているとはいえない。

　例えば、次のような事例を挙げることができる。①労働力市場では、依然として戸籍身分や性別・年齢による差別が存在し、それらが教育と訓練の報酬率を損ねてしまい、人的資本の養成に不利に作用している。②人口政策はいまも高出生率という仮説を前提にしているので、改革は漸進的に進行しているとはいえ、かえって「未富先老（豊かになる前に高齢化する）」という現象が突きつける厳しい挑戦になかなか対応できず、人口の持続的・均衡的発展に不利に作用している。③政府の社会的管理と行政サービスは、人口の流動性を強化する機能を果たしておらず、社会的排斥が存続している。④社会全体からみて、高齢化社会の到来に対する準備不足は否めず、健康な高齢人口という重要な人的資源の十分な活用を展望するに至っていない。⑤傑出した人材に対する社会的報酬はあまりにも乏しく、平凡な在り方に堪えることが普遍的となっており、革新型社会の形成に不利に作用している。

　こうした現象は、通常の発展時期であれば、持続的な経済成長に必要とされる人的資本の形成を阻害する要因として認識されるのであるが、「中所得の罠」のリスクに直面している情勢下においては、誰をも有用な人材にさせる社会的流動性こそが人々の幸福感や社会的結集力を強化する根幹であり、中所得段階にある国家の社会的安定を保証し、高所得段階への順調な移行を実現する基礎なのである。こうした分野における改革は、これまでの経済体制の改革の論理から自然に生み出されるものではなく、それには、まったく新たな思考と戦略的に有利な位置に立脚した設計が必要とされるのである。

　第3の改革は、政府を公共品の供給者として作り変えることである。改革開放の全期間にわたって、中央政府と地方政府は「開発型政府」の典型として、

経済成長の推進・貧困の撲滅・住民所得の向上に顕著な成果を上げてきた。21世紀に入って以降、中国共産党は「和諧社会の建設」という画期的な理念を提出し、政府は社会保障と社会保護分野への財政投入を拡大し、住民が享受する基本的公共サービスの水準を向上させた。しかし、こうした社会建設の増強に取り組んだものの、政府はなお経済に関する業務を手中に収めていたので、財政収入が不断に増大するや財政支出も増え事業も拡大して、いよいよ財政困難に迫られるという状態に陥った。さらに重要なことは、政府自身が公共財の唯一の提供者であるという役割を確立できなければ、基本的公共サービスの供給とその均等化は制度上の保障を失い、絶えず持ち上がる圧力に押されて、受動的に対応する以外なすすべがなくなってしまうということである。

このため、基本的公共サービスの供給水準の向上とその均等化の程度は、声の大きな者たち及びその背後に蔓延る者たちの必要に応じて実現されるのではなく、改革を通して、政府を真に公共サービスの提供者に位置づけることによって実現されなければならないのである。法律体系の整備と行政の再構築過程を経て、すでに多くの政府機能は法律に依拠して実施されている。例えば、義務教育法は国家の9年制義務教育における財政責任を明確に定めており、社会保険法は政府による種々の社会保険項目への支出責任を定めている、等々である。

こうした領域とその内容に関連する改革がさらに進展すれば、各級政府の各項目の公共サービスにおけるそれぞれの責任、及びこれに相応する財政権限や財力が確定され、政府の役割の確定と法律的拘束が明確にされるだけではなく、政府は思いのままに法律規定を作り出すべきではないということが明確にされる。このようにして、政府は法に基づく行政を行い、遂次、その役割の転換を図っていかなければならないのである。中国共産党「第18回全国代表大会（2012年11月）」以来、中央政府は民生の改善を特に強調してきた。とりわけ「第19回大会（2017年10月）」では、高度成長という目標が放棄され、いっそう公平な、さらに質と持続性を重視する発展を目標にするようになった。これが政府機能の根本的転換を実現する合法的基礎になったのである。

13.4 結び

　多くの発展途上国は長期にわたって中所得段階を徘徊した。これから得られた教訓は、持続的成長を維持して、この強い安定均衡を打破していくに足る発展動力を創造するには、既存の体制上の障害を突破しなければならないということであった。世界で最大の人口を占める国家、並びに経済規模で世界第2位の国家としての中国が中所得段階の上位の地位から高所得段階へ移行すること、つまり「中所得の罠」という運命から抜け出すことは、人類史上においてこれまで経験しなかった偉大な実践である。このためには、改革という重くて果てしない任務を遂行しなければならないのである。

　計画経済体制から市場経済体制へと転換する改革の時期においては、即時的な効果と反応をもたらす改革の好機が多く存在していたので、体制改革はすぐに経済成長という効果をもたらしたが、中国経済が新たな段階へと進展するにつれて、こうした改革の即時的成長効果をもたらす改革もしだいに減少していくことになった。このため、さらに高い次元において、改革の目的や意義、及び推進方法を理解しなければならなくなった。

　中国においては、従来、改革はひた隠しにしておくような事柄ではなかったし、各領域には改革目標のモデルやそれを推進する思想、及び実施計画が当然の任務として存在していた。しかしながら、各項目の改革方案を統一的に協調してやり遂げようとする新理念や大構想に欠けていた。たとえトップデザインの要求が提出されようとも、多くの改革方案は、政府の関連部門によって組織・制定され、実施されたため、どうしても各部門の利益がその出発点に据えられ、ある場合には、常々、部門の管理権限の強化やさらに多くの政府の関与を改革の措置として受け入れることもあった。こうしたことが改革を徘徊させ、前進させなかったのである。まさしくバーナード・ショウ（G. Bernard Shaw）が指摘しているように、自己の思考を改変できなければ、何物をも改変できない、ということである。

　改革の大構想を築き上げるには、正確に中国経済が位置している発展段階の特徴と直面する挑戦を正確に把握する必要がある。二重経済の発展段階における成長源泉が衰微するにつれて、これに対応する経済成長モデルのうちの多くの体制的要素は、中所得段階から高所得段階への移行の桎梏になりうるし、将来の経済成長を阻害するものになりうる。現行の経済体制は、過去30数年に及ぶ改革において創り上げられたものであり、生産力を解放するのに大きな役割を果たし、政府に経済発展を促進する機能を最大限に発揮させ、また地域間の競争を通して、インセンティブ・メカニズムを形成する役割を果たしてきた。しかし、新しい発展段階においては、その体制自身も改革の対象となるのである。このため、時の推移とともに制度革新の必要性が高まってきた。この改革こそ、中国が「中所得の罠」から抜け出す必然的な道であり、また不均衡・不協調・非持続可能性をもたらす難問を断ち切る万能の剣でもある。

　トップデザインに基づき、全面的な展開を推進する改革は、政府機能の改変から着手することを要求しており、政府が経済活動へ直接介入することを転換させ、競争を有利にさせるマクロ経済政策の環境を創造し、さらに多くの社会的管理と基本的公共サービスの提供という役割を政府に担わせるようにすることである。この改革の要点をしっかり掴んで全体に効果をもたらすやり方、つまり包容性のある発展を通して社会の結集力を増強させるやり方は、一方では、経済成長率の停滞によって出現するであろう社会の不安定な現象に対応し、他方では、中国経済の長期的持続可能な成長に必要な人的資本の蓄積と放出に対応するものである。

　こうしたことを起点として、各分野における必要な改革をいっそう順調に推移させ、市場メカニズムに資源再配分の基礎的機能を担わせ、非公有経済や中小企業を公平な競争を通して大きく成長させ、優勝劣敗のメカニズムによって全要素生産性を向上させる等々の改革を一歩一歩推進していくのである。これと同時に、制度革新を常に維持していく状態を創り上げ、中国経済に改革のボーナスを獲得せしめ、長期に持続的成長を維持して、最終的には、中国経済を「中所得の罠」から抜け出させるのである。

訳者あとがき

　ようやく訳者あとがきを書ける段階にきた。本来はもう少し早く出版できる
はずであったが、いろいろな事情が重なって、今日まで2年以上もの時間を費
やしてしまった。

　著者の蔡昉（ツァイファン）氏とは、中国語でいう「老朋友（古くからの友人）」
である。4年ほど前、久しぶりに北京で再会した時、彼の著作の翻訳を依頼さ
れた。その時には、ロンドンで出版された英語版を日本語に翻訳できないかと
いうことであったが、帰国後、英文と中文（書き下ろし文）を読んでみて、中
国の事情を日本の読者に伝えるには、全体を見通せる中文のほうがよいのでは
ないかという意見を出した。それならば、と彼は《从人口红利到改革红利》
（中国社会科学文献出版社、2014年）を翻訳してほしいと送ってくれた。先の英文
もこの本をベースにしているからということであった。但し、この本は1年以
上も前に出版したものであるから、データの入れ替えや書き換えをある程度認
めてほしいということであったので、これを承諾し、また私のほうも、ある程
度の文章の取捨選択（同じような記述が複数にわたっている場合など）を認めてほ
しいことをお願いした。こうして、翻訳作業が始まったが、彼は勤務先の仕事
などの関係（あるいは他の要職関係）から多忙な日々が続き、連絡は途絶えがち
であったが、翻訳はほぼ完成に近づいていった。

　だが、そのころになって、ある事情から、日本での出版が困難になるという
ことが生じた。最大の事情は、出版に関する慣行が日本と中国では大きく異な
ることであった。中国の場合、著書に関する一切の権利が出版社にあるので、
中国の出版社が日本の出版社と契約して、翻訳書を出す許可を与えることにな
る。当初、この翻訳書は、大手の某大学出版社から発行する予定になっていた。
出版社同士が決めたことで、これには関与できることでもないし、する気もな
かった。蔡昉氏も出版は早ければ早いほどよいといっていたので、校正段階で
の手直しを前提に翻訳稿を提出したところ、日本側の出版社からすぐに某大学

教員の監訳者をつけてほしいという依頼があった。とくに一緒にこの翻訳作業に関わったわけではないし、本書の翻訳は、友人としての蔡昉氏から直接依頼されたので、即座にお断りした。大学の教員として、作業もしていないのに名を出すということは、私の倫理観にはなかったからである。

　そうこうするうち、10日ほどを経て、中国側の出版社から、訳文が難しいので、「教科書風に書き改めてくれないか」という要請がきた。本書は学術書であるので、それは困難であること、そして「教科書風」という意味がよく理解できないと返事をした。日本の出版社側がいっているので、中国側もなんともしようがないという答えであった。それで、私は、いつもお世話になっている現代史料出版の赤川さんにお願いすると申し出たところ、中国の出版社側はあくまでも大手の出版社にこだわっているようであった。私も、多少気分を害したので、翻訳稿はお渡しするので、これ以降は一切関与しないから、誰か他の方に「教科書風」に直してもらったらいいと申し伝えた。

　私の知らないところで、私の翻訳稿の再読が行われていたことを後から知った。旧友の陵星光氏、老朋友の楊林氏、王徳迅氏が丹念に読んで、翻訳稿にとくに問題がないということを中国側の出版社に伝えていたようである。とくに王徳迅氏は熱心に日本での翻訳の出版を推してくれた。こうしたなか、蔡昉氏が旧稿の手直しをし、データをいくつか新規に改めたので、この改稿を翻訳してほしいといってきた。多くは旧稿と変わらないがデータの入れ替えや章別や章の名称を変更したというものであった。また、原書では、社会保障制度に対する改革開放政策の意義が論じられていたが（第7章）、翻訳の際、経済発展と関係ある部分が論述されていたけれども、多くを省いて訳出したが、改稿では、書き改められて各章に配置されていた。翻訳のやり直しに近いのではと直感的に感じたのであるが、翻訳を熱心に薦めてくれた王徳迅氏が改稿の中文と翻訳旧稿との対照稿を作成し、削除された項目や文章を除くと、新たに翻訳する箇所は少ないことを具体的に示してくれた。ここまでしていただいて、引き下がることは義に反すると考え、翻訳を続行することにした。こうして、ようやく校正を行えるまでになったのである。

翻訳するうえでの最大の困難は、蔡昉氏の論理をくみ取り、彼が中文で表現した理論の原意を理解するのに多くの時間を要したことにあった。私の経済学の理論的根拠はマルクス経済学であるので、「成長理論」で用いられる用語には疎かった。関連書物に目を通して理解するのに、苦労したが大いに勉強させてもらった。幸い私のところに郭倩女史と劉玕君という優秀な研究員がいたので、彼らと「研究会」を組織して原書で通読し、「成長理論」を中心とする経済学や著者の中文表現を検討した。こうした研究会がなければ、翻訳作業はこうも早くは進まなかったであろう。彼らに大いに感謝しているが、彼らも大変勉強になったといってくれた。こうした研究会での検討や翻訳作業のなかで絶えず議論になったことは、マルクス経済学の理論的立場（「特色ある」社会主義経済理論とも異なる）から中国の改革開放過程を論評したら、どのようになるか、「中所得の罠」から脱出して「高所得国」の段階に踏み入るという政策課題はいかに論述され評価されるのであろうか、ということであった。著者と大いに議論してみたい問題である。

出版に当たっては、現代史料出版の赤川さんには感謝しきれないほどのお世話になった。蔡昉氏が作成した図表は中文表記のまま作成されていたので、これを日本語に翻訳するのに、時間を要したし、作業も複雑であった。赤川さんの便宜がなければ、こうもうまくことは進まなかった。それに、用語の統一について、丁寧なコメントや一覧表を作成していただいた。出版とは著者と出版社（編集者）との信頼関係がなければ、発刊できないということを痛感させられた。中国の出版社、大手某出版社も、とりわけ編集に関係する者はこうしたことを十分に理解して、出版の意義を感じてもらいたいと思う。

本書は、中国の改革開放後からの経済現象を余すところなく描き切っている。教えられることが大いにあった。ぜひ日本の読者に論評してもらいたい著書の一つである。

　初冬の札幌にて

西 川 博 史

〈著者〉蔡　昉（Cai Fang）
　1956 年　中国北京市生まれ
　1989 年　経済学博士学位取得
　現　在　中国社会科学院副院長、学部委員、研究員
　著　書　『中国経済発展的世界意義』（中国社会科学文献出版社、2019 年）
　　　　　『四十不惑：中国改革開放発展経験分享』（中国社会科学文献出版社、2018 年）
　　　　　『从人口红利到改革红利』（中国社会科学文献出版社、2014 年）
　　　　　『新中国城鎮化発展 70 年』（共著）（人民出版社、2019 年）
共同編集　『"一帯一路"手冊』（中国社会科学文献出版社、中国社会科学院全球战略智
　　　　　庫、剣桥大学耶穌学院中国中心、泰勒弗朗西斯集団、2019 年）
　　　　　『中国経済如何行穏致远』（中信出版社、2019年）

〈訳者〉西川博史（にしかわ　ひろし）
　1943 年　北海道生まれ
　現　在　北海学園特任教授、北海学園北東アジア研究センター副センター長
　主要著書　『戦中戦後の中国とアメリカ・日本』（HINAS、2014 年）
　　　　　『日本占領と軍政活動』（現代史料出版、2007 年）
　　　　　『日本帝国主義と綿業』（ミネルヴァ書房、1987 年）ほか

中国の経済改革と発展の展望

2020年 2 月10日　第 1 刷発行
　著　　　者　蔡　昉
　訳　　　者　西川博史
　発 行 者　赤川博昭

　発 行 所　株式会社現代史料出版
　　　　　　〒 171-0021　東京都豊島区西池袋 2-36-11
　　　　　　TEL03-3590-5038　FAX03-3590-5039
　発　　　売　東出版株式会社
　印刷・製本　亜細亜印刷株式会社